心理学经典译丛·法国精神分析

邓兰希　主编

教育的道路

LES CHEMINS DE L'ÉDUCATION

[法]弗朗索瓦兹·多尔多　著
Françoise Dolto

[法]克劳德·阿尔莫　编辑整理
Claude Halmos

胡瑜　译

北京师范大学出版集团
BEIJING NORMAL UNIVERSITY PUBLISHING GROUP
北京师范大学出版社

序

　　本书收集了弗朗索瓦兹·多尔多"面向大众"的一部分论文和讲座的内容。读者有可能认为书中的文章重要性一般，因为其主要作用是对多尔多的部分理论进行大众化的普及。其实不然。读者不仅会为文章的丰富性惊叹，而且会在其中发现众多准确、犀利的临床解释。多尔多在整本书中娓娓阐述其思想，始终不忘向读者提供最有用的回答，也就是说，对儿童最有用的回答。

　　这些文章既是陷入子女教育困境的父母的向导，又是对儿童在社会中的地位的极致思考。多尔多对社会产生了巨大的影响，因为她触及的是通常不会主动去研读她的书籍的人群。她热爱这些人，其实他们对什么是精神分析非常开放，其开放程度远远超过人们的想象。他们中有父母、教师、社会工作者，他们长期与儿童打交道。如何帮他们感受到儿童的欲望和痛苦？多尔多在这个课题上倾注了无数心血。尤其是对儿童的聆听，让她真正懂得了儿童在社会中占据的地位：儿童往往既没有发言权，也得不到尊重。人们认为儿童没有能力对自己的事情做决定，于是向儿童隐瞒过往和身世。社会将儿童设定为低成人一等，由此，成人就获得了监护他们的理由。

弗朗索瓦兹·多尔多倾其一生为儿童发声。为捍卫儿童事业，她不惜与抨击论调针锋相对。早在 1946 年，她就在法国女性联盟的报纸上发表专栏文章，开启了这一事业。她解释说，专栏的目的就是培养更能理解儿童困难的新一代父母。自此，她与读者结缘，不停地让他们"修炼"——因为她认为每个人都有能力凭自身的力量解决自己或孩子的困难。而之后，这一缘分通过报刊或电波等被不断续写（如法国国际广播电台的专栏节目）。

在她之前，读者只是习惯于去"理解"心理学的种种解释。而她一出现，读者就开始像精神分析术语所说的那样，去"感受""领会"一种全新的话语。这种话语能让每个人用词语去面对从未获得答案的、痛苦的问题，去面对儿时遭受过却无法表述的最深处的痛。这些词语不容躲避，它们能够击中要害，能够将正义、公道交还给儿童，它们独一无二且没有任何替代物……弗朗索瓦兹·多尔多就这样成了公众人物。

弗朗索瓦兹·多尔多是儿童和成人精神分析师。她为这一学科做出了重要的理论和临床贡献。她在"性"①方面的研究更是该学科的重要里程碑。

---

① 1960 年，弗朗索瓦兹·多尔多在阿姆斯特丹举办的法国精神分析学会的年会上宣读了此项研究。1982 年，《女性性欲》一书出版。

在儿童这一领域，弗朗索瓦兹·多尔多做出了双重贡献。她以精神分析为立足点，而后超越精神分析的学科界限，走向了更宽广的儿童研究。她呈现的儿童鲜活、真实，刷新了人们对儿童的认识。由此，她极大地推动了儿童精神分析在理论、实践和伦理上的发展。她并不满足于对俄狄浦斯情结等概念做纸上谈兵式的研究，而是着力于展现这一情结在儿童生活中的具体表现。通过丰富、翔实的临床材料，她清晰地呈现出在儿童成长过程中诸多关键的结构性阶段之间，还有一些并未引起重视的重要节点。例如，她后来常谈到儿童在 14～18 个月会经历"触碰一切"[①]和"身体拓展"的阶段。

由此，她揭示了一系列儿童身上毫不为人注意的问题。她认为，分析师在儿童发展中有着重要的职责。分析师不应直接介入儿童的真实世界，但他有责任去积极帮助儿童，寻找其痛苦的根源，并清晰地为儿童说出他的生命中不可或缺的象征路标：他的身份、性别，他在亲缘关系中的位置以及根本性的禁忌——杀人、乱伦、成人和儿童之间的性关系。此外，她还将自己在乔治·欧耶教授[②]的科室做见习医生时，从索菲·摩根

[①]　见《儿童生命中重要阶段》(伽利玛出版社，1994 年版)一书中的《家庭现状》，以及《孩子出现时》(色伊出版社，1990 年版)一书中的《触碰一切的孩子》。

[②]　乔治·欧耶是法国儿童神经精神病学的学科创始人。其任沃奇拉(Vaugirard)医院儿童精神病科主任期间，弗朗索瓦兹·多尔多曾在该科室做见习医生。

斯坦①那里学会的儿童绘画解读方法慷慨地传授给其他分析师。

她还始终强调成人和孩子在分析面前的平等地位，这为儿童精神分析奠定了伦理基础。在弗朗索瓦兹·多尔多看来，分析中的儿童在自己的欲望面前是一个成熟的个体。不管父母或社会怎样想，唯有孩子能够说出自己是不是需要治疗。一旦治疗开始，他就有权像成人一样获得应有的尊重和敬意。分析师没有权利对儿童的生活指手画脚。她甚至更进一步说，儿童不仅有和成人同样的权利，而且有同样的责任。儿童和成人一样，要为自己的欲望"支付费用"，他如果想要得到治疗，就必须"支付费用"。弗朗索瓦兹·多尔多的这一思想至关重要，但很少有人提及。"支付费用"通过多尔多的"象征性付费"得到了具体的体现。"费用"可以是一样毫不值钱的东西，如一块小石子或一张邮票，但儿童每次做分析时必须带来。

儿童的欲望是治疗唯一的原动力。弗朗索瓦兹·多尔多还提出一点，儿童要被视作"知道的那一个"。在多尔多之前，从来没有任何人像她那样把分析师和儿童的位置倒转，即认为两者中儿童才是知道真相的那一个。

因此，弗朗索瓦兹·多尔多创造了儿童精神分析的新形

---

① 索菲·摩根斯坦(1875—1940)，师从索科尔尼卡(Sokolnicka)，1929年加入法国精神分析学会。虽然他身为医生，但在俄罗斯获得的文凭却无法让他在法国执业。后乔治·欧耶为其在沃奇拉医院的儿童精神病科谋得职位，并为其著作《儿童精神分析——儿童想象创作的象征意义与临床价值》(德诺埃尔出版社，1937年版)作序。

式。但她并没有止步于此。她的工作超越了精神分析这一领域。她的教导如无声细雨般地浸润着整个社会的思维方式，我们很难以精准的方式去衡量她带来的变化。医生、律师、法官等无一不把弗朗索瓦兹·多尔多当作儿童百科全书，把她的思想运用到工作中。是这样的，弗朗索瓦兹·多尔多并不满足于谈论儿童。她还通过她与儿童的超凡关系，让儿童的心声得到了真正的倾听。她与儿童建立起一种独一无二的关系，而她的一种特殊天赋则完美诠释了这种关系：她精通"儿童的语言"。

虽然"儿童的语言"这个说法比较模糊不清，因为专属于儿童的所指并不存在；但它却清晰地指向了一个明显的事实：孩子们的确有一种特殊的表达方式。成人注意到了这一点，但感受不到它的重要性。成人会为此惊叹、开怀，还会向别人炫耀从宝贝孩子那里听到的奇妙的"词语"，如枕靠（枕套）、恶鱼（鳄鱼）、凶牛（犀牛）①。但他们有时会忘记一点，这种语言极为精妙地表达了孩子对生活中发生的事情的感受，因为这是他们在真实生活中最自然、直接的表达。而这里的内涵往往与成人的想象相差甚远。孩子"发明"的词语和说法表达的是他们特有的敏感。他们的语言反映了他们的焦虑、确定和疑惑。这些词语是他们为自己设立的标识，也告诉了人们哪些标识依然缺失。有时候，他们也会正确使用词语，即像他们身边的成人那

---

① 原文是" tête d' oreillers（taie d' oreillers），groscodile（crocodile），rhinoféroce（rhinocéros）"，即枕头的头（枕套）、大胖鳄鱼（鳄鱼）、凶残的犀牛（犀牛）。为便于理解，此处用错误的中文词语来替代。——译者注

样使用词语，但这些词语往往只表达他们自己赋予其的特殊含义。比如，孩子口中的"继父"①，在弗朗索瓦兹·多尔多看来，往往只意味着"一位很帅的父亲"，而与这个词包含的亲子关系毫不相干。

成人并不了解这些情形中很可能产生的此类误解，因为他们在成长的过程中慢慢遗忘了儿童与语言的特殊关系，也失去了儿童特有的敏感。如果哪天成人躺在了分析师的沙发上，那么或许还有可能通过漫长、艰辛的分析，让一些因某个词语而造成的问题缓缓浮出水面。但总的来讲，最本质的那一部分已经一去不复返了。

成人如果试着去"聆听"儿童真正想说的内容，避免"语言的互扰"，就会发现儿童对成人来说永远是一个来自无可企及的过往的陌生人。当然，这种感觉很奇怪，因为这个陌生人同时又是成人极其熟悉的人。②③ 但成人的确只能带着成人的经历这一滤镜去看待儿童的举止，而这一滤镜自然会导致种种失真。在弗朗索瓦兹·多尔多之前，有些分析师曾经在介绍一些儿童案例时，专门提出过儿童有特殊的表达方式，因为他们在其中听到了儿童与遇见的问题之间的关系。但谁也没有真正重

---

① 在法语中，beau-père（继父）由 beau（帅的、美的）和 père（父亲）两部分构成。——译者注

② 在法语中，étrange（奇怪的）和 étranger（陌生人）是同根词，familier（熟悉的）是 famille（家庭）的派生词。——译者注

③ 在 1919 年出版的《令人担忧的陌生感及其他》一书中，弗洛伊德在《令人担忧的陌生感》这篇文章中阐述了"奇怪的熟悉感""熟悉的陌生感"。

视过所有儿童如何建构语句、如何使用词语。弗朗索瓦兹·多尔多却注意到了，她还听出来这些词语表达的是童年独有的特性。她甚至走得更远：她还把儿童的词语教给成人，让成人的意思能够真正地被儿童理解，"我先是在倾听孩子们讲述自身痛苦时了解他们的表达方式，再用他们的语言去和别的孩子沟通。比方说，一个被领养的孩子知道真相后不会说'我是被领养的'，他会说'我还有一个生我的妈妈'……还有很多其他类似的词语，也是孩子们教会我的"。

能够运用"儿童的语言"这一天赋让弗朗索瓦兹·多尔多在儿童世界中建立起平等、畅通的关系，让她有能力去重视一些在别的成人眼中不过是细节的东西。在弗朗索瓦兹·多尔多的努力下，孩子们终于能够不再被"至上而下"或"由外到内"地对待，他们终于获得了来自儿童世界内部的目光注视。她用儿童的方式去聆听儿童的声音，然后再转述给我们。

多尔多革命——因为那确实是一场革命——是要在童年和当下之间建立纽带。因此，可以说她做的就是一种探索。本书收录的就是她在 1946—1989 年发表的文章和做过的讲座、访谈。

"与儿童对话"就是弗朗索瓦兹·多尔多教给我们的做法的核心。大事、小事都可以谈，儿童应与成人平起平坐。她甚至可以和婴儿对话，因为婴儿能用直觉去理解听到的话。[①]

---

① 见本书《父母之道》，第 1 页。

弗朗索瓦兹·多尔多认为，教育并非将一系列言行强加于儿童，而在于教会他们尊重自我，从而帮助他们进行自我建构。要想做到这一点，儿童首先必须得到身边成人的尊重。[①]儿童是独立的个体，完全区别于父母，因此，后者不得不"收养"[②]他们，即认识儿童并完整地接受儿童。教育儿童，就意味着尊重他们的身体、节奏、欲望，让他们从小就了解自己的身份、身世，哪怕儿童已经失去了生父（母）[③]——或者说，在这种情况下，更需要告诉他们真相。儿童有权知道自己的身世，无论哪样的身世，哪怕最悲苦凄惨的处境[④]，他们都有权知道。在儿童生命的每一个阶段，我们都要把与之相关的事情告诉他们。

　　教育儿童，就是教会他们了解身体、世界、社会生活中的规则[⑤]和禁忌，帮助他们形成并运用批判能力，哪怕是用来批判自己的父母[⑥]。教育儿童，就是让他们获得找到自己在亲缘关系中的位置的能力，遵守乱伦禁忌。每一个儿童都是独一无二的个体，不能将他与兄弟姐妹任何一个进行比较，不然就会造成伤害。[⑦] 找到自己的位置后，儿童就应该懂得什么是弗洛

---

①　见本书《如何让孩子形成意识》，第 172 页。
②　原文 adopter 也有"接受"的意思。在此是双关用法。——译者注
③　见本书《"父亲和母亲""爸爸和妈妈"》，第 33 页。
④　见本书《与弗洛里·梅洛吉斯监狱中的母亲们的对话》，第 280 页。
⑤　见本书《谈钱》，第 95 页。
⑥　见本书《儿童与商家》，第 101 页。
⑦　见本书《对孩子说什么？怎样与孩子互动？》，第 116 页。

依德所说的"现实原则"。所有的欲望都有合法性，应该被清清楚楚地说出来，但并不是所有的欲望都能得以实现。

每一个儿童都应该在父母言语的帮助下，与自己开展一场抗争，学会放弃追求妨碍他前行的短期满足感。但即便他误入了歧途或违反了禁忌，他也不应因此被等同于他的行为：做了一件坏事，不等同于他是一个坏人。儿童需要知晓什么是界限和危险，但不需要负罪感和自我厌恶。

弗朗索瓦兹·多尔多也十分重视解释父母角色的重要性。她提醒大家勿忘父母的责任，毫不犹豫地揭露了某些成见和谬误。比如，并非所有母亲都是"好"母亲，她很有可能无意识地把孩子当作恋物的对象或家养的宠物①，用自己无所不能的淫威②控制他。但是，弗朗索瓦兹·多尔多也认为，每一位父母只要细心聆听，都能理解孩子的问题，并能解决其中很大一部分问题。为了帮助父母做到这一点，她列举了父母会遭遇的一些棘手情境：孩子发脾气、偷盗，惩罚孩子，与孩子分离……

这些文章和讲座时时让人回忆起她那让读者和听众痴迷的独特风格，我们十分注意尽可能地在书中保留这种风格。从弗朗索瓦兹·多尔多不加雕琢、生命力满溢的文风中，我们也更好地意识到这种风格对于理解她的思想无疑起到了不可或缺的作用。

---

① 见本书《第二条脐带》，第 168 页。
② 见本书《母亲》，第 44 页。

本书也有不少她创造的新词。一方面，这会让人想起弗洛依德说的"俏皮话"①，这种方式往往能够让意义通过语言建构得到迸发；另一方面，我们还会由此联想到儿童故意造词，以说出自己想说的话的特殊方式。

　　这就是弗朗索瓦兹·多尔多说话的方式：贴近儿童，贴近她身上永远的孩子，贴近她为之奋斗的真相，贴近无意识。②

克劳德·阿尔莫

---

　　① 　见弗洛依德，《俏皮话及其与无意识的关系》(伽利玛出版社)。
　　② 　本书主要基于精神分析学派进行阐述，读者需结合中国文化、价值观、伦理、语境进行审辩式阅读。——译者注

目　录

1　父母之道①

让·路易·塞尔万·施莱贝尔：我们今天要一起探讨的是最有意思也是最棘手的问题——我们与孩子之间的关系。"制造"孩子不难，但养育孩子……从婴儿拒绝进食到青春期的少年摔门而去，做家长的长年忧虑不断。究竟该怎么做，才能既教会他们遵守规矩，又不会对他们造成心理伤害？究竟该怎么做，才能既帮助他们变得独立，又不会使他们失去和父母的联系？

何为父母之道？我们毫无准备。因此，今天我请来了儿科医生兼精神分析师弗朗索瓦兹·多尔多女士共同探讨。多尔多女士的父母育有 7 个孩子，她是其中唯一的女儿。当年，她的父母支持儿子上大学却禁止女儿接受高等教育，他们认为这样做很正常。为此，多尔多奋起抗争。通过不懈的努力，她于

---

① 《问卷》，法国电视一台，1977 年 12 月 4 日。

1937 年成为法国第一批女精神分析师之一。但她的名字和声音真正为广大听众所熟悉，还是得益于她在法国国际广播电台的专栏节目。每天下午，她都会对遇到教育难题的父母的来信进行回复。多尔多说自己的建议更像是来自一位祖母的，而不是一位精神分析专家的。这是不是就是她的节目成功的秘诀所在？瑟伊出版社在《孩子出现时》这本书中精选了这一节目的部分内容。目前，这本书已经成为畅销书。

弗朗索瓦兹·多尔多，您的导师弗洛伊德有一天对一位女士说了一句有关亲子关系的话，"无论您做什么，都是不好的"。那您觉得此时继续提供建议还有可能吗？

弗朗索瓦兹·多尔多：总得做点什么，总得对自己的做法有点信念。当我们对一个孩子的态度做出反应的时候，要相信自己，相信自己做的是对的。但事情过去之后，也得明白一点，好的教育，即必要的、让孩子成人的教育，永远都应该遭到受教育者的质疑。弗洛伊德说"好的教育不存在"这句话，就是在这个意义上说的。也就是说，孩子永远不会觉得他受到的是好的教育。如果他认为父母的教育方法很好，那么只能说明他还没有成长为成年人，他依然在想象中服从于父母的行事方式，仿佛他自己并未完全独立。

让·路易·塞尔万·施莱贝尔：难道真的没有成年人回顾往事时明白并且认同"我得承认自己就是这样的""父母给予的教育就是好的教育"？

弗朗索瓦兹·多尔多：有，不过是在很久以后。您在 15 岁左右时，很可能有很多看不惯父母的地方。这种可能性很大。有人看不惯的多些，有人少些。成年后，我们就会意识到父母已经尽力了，因为父母也受限于他们受到的教育，受限于他们身边发生的一切，受限于自身的经济水平和社会地位，受限于我们每一个人都会遭遇的各种瓶颈——成年后的我们也会对此有极为强烈的感受。最后，我们不再对自己所受的教育有丝毫的抱怨。但是，假如能够把十四五岁青少年的对话录下来的话，我们就会发现，在他们心目中，每一个父母都是恶魔。每一个青少年都是波利厄科特[①]。

让·路易·塞尔万·施莱贝尔：什么意思？

弗朗索瓦兹·多尔多：必须烧死曾经崇敬过的神灵偶像。

让·路易·塞尔万·施莱贝尔：但火力可大可小。

弗朗索瓦兹·多尔多：火力的大小取决于孩子在小时候接触到的批评方式是哪样的，即父母或教师的批评方式。我认为应该鼓励孩子学会批评，这是对儿童早期进行的教育。

让·路易·塞尔万·施莱贝尔：以什么名义来批评？您是说根据某些道德价值来批评？

弗朗索瓦兹·多尔多：不是。孩子对父母有想法，但一般不说。于是，教师就成了孩子批评的对象。父母听到这种批评时应该问，"你为什么说这个老师这样或那样？相比于谁而

[①] 波利厄科特，17世纪戏剧作家高乃依笔下的人物，在改变宗教信仰中遭受磨难殉道的悲剧人物。——译者注

言?"。一个人受到的评价，总是相对于另一个人而言的。我想，我们很有必要从小就获得允许，去评价大人的行事，去思考大人行事的原因——这并非意味着父母需要改变行事方式。父母应该允许孩子质疑，并说出对父母行为的评价。我认为这很重要。这在过去的教育中是被禁止的，然而我觉得这对父母来说很重要。

让·路易·塞尔万·施莱贝尔：您说父母应该允许孩子评价教师，甚至应该鼓励他们给出评价、说出评价。那是不是说，父母中的一方也应如此对待另一方呢？还是您认为恰恰相反？如果父亲用"你怎么看?"这样的字眼和孩子谈论母亲，那么这是一种不利的做法吗？

弗朗索瓦兹·多尔多：说到底，为什么不呢？如果父母双方处理得好，那么这是最好的事情。

如果人们能接受人和人之间所有的差异，那么彼此才算真正的相处融洽。差异，最初在孩子眼里就是滔天罪行。所以，如果能就差异进行讨论，那简直太棒了。"我以同样的方式爱我的父母——我爱我的父亲，也爱我的母亲。"这不可能。"我以同样的方式爱每一个孩子。"这也不可能。所有人都不同，所以，人和人之间的感情也会因人而异。不是多一点或少一点，而是不同。我认为，如果能教给孩子差别不在于量——多一点或少一点，而在于别的东西，就能帮助孩子变得独立。

让·路易·塞尔万·施莱贝尔：您在法国国际广播电台主持专栏节目已经有一年多了。较之于您在职业生涯中学到的一切，您在这档节目中有什么收获？遇到的问题类型是否一样？对于听众来信中所说的事情，您有什么样的感受？

弗朗索瓦兹·多尔多：我的感受是，住在城市中的人和住在乡村或者远离城市的小村镇中的人有很大的差异。城市中有各有千秋、多种多样的教育条件，有医疗和心理辅导机构。也正是因为这一点，我才同意做这个高难度的节目。我要帮助一些家长，他们明显觉察到自己的孩子出了问题，但又不知道谁能帮他们解决直觉发现的问题。我的作用就是帮助这些家长，支持他们的直觉感受，帮助他们的孩子走出困境。

不能忘了，教育毕竟是通过直觉来进行的。父母不是一种职业，孩子是他们的亲骨肉，父母对孩子关切至深，孩子身上发生的一切在父母那里都刻骨铭心。面对自己的孩子，一名教育者不能像面对别人的孩子那样，以教育者的形象出现。不可能。

让·路易·塞尔万·施莱贝尔：医生也更愿意让别的医生给自己的孩子治病。

弗朗索瓦兹·多尔多：不仅是因为更愿意，而且本来就应该如此。不幸的是，有些医生亲自给自己的孩子治病，这很可惜，因为他们会把无意识的、主观的东西和本应尽量保持客观的东西混到一起。医生面对病人时尚且做不到完全的客观，如果换成面对自己的孩子的话，那更是完全不可能做到了。

让·路易·塞尔万·施莱贝尔：我感觉您刚才的这段话有一点自相矛盾。您说父母不是一种职业，做父母是一种态度和一种深层的本能；可同时您又解释说在城市中，由于生活环境更加丰富，父母能够获得更多的建议和帮助，学会怎样承担起一种责任，条件更有利，因此问题更少些。

弗朗索瓦兹·多尔多：我不是说他们的问题更少些，而是说，面对问题，他们不会那么焦虑。因为他们知道可以求助于人，即便他们最后不一定真的听取专家的意见。不过不同的是，获得帮助的不仅是家长，还包括孩子。

让·路易·塞尔万·施莱贝尔：您是指（求助于）学校？

弗朗索瓦兹·多尔多：对。

让·路易·塞尔万·施莱贝尔：但是，原则上来说，学校教育基本上都是一样的。公共教育本来就是要让所有人获得同样的教育。

弗朗索瓦兹·多尔多：但是他们能得到校内心理专家的帮助。他们也会有困惑，但是，相比于只能求助于一名乡村医生，其困惑程度是不一样的。在城市中，如果一名医生不能解决，那么父母可以再找别的医生。乡村医生也有自己的优点，就是对一家人了如指掌，但他有可能没注意到或者不了解孩子深层的心理问题。我收到过很多封来自母亲的信，"医生说我管得太多，所以才会和孩子有冲突"。不是的，问题不在这儿，有别的原因，只是大家不知道是什么而已。

我觉得差别就在于这一点，有些父母远离城市中心，而另一些却身处城市之中。他们的条件可谓有着天壤之别。而广播节目正好可以填补这一差距，既让所有人都感受到帮助，又不会使他们任由专家摆布。因为我始终坚持说，父母是最了解情况的。

让·路易·塞尔万·施莱贝尔：他们最有发言权。

弗朗索瓦兹·多尔多：对，他们最有发言权。

让·路易·塞尔万·施莱贝尔：接着说父母态度的差别问题。比起只上过小学的父母，受教育程度高的父母是不是更称职呢？还是说受教育程度与此无关？您观察到的是什么情况？

弗朗索瓦兹·多尔多：差别的源头并不在此。

让·路易·塞尔万·施莱贝尔：一般来讲，一个人受教育的程度越高，他就越有能力获得更多的信息和建议。

弗朗索瓦兹·多尔多：（您说的）这些发生在意识层面。然而，这些并非关键所在。教育当中起关键作用的，是对每一个孩子特有的人格的尊重。有些人也许一字不识，但他却有心智，懂得尊重他人——无论自己的孩子还是别人。此外，同样关键的，也许还包括向孩子付出爱的时间。做学问、有知识的人往往把大量的时间用在了阅读等文化活动上，而没有留足够的时间去寻找真相，如孩子遇到困难了，这里传递的就是真相。不仅如此，父母与孩子建构亲子关系、建立真正的沟通的时候，孩子所说的话也是真相的流露。

受过高等教育的人往往希冀自己的孩子能受到高水平的教育，只要孩子还未达到预期的水平，他们就会努力敦促孩子用语言完美地表达自我。然而我们知道，如果一个孩子能够用完美的语法结构进行表达，那么他所说的话并不一定是他的心声。有时候需要犯一些语法错误，才能让无意识的内容得以表达。我们需要聆听。当然，优异的学业成绩、无瑕的语言能力，这些都依赖于孩子完美驾驭语言的能力，这一点我完全同意。但孩子应该通过模仿来学习，他只有通过听别人准确地使用语言才能学会说话。而如果不断纠正他，就不能让他准确无误地道出心声，因为他还处于生命之初，语法规则会使他要说的内容遭到异化。

让·路易·塞尔万·施莱贝尔：您说的是年龄较小的孩子？是还没完全掌握语言能力的那些小孩？

弗朗索瓦兹·多尔多：我说的是比较小的孩子。有些家长，他们的孩子处于准青少年阶段，这些孩子说话时常用一些如"超级"之类的词。这些词现在还没被收录到词典里，也许三十年以后会吧。这些词会妨碍他们与人交谈。有文化的群体中经常会出现这样的批评，如"你的谈吐太没水平"。孩子专注于自己说的内容的时候不会咬文嚼字。这个时候，如果孩子什么都不能说，那么沟通就会被阻断。当聊天兴致正高的孩子和父亲交谈时，一句"你真蠢！"脱口而出。他并非真的想表达父亲很蠢，他毫无辱骂父亲的意思；他只是聊天兴致正浓，急于说出心里话，那一刻父亲在他眼里就像一个伙伴。如果父亲对此只是微微一笑，"你知道，你不用这样的词也能和我说话"，这样就挺好；但如果在这个时候父亲对他说，"你根本不知道自己在说什么！你听见你自己怎么骂我了吗？"，那就完了。

我在有文化、有教养的父母那里观察到的就是这一点。无论对幼儿、儿童还是青少年来说，这样的做法都会阻碍自然的亲子关系的建立。

　　让·路易·塞尔万·施莱贝尔：所以，您认为应该让孩子尽可能自然地表达自我。可是，我们在您所有的建议中都感觉到，您认为各种言语都有着特别的重要性。在谈到障碍时，您会说父母和孩子之间的误解。这又是一个和言语相关的词。在父母和孩子的关系中，您赋予言语如此中心的角色，能否解释一下这个角色？

　　弗朗索瓦兹·多尔多：我在上一个小故事里已经解释了，接下来再说一说。

　　一个人借助话语表达自我的时候，他会使用最贴近他想要说的话的言语，最能抒发他的情感、他彼时兴致的言语。青少年有自己的特点，他们认为自己感受到的情感是上一代从未体会过的，所以他们需要新的词汇。而这些词汇对于成年人来说很难接受。我说的言语障碍就在于此，因为父母总认为青少年子女只会用他们那一代的词汇来装载想法，认为孩子的思想其实是非常简单、片面的。但父母错了，不能说孩子思想简单。虽然他们起初这样说话，但是，如果家长懂得尊重他们在初始阶段的表达特点，那么孩子渐渐地就会用更细腻的方式表达自我。以上说的是使用未经雕琢的新词汇的青少年，如果我可以这么说的话。

　　现在来说说幼儿。年龄小的孩子有时候会使用一些他们根本不懂是什么意思的词汇，而父母却认为孩子的用法和大人一样。孩子没有体会过词语隐含的意思，他们赋予其完全不同的含义。我遇见过一些真的很不幸的案例。比如，一名12岁的小女孩遭到了所谓家教严格的家庭的唾弃，就因为她讲述了自己和某位年轻男子有过一些性方面的事。这对于这个家庭而言是一场悲剧，因为小女孩坚持使用这些词汇。包括第一个见到小女孩的医生在内，没有人会想到真相根本与肌肤之亲毫无关系。小孩子有时候会使用一些在广播中、报纸上接触到的词。他们使用的词在父母那里会呈现出肌肤之亲的画面，但其实，孩子想要表达的意思根本不是这样的。比如，调情（flirter）这个词就可以表达很多种意思。

让·路易·塞尔万·施莱贝尔：成人也是如此。他们会用词汇来掩饰一些东西。

弗朗索瓦兹·多尔多：对。对于小孩子来说，当他听到"她失去了丈夫"时，他就会想，"那她把丈夫找回来不就行了吗？为什么她那么小题大做？为什么到这儿哭哭啼啼？"。不向孩子解释，孩子就不懂。然后他会说，"她可真傻！"。我们的反应却是，"你能不能不要这么说？"，而不是去了解他为什么这么说。第一次世界大战期间我自己就说过这样的话，我记忆犹新。"这些女士太傻了，她们居然到这儿来哭着说自己丢了丈夫。"那时战争刚刚爆发，我还不明白"丢了"儿子或"丢了"丈夫是指儿子或丈夫死了。对于孩子而言，这种情况更是时有发生。

让·路易·塞尔万·施莱贝尔：我指的是孩子对语言的理解和接收。您的一条建议令我很诧异，您认为在孩子还不会说话的时候，我们就应该对他们说话。您似乎认为新生儿听得懂大人对他们说的话。您说过，"在无意识里，人自幼年起就知晓一切"。能不能解释一下这条建议的依据？

弗朗索瓦兹·多尔多：依据就是成长过程中发生的一些解释不清楚的事。是因为成人和孩子说话时，孩子通过听觉或其他方式接收到了话语的声音？还是因为他感受到了成人和他之间有意识和无意识的心理间的沟通？我不知道。

我只知道，在儿童精神分析工作中——您知道精神分析的治疗目的就在于让主体借助言语激活对自己的生命历史的记忆——有些孩子能够大段还原印刻在其记忆中的"录音磁带"的内容。他们根本都不知道自己在说什么，根本不清楚其意义，但他们能够一字不差地说出来。我们就纳闷，他们怎么能记住这些自己根本不懂的东西？

这有点像某些实验。等参加实验的人睡着了以后，让他们记住一段信息。他们醒来后就不记得了，但在催眠的作用下，他们能够说出信息的内容。

孩子就是这样的"夜游者"。他能听到，他被父母"催眠"了，他总是游走于有意识和无意识之间，有些东西就被他记录了下来，记忆就会被直接保存下来。

在和孩子的交流中，成人和他说话，仅这一点就证明成人已将他视作一个言语中的人。然而，人都是在言语中得以构造的，无一例外。从一开始，我们就沉浸在与自己身体的自恋关系中，而身体是一种言语。这里指的不是用词汇构成的语言。言语不仅限于词汇，它还涉及表情、手势、功能的层面。激动时喉咙发紧，这就是一种言语；肝病发作也是一种言语。

让·路易·塞尔万·施莱贝尔：抱歉，我们可能在用词上有一些误会。您上面这段说的其实是"表达"。但每次您谈及言语的时候，您经常用"言语"这个词的本义，即词语。词语本身能够被新生儿感知。这样理解对吗？

弗朗索瓦兹·多尔多：我对您说的就证明了这一点。

让·路易·塞尔万·施莱贝尔：但如果孩子听到的更多是音乐而不是词语呢？

弗朗索瓦兹·多尔多：我不知道他具体会在什么时候将这些词语"还"给您。但我可以告诉您，我见过这样的案例。

让·路易·塞尔万·施莱贝尔：出生时在他耳边说的话，之后会从他嘴里说出来？

弗朗索瓦兹·多尔多：会说出来，在进行精神分析治疗时说出来。分析师不懂是什么意思，就去问家长。家长会说，"什么？他跟您说了这个？这不可能！"等。

还有的孩子会说出从出生到 9 个月期间听过的外语。我也遇到过这种情况。

让·路易·塞尔万·施莱贝尔：怀胎 9 个月期间？

弗朗索瓦兹·多尔多：出生后的 9 个月，一个被说外语的保姆带大的孩子。这个孩子绝对不记得自己在 9 个月大时就被带离了那个地方。但是，她做了一个非常重要的梦，梦里她听到了一些对她而言毫无意义的音节，同时还伴有一种幸福感。这个女孩是印度裔，在印度学生的帮助下，我们终于明白了那些音节的意思，"我的小女孩，眼睛比星星还美"。她从出生到9个月都在那个地方，当地的保姆说这样的话再正常不过。

就是这样，孩子在还不会说话的时候，无意识中就满是言语。对孩子说出自己对他的感情，用话语表达，怎么都不算早。这样就把孩子带入了关系中，同时，这也是在邀请孩子进入沟通。给孩子的信息对他有很大的塑造力，而这是无意识的信息。如果您像对小狗一样地对孩子说话，"吃啊，闭嘴，快去睡觉……"，您就不能唤醒孩子对自我的表达。很简单，只听到过这一类呼来喝去命令式语言的孩子，到两岁半时，也会以同样的方式和父母说话。父母会很震惊，"你应该对我礼貌一些！"。但对于这些孩子来说，大人对他们的方式就是礼貌的方式，所以他们对大人说一些充满攻击性的疯话时也是"很有礼貌"的，如"做这！做那！""你应该换一种方式对我说话！"。

让·路易·塞尔万·施莱贝尔：您赋予言语如此重要的地位，让人感觉有时候您在降低身体接触的重要性。20多年来，有种流行的说法，就是要找回体肤接触的能力，包括在家庭内部。而您却不这么建议，如不建议——这一点我记忆犹新——您称之为"挑逗型爱抚"的做法，您似乎总是担心身体的接触会唤醒力比多层面的某些东西。

弗朗索瓦兹·多尔多：您说的是几岁？年龄不能搞混。我说过，精神分析让我们看到，6~8岁这个年龄段的孩子会出现与性别身份和性欲相关的问题；也是从6岁开始，随着俄狄浦斯情结的发展，孩子会逐渐独立。这个时候，如果孩子想要过分感性的亲热，而我们则要什么给什么的话，那么我们就是不知道自己在干什么。相反，可以让他尽情地说出来，他的柔情、他的爱、他的欲望，哪怕是无法实现的欲望也无妨。但不要在这个年龄段陪伴他一起实现身体之间过度的接触，因为它会导致母子共生，会让孩子的性反应发生倒错。

让·路易·塞尔万·施莱贝尔：我们不是经常批评维多利亚式、盎格鲁撒克逊式教育，批评父母和孩子之间刻意保持了过多的身体距离吗？有些孩子没能够在与父母的身体关系上得到起码的疼爱和关怀。在某种程度上，他们是否始终缺少点什么？

弗朗索瓦兹·多尔多：当然不能把孩子当成没有肉体的人。身体需要通过运动实现交流，需要父母的爱抚，这一点毫无疑问。但是，为什么孩子要和父母一起睡呢？这就很危险了。小男孩竭力把父亲踢下床去，父亲只能去孩子的床上继续睡，否则就没法再睡；而母亲则眼泪汪汪、于心不忍地说，"是不应该，可是小家伙要是不在这儿睡就压根不睡"。我们观察到，虽然家长出于好意，但是会害了孩子，因为他们没能阻止这种危险的情况发生。

我手里的信，就是遭遇类似困境的父母写的。

让·路易·塞尔万·施莱贝尔：这种情况并不是很普遍

吧！22 个月了还没有断奶①，这种情况也是相当特殊的……

弗朗索瓦兹·多尔多：温柔没错，但不能只有无声的体肤接触。我强调的是这一点。父母亲吻孩子，他们认为这就是爱。不对。爱也应该通过其他举动去表达，而不仅仅是用亲吻来宠溺。有些孩子犯错之后，就会去抱抱母亲以求原谅。这样太蠢了，这不是教育。有些父母，先是揍孩子，然后再抱他、疼他。这和教育完全无关。教育，要说出来。为什么大人对孩子做的事情感到担忧？是想让孩子有更美好的生命，是在关爱孩子。这种方式不是打骂，也不是爱抚。生活中虽然时不时有打骂和爱抚，但这不叫教育。

让·路易·塞尔万·施莱贝尔：您不完全反对时不时打孩子？

弗朗索瓦兹·多尔多：有些父母认为，要保持自己的地位就必须打骂孩子。他们首先需要相信一点，孩子需要被打骂。我要说的是，这不叫教育。有些人，和他人生活在一起，有时因忍受不了对方会控制不住情绪，这也未尝不可。不过，必须得说清楚，这不叫教育。

让·路易·塞尔万·施莱贝尔：您说过要尊重孩子。成人之间不应该动手，那是缺乏尊重的表现，极其不文明。为什么您却听任孩子挨打？即使不是凶狠的暴打也不应该听任啊！

---

① 前文的访谈内容中未提及"22 个月"，可能是收录时忽略了对读者的交代。——译者注

弗朗索瓦兹·多尔多：我不会听任孩子挨打。

让·路易·塞尔万·施莱贝尔：但您并没说这种行为天理难容。

弗朗索瓦兹·多尔多：正是因为我见过一些孩子，他们遭受的言语暴力比挨打要严重得多。有时候，父母一时气急揍孩子一顿，事后坏情绪就烟消云散了。他们不是不尊重孩子，而是情绪一时崩溃。情绪因紧张而无法自控，这的确很遗憾；不过，之后可以对孩子说，"你知道，我是个很差的教育者，我不应该打你那两记耳光"。有些母亲真能下得去手，有些父亲也能。"不过我爱你。"

让·路易·塞尔万·施莱贝尔：但说出"我是个很差的教育者"有必要吗？这有点自我贬低吧！

弗朗索瓦兹·多尔多：这话要是说出来了，就不会让你掉份儿了。只要是说出来的话，就不会让你掉份儿。真正让你掉份儿的，是不和孩子说话。

让·路易·塞尔万·施莱贝尔：掉父母的份儿。

弗朗索瓦兹·多尔多：是的。如果父亲承认自己的错，"很遗憾，我控制不住自己，你搞得我精神崩溃，你没准儿是故意的"；之后，父亲就会渐渐地改说这样的话，"不，我不会上你的当，你想要逼疯我。你走开，别在这儿待着"。这样就好了。否则，父亲就会陷入负面的心理游戏中，被孩子牵着鼻子走。孩子"一拉铃"，"铃声"就响起，那就说明父母被孩子控制了。所以要避免这种情况。

通过这种教育，我希望达到的是，孩子到了一定年龄后，变得独立于父母。一个人在 7～9 岁是完全有可能独立的。

让·路易·塞尔万·施莱贝尔：之后也是可以的，不是吗？

弗朗索瓦兹·多尔多：当然。但是，7～9 岁的孩子就已经能够像父母亲那样照顾自己了，也就是说，他知道自己需要什么，知道该为自己的欲望做些什么，也分得清什么是最重要的、什么是最不重要的。但这一切都需要学习，一方面可以向父母学习，另一方面，当与父母的关系遇到阻碍时，与父母对话也是孩子很好的学习机会。

让·路易·塞尔万·施莱贝尔：严防乱伦，这一点您尤为重视，您也多次解释过这一点。其实，人们很少说到这个，这属于禁忌。我由此联想到您还建议家长不要在孩子面前赤裸身体，这可为您招致了一些自然派人士的攻击。可是，我们感觉当今时代这么做很自然，因为光着身子在家里、在浴室里走来走去很正常，不必在孩子面前躲躲藏藏。您觉得呢？

弗朗索瓦兹·多尔多：这一点非常复杂。我得说，我的这个观点是在读了一些信件、见证了一些事情之后形成的。用很差的法语来说，我的意思是，要求必须裸体和绝对禁止裸体一样糟糕。如果有些家庭崇尚自然裸体，那么在这些家庭里，一旦孩子表现出羞耻、不愿意在家赤身时，就会出现问题。

我这里有一封来信。"我儿子在卫生间洗漱时，不愿意让别人进去。""我儿子在家从来都是穿着衣服的。""我儿子变得自我封闭。"诸如此类。这是个年龄问题。必须承认，在孩子很小的时候，怎样都没关系，因为他不关注具体部位，他看到的只是总体。开始关注具体部位的年龄是三岁。那个时候，父母身体的吸引力和美感极为强大，哪怕父母自己并不知道自己的美。对于这个年龄的孩子而言，父母是世界上最具吸引力的。所以，虽然家长并无觉察，但这些家庭的孩子会对固着在父亲或母亲身上的性情感——通向美感之门——表现出兴趣，比其他家庭的孩子早得多。

让·路易·塞尔万·施莱贝尔：这里您谈到两个不同的问题。一方面，您说有些孩子需要有羞耻感……

弗朗索瓦兹·多尔多：羞耻感就是在这个时候出现的。

让·路易·塞尔万·施莱贝尔：但是，家长究竟能不能做他们认为很自然的事情呢？

弗朗索瓦兹·多尔多：为什么不呢？要的就是父母按照自己的意愿行事。但同时，要允许孩子在看到父母这样时展开被动的自我防御。有的父母把自然裸体定为规矩，但他们并不知道这会在孩子身上造成什么样的后果。我原先也不知道，读了这封信后就明白了。通过这封信，我了解到他们最终只会适得其反。如果孩子的成长环境中没有这种"规矩"，那么孩子根本不会关注父母是不是赤裸的。虽然他有时候也会说，"你们是不是应该稍微注意一点啊"，但仅此而已。我认为需要尊重孩子，把他当作家里的一个客人。客人和孩子自有保护自己的方式。会有那么一天，孩子产生了羞耻感，他会按照自己的方式进行自我防御。

不然的话，孩子就会逐渐对父母关闭心门，而这将从不愿意接受父母裸体开始。之后，他们会不愿意接受赤裸的情感，因为那是身体的隐喻。情感是身体的隐喻，身体也可以是情感的隐喻。这就是潜意识里隐藏的逻辑。

让·路易·塞尔万·施莱贝尔：在您 40 年的观察中，您看到家长与孩子之间的关系发生了什么样的转变？当代社会中发生的事情与您执业之初有没有差别？有什么差别？

弗朗索瓦兹·多尔多：首先，战争在很大程度上改变了当今的父母。不管他们自己有没有意识到，但现在三四十岁的这代人被他们的父母年轻时遭遇的问题，即把法国撕裂的两种立场深深地影响着。就算其父母没有因战争而粗暴地变成陌路人，他们在七八岁时，也看到了在爱国问题上，其父母与家里其他人或朋友对立。这些人或者反对爱国主义立场，或者爱国的方式不同。一边是贝当，另一边是戴高乐。支持欧洲的人，支持和平，哪怕被德国裹挟，但这样就不会再有战争；然而另一些人则相反，认为法国人应该一致抵御外敌……还有一点，在一个原本相信父母无所不能的年龄，他们却亲眼见到父母的无能为力。

让·路易·塞尔万·施莱贝尔：您说的是生活在战争年代的人。1945 年出生的人没有经历过这些。

弗朗索瓦兹·多尔多：没错。我说的是战争爆发时刚好 5～10 岁的那一代人。也许他们自己并不知道，他们的观念中早已被打上了深刻的印记，没人知道什么是善恶。而今天，我们在教育中就能看到这一点的反映。以前，人们养育孩子，知道自己在做什么，对此有清楚的意识。现在，他们不知道什么该做、什么不该做。报纸上倒是会对一些做法谈论不休，于是，他们就会听取报纸上的观点。我敢肯定，以前人们根本不在乎报纸上的某篇文章，他们压根都不需要，他们坚定地认为自己教子有方。

让·路易·塞尔万·施莱贝尔：因为他们从自己的父母那里学到了这些。

弗朗索瓦兹·多尔多：他们从自己从未怀疑过的父母那里学到了这些。而新一代的父母却经历了对其父母的怀疑。他们的父母也对他们谈到了自己的怀疑。他们见过立场对立的父母，也见过不知该怎么想的父母。

让·路易·塞尔万·施莱贝尔：但是，今天的小孩子的父母还不到 40 岁。他们的年龄为 25～35 岁，他们是在那之后出生的……

弗朗索瓦兹·多尔多：他们的确是在那之后出生的，然而他们父母的人生中却遭遇了此事。这是一方面。另一方面，由于不再按照原先的家庭生活方式生活，他们也不再知道什么是好、什么是不好。他们有知识，但已不知所措，也不敢凭直觉行事。

让·路易·塞尔万·施莱贝尔：但是说到底，不再对父母说的话囫囵吞枣不正是一种进步吗？

弗朗索瓦兹·多尔多：当然。您刚才说的是代际差别。我没说哪种更好或更差。

让·路易·塞尔万·施莱贝尔：看上去这让他们很困扰。

弗朗索瓦兹·多尔多：的确困扰一部分人。但怎么能把今天生活条件全然不同的一代，和过去的一代相比较呢？变化在于，他们现在不再像过去的父母那样确信自己是正确的。在任何领域都是如此，人们不再确定什么是正确的教育。在我们这个年代，每个人都得既相信自己的直觉，又在保留这些相信的同时学会自我批评。这很难啊。

让·路易·塞尔万·施莱贝尔：有些家长给人一种凡事都很确定的感觉，有些却很放松地表示自己有所犹疑。您觉得什么样的家长才能实施更好的教育，才能让孩子更好地释放个性？

弗朗索瓦兹·多尔多：我觉得没什么好比的。因为父母是什么样的，就实施什么样的教育。但的确，不管是确定还是犹疑，父母要知道孩子表达出的某种东西是有意义的，父母应该去解读它，应该懂得沟通。哪怕是最细微的一次任性，也是有意义的。这不是说要放任情绪的表达。可以让孩子冷静下来。但这丝毫不能解决问题，他还会再闹，因为误会的结果必然如此。相反，任何误会都会在推心置腹的沟通之后烟消云散。但是，要想这么做，还得有良好的沟通条件。可以肯定的是，如果孩子一闹就立刻被阻断沟通，他就不可能说出自己的动机，说出自己为什么做了父母不允许的事情。

让·路易·塞尔万·施莱贝尔：这往往是个时间问题。您说过，"父母应该给孩子多一点的陪伴时间"。这正是父母最大的困难所在，尤其是城市里的父母。大部分女性都是职业女性，比例高达三分之二。怎样才能解决缺少时间的问题呢？

弗朗索瓦兹·多尔多：也许真的只能在与孩子共处的那点少得可怜的时间里去解决。有些时间很重要，如所有人都必须坐在一起的吃饭时间。也许真相就是在这个时间里才能通过沟通表达出来吧。

我觉得关键不在于时间长短，而在于在这短暂的交流中真相的沟通强度。我见过一些孩子，他们的父亲虽然经常要到外地出差，但在精神上给他们的帮助非常多。他们每隔两个月才会给父亲写信或者收到对方的来信，但依然会感到父亲就在身边。为什么呢？因为信中从来没有责备或说教。父亲只是讲述自己的生活；孩子写的信也只有寥寥几个字，几乎没有内容，"你什么都不跟我说"。可是父亲，他却总是在写内心所想，从来不会妻唱夫随。

我认为，当父母与每一个孩子都建立起特别的关系时，真相就能得以沟通。这很重要，哪怕父母的时间少之又少。如果孩子向父母中的其中一位透露一个秘密，那么这位家长一定不要告诉另一位。如果父母能够说，"如果你想让你父亲（母亲）知道，那么我乐意帮你去告诉他（她）这件事，但不应该由我来替你说"或者"你跟我说的事情，不会被传到别人耳朵里"；那么，孩子和父母之间建立起的信任关系会令人惊叹。信任就是这样建立起来的，哪怕父母和孩子在一起的时间很少。如果孩子有重要的事情要说，那么他一定能找到机会，溜进父母的房间，关上门，"我要和你说一件事"。"好得很。"这样就够了。

让·路易·塞尔万·施莱贝尔：刚才谈到听众的来信时，您说建立良好关系时有个条件，就是不去一味责备。这是不是意味着，如果没有很多时间，就不应该责备孩子？

弗朗索瓦兹·多尔多：如果时间不多，就不要花时间在责备上。有些母亲会说，"看你父亲回来怎么说你！"。孩子什么都看不到，或者他偶尔也会看到，父亲扮演的是家法警察的角色，即父亲会因自己不在家时孩子所干的坏事而惩罚他。但事实上，父亲一回家，孩子就老实得很。这个时候，母亲应该对孩子说，"我知道，要是你父亲在家，你就不会干这件事了。不论父亲在或不在，你就不能一样吗？否则，我会筋疲力尽"。有些母亲就会这么说。而且，等到父亲回家问起"今天他们乖吗？"时，她就会说，"你都回来了，我们就什么都不说了"。这个时候，父亲就会把孩子叫到一边，"真的？今天一整天都很乖？"。很快，情况就会有所好转。

让·路易·塞尔万·施莱贝尔：但您在父母关系这个问题上的立场给人的印象是极其传统的。而且我在您的著作中也注意到了这一点。父亲代表权威；母亲主持家务，是手忙脚乱的形象。但现在，大多数人的生活都不再是这样的了。

弗朗索瓦兹·多尔多：但在父母都在家的这一段极短的时间内，父母的关系还是照旧啊。

让·路易·塞尔万·施莱贝尔：怎样才能解决现实情况和您推崇的极其传统的母亲角色之间的矛盾呢？您说过，与你对话最多的就是母亲，您说她们才是真正的教育者，父亲则遥远得多。这些观念难道不是已经过时了吗？这样的日子难道不是上一代人才过的日子吗？

弗朗索瓦兹·多尔多：过不了时，因为我们改变不了生理特征。我们不可能把子宫移植到男人的腹膜里。在孩子心目中，从他出生的那一刻起，母亲就是他成年后的样子的代表。男孩、女孩都是如此。他看见的第一张脸孔、第一个双头形象，就是"妈妈—爸爸"。后来，这个形象会变成"爸爸—妈妈"。但对18个月之前的孩子来说，他最先看见的一定是将要变成"爸爸—妈妈"的"妈妈—爸爸"。

让·路易·塞尔万·施莱贝尔："妈妈—爸爸"和"爸爸—妈妈"之间的差别是什么？

弗朗索瓦兹·多尔多：差别就在于用"妈妈"还是"爸爸"开头。没有孩子会说"我父母的房间"。他们总是说"妈妈的房间"或"爸爸的房间"，这会让人觉得父母不睡在一起。这是因为，当他们说"妈妈"时，指的是"爸爸"；而当他们说"爸爸"时，指的又是"妈妈"。在孩子的无意识中有个三角关系，这种关系会让他在说"母亲"时，表达的意思其实跟父亲有关，哪怕父亲只存在于母亲的想象当中，哪怕孩子根本不认识父亲。这种三角关系之所以存在，是因为每个人都是在一种三角关系中出生的。

让·路易·塞尔万·施莱贝尔：那母亲的角色呢？

弗朗索瓦兹·多尔多：母亲的角色还是最根本的角色，这是母亲的责任感赋予她的。您改变不了这种角色。女性会从不间断地感受到对孩子的责任。父亲的责任感是断断续续的，因为从生理上来讲一直如此。

让·路易·塞尔万·施莱贝尔：人们告诉女孩子必须要按某种方式行事，却告诉男孩子可以有别的行为方式。

弗朗索瓦兹·多尔多：但角色的确可以不一样。4 岁起，孩子就会很清楚地明白这一点。我们看到过很多这种案例。有时候，由于母亲不能请假或收入更高，出于经济上的考虑，父亲会暂停工作一段时间，承担照顾孩子的责任。孩子很自然地就会管父亲叫"妈妈"，而管母亲叫"爸爸"。孩子当然很清楚，一个是男人，而另一个是女人。

让·路易·塞尔万·施莱贝尔：这意味着对孩子而言，有一个人与他的关系更紧密，那就是照顾他的那个人。

弗朗索瓦兹·多尔多：我不知道能不能说关系更紧密。身体之间的关系不能用紧密这个词来形容，它是另一回事儿。

让·路易·塞尔万·施莱贝尔：更频繁的接触，倒不一定是身体的接触。

弗朗索瓦兹·多尔多：但可能相比于间断的接触，它更不会引起注意。父亲或另一个人，他对孩子而言切实存在，但孩子却见得较少。孩子与这个人之间的关系，和孩子与天天都在的那个人之间的关系相比，后者更为重要，因为那个人永远都在。

让·路易·塞尔万·施莱贝尔：对。但今天，大部分城市中的孩子的真实情况是，他们的母亲是职业女性。很快，最多 4 个月之后，他们见到母亲的时间不见得比见到父亲的时间更多。

弗朗索瓦兹·多尔多：这没关系。因为母亲存在于他们的身心里面。您总是说一些意识层面的事情，但对于人来说，起决定性作用的因素并不来自意识层面。

让·路易·塞尔万·施莱贝尔：不，是经历过的事情。我不知道用词是否正确。

弗朗索瓦兹·多尔多：是意识层面经历过的？还是感官体验过的？

孩子熟悉母亲的声音，母亲说话的声音、节奏会在孩子内心最深处引起共鸣。母亲，生育孩子的母亲，是他人无法替代的，就算对于未曾与母亲见面的孩子来说也是如此。这里的"母亲"不仅仅指生母，还包括在最初几个月陪伴孩子的"母亲"，第一个在孩子与世界之间建起桥梁的那个"母亲"。这个"母亲"真的是与外面的世界共同存在的。

所以，要说我给人一种落伍的印象，我丝毫都不觉得惊讶。但这既非落伍亦非新潮，这是永恒的。母亲是孩子无意识的延续。孩子会将这种连续性投射到母亲身上，同时又将间断性投射到父亲身上。后者虽然断断续续，但却内涵丰富。这些早已被无意识地印刻到我们每一个人的生物特征上。

让·路易·塞尔万·施莱贝尔：但是，您这么说，只会进一步加重所有职业女性本来就有一些的负罪感，因为她们在孩子还很小的时候就得回去工作，因为她们有……

弗朗索瓦兹·多尔多：不会，因为这一点并不改变实质。

让·路易·塞尔万·施莱贝尔：不，不一样。根据您的描述，在孩子的生活中，母子关系比父子关系更能起到中心作用。

弗朗索瓦兹·多尔多：但父子关系可以用另一种形式表现出来。

让·路易·塞尔万·施莱贝尔：是吗？但同时，生母——您刚刚说的——才是最关键的。

弗朗索瓦兹·多尔多：生母对孩子所说的有关保姆的话，对孩子而言也很重要。孩子去保姆家，如果母亲对保姆的评价不好，并且嫉妒孩子和保姆之间的感情，那么的确可能对孩子有消极影响。孩子管保姆叫"妈妈"，有些母亲无法忍受这一点。一个孩子可以有无数个"妈妈"，但他只有一个母亲。而影响他的恰恰就是母亲的声音，就是母亲谈论孩子与保姆关系的方式，这比父亲做同样的事情产生的影响要大得多。

让·路易·塞尔万·施莱贝尔：所以，这种既丰富又必要的关系，孩子同样也能和一个母亲的替代者建立？

弗朗索瓦兹·多尔多：当然！尤其当母亲对自己的替代者怀有感激之情时更是如此。如果这些替代者不会被频繁地更换，那么并不会影响孩子内心统一整体的建构。但如果走花灯般不停换人，就证明母亲并不认为这些人是她最佳的替代者。反过来，如果母亲对替代者印象很好，认为替代者凭直觉以不同的方式在做母亲分内的事，那么，只要母亲对孩子坦言"对，她的方式很好，不过我的做法不一样"，孩子就会很好地接受保姆和母亲的差异。

保姆从周一到周五以一种方式行事，而到了周末，母亲则以另一种方式行事。孩子的内心建构会十分牢固，不怕别人对他说，"两个人当中有一个做得更好"。如果你对他说，"我更喜欢某某的做法"，他会回答说，"可以。你愿意证明其中一个更好，那是你的事。我觉得两个都挺好"。

让·路易·塞尔万·施莱贝尔：您很重视父母与孩子的三元关系。不过，现在女性独自生养孩子的情况越来越多。在这种情况下，三元关系会有什么变化？会不会给孩子的教育带来问题？带来什么样的问题？

弗朗索瓦兹·多尔多：对，如果女性的个人生活当中没有男性，那么的确会给孩子带来很严重的问题。相反，如果她的生活中有男性，孩子能在这名男性身上看到父亲的形象，孩子就会有所投射。我们需要理解的是，人，不管男女，一生出来就在外部世界中寻找一些能够让他觉得自己长大后就是那个样子的成年人。如果这个代表着成年人形象的人——如小男孩寻找的男性——变化得太过频繁，那么，小男孩的自我建构就难以完成。

让·路易·塞尔万·施莱贝尔：但他还是可以完成自我建构的……

弗朗索瓦兹·多尔多：……之后吧，比较晚。他的自我建构会是支离破碎的，而且其成长可能会滞后，如言语的发展和内在驱动力的形成都会滞后。心理驱动力也是一种言语。因此，他会在各方面出现语言发展滞后的情况，表现方式不一。他有可能语言没问题但心理驱动有障碍，或者心理驱动没问题但味觉有障碍，如他有可能停留在婴儿味觉水平而不愿接受不同的口味。他必须要保留一些原始、古老、稳定的东西，来抵挡太过动荡的身份认同与自我建构的过程。不过到了一定年龄，他知道了自己是母亲与一个男人结合的产物，知道了对于这个男人而言，让这个女人怀孕是有重要意义的，这个时候，生命对于孩子而言就拥有了意义，他就会更快地成长为独立的人。这的确有可能。但是，如果母亲的交往范围仅限于女性，在男孩或女孩成长的三元关系中，另外两方都是女性，那样就会有很大的风险，生殖情感言语的发展就会出现滞后。当然，生殖器官会发育成熟，但它们会是没有言语的生殖器官。因为被母亲爱的、与之发生性关系的人，其性别与孩子不同，或者就算性别与孩子相同，但却是一个强大到让人难以接受的对手。比方说，一个小女孩，如果她母亲与女人有性关系，那么她会认为自己从性别上被遗弃。

让·路易·塞尔万·施莱贝尔：被遗弃是什么意思？

弗朗索瓦兹·多尔多：那是一种绝望的处境，而且小女孩一辈子都走不出来。因为在母亲和另一个女性的关系中，母女间的、姐妹间的爱多于夫妻间的爱，所以孩子，也就是女儿，在这其中找不到自己的位置。如果是儿子，他会把我们称之为始祖的东西——母亲的价值所在——投射到另一个女人身上。"我要变成女人，这个女人太美好了。"在长成男人的过程中，他的认同对象却是一个女人。儿童的自我建构发生在七八岁之前。这之后再发生什么事，其影响就不大了。

让·路易·塞尔万·施莱贝尔：一旦父母的关系与传统框架不一，孩子在性方面的自由就会因这方面的问题而比较受限。

弗朗索瓦兹·多尔多：这是什么意思？孩子只是会不同而已，但他们不会因此变得更幸福或更不幸。

我不是在批评。我说的并不是一种"好""坏"的评价。我的意思是，这对孩子成人后的某些选择会有不同的影响。这其中有一些因果关系。但哪种生活都有可能过得好。这并不意味着人们会因此而不幸。

让·路易·塞尔万·施莱贝尔：最后一个问题。在接受《读书》杂志访谈时您说过，"如果神经症能帮你活下去，那么为什么要拒绝它？"。这句话出自一个精神分析师之口，这还是很惊人的。您这句话到底想表达什么？

弗朗索瓦兹·多尔多：首先要指出的是，一些神经症有建设性，另一些有毁灭性。其次，我们再来谈患神经症的人与其他人的关系。对我来说，一种神经症，其中有压抑的冲动；但是，如果通过这种神经症，冲动能够得到表达，能够为主体带来快乐和力量，同时又对群体有用，这样的神经症就具有建设性。

让·路易·塞尔万·施莱贝尔：创作。在写作中获得升华。

弗朗索瓦兹·多尔多：创造性其实是冲动找到的出口，所以有时创作是无意识做出的选择。无意识选择和压抑有可能同时出现，这对个体总能量而言是一种考验。不过，被压抑的东西可以通过有创造性的方式表达出来。文明，就是由成功了的神经症患者创造的。若没有享乐（jouissance），我是说无意识的享乐，没有人能活下去。比如，疑病患者觉得自己浑身上下都是病。浑身是病当然很让人痛苦，但是，从精神分析的角度来看，从心理活动的角度来看，个体能够从中实现享乐。疑病患者让医生有事干，如果他有钱的话，还能让社会保障机构有事干。这很不幸——疑病和退休是老年医学领域中的不幸，但一般情况下，人的确是在退休后才会患上疑病神经症。为什么呢？因为冲动无法像原先那样集中于有创造性的方向。如果退休后没有什么让人感兴趣的文化交流活动，那么一切都会转回到身体上。我们可以将这种神经症看作是"实验性的"。

让·路易·塞尔万·施莱贝尔：可以说，这对当事人而言并不一定是件坏事，因为他从中找回了平衡。

弗朗索瓦兹·多尔多：没错。对他自己而言，个体能从中找到平衡。但有些神经症会让人消耗自己、毁灭自己，没有创造性，出现倒退。倒退有可能体现为患上身心疾病，对自身造成巨大的毁灭性后果，并会传染到周围亲友身上，破坏他们的身心结构。就是在这个意义上，我们说神经症对于患者的孩子来说很难承受，因为由于父母禁止自己在某一方向上获得快乐，他们也会同样禁止孩子在这一方向上获得快乐，而自己却完全没意识到。这对他们来说是一种禁忌。您刚才说乱伦是我们社会唯一的禁忌，因为如果乱伦不是禁忌的话，我们就不会是有言语的生物。如果我们从一开始就可以对父母有身体的欲望，并一直可以，那么我们就仅仅是拥有身体的动物。这一禁忌存在于所有社会中，在人类中非同一般。神经症中有一些禁忌被视作与乱伦禁忌同样重要，然而事实绝非如此。神经症就是这样，把人的能量困在束缚生活的想象中，甚至会蚕食掉创造性的想象空间。

让·路易·塞尔万·施莱贝尔：弗朗索瓦兹·多尔多，谢谢您。

2 "父亲和母亲""爸爸和妈妈"①

　　我们有必要解释给孩子的父母听"父亲""母亲""爸爸""妈妈"这些词语对孩子分别都有什么意义。话语对孩子的意义，完全不像成人想象的那样。如今，大部分孩子很早就与其他人接触，如保姆、母亲去工作时在家看护孩子的家政人员、孩子群体，以及托儿所、幼儿园（往往很早就去）、假期营地等地的工作人员。面对白天在学校照顾孩子或看护一小群孩子的人，孩子会叫"妈妈"；面对这些人的伴侣或在这些不同的儿童看护场所有偿照看他们的其他老师，孩子会叫"爸爸"。这让很多父母感到头疼。然而，因这种嫉妒而痛苦完全没有必要。家长必须知道"爸爸""妈妈"这些字眼在婴幼儿心中有什么意义。

　　"爸爸""妈妈"指的是孩子说话时给孩子带去安全感的男人

---

　　①　经弗朗西斯·马登斯和拉舍尔·克拉迈尔曼授权，1979 年。

和女人。在孩子眼中，所有的成年人都是爸爸、妈妈。生母、生父是不可被取代的。他们给了孩子生命，需要为社会和世界上有一定存在方式的孩子负责。这是需要解释给孩子听的。要告诉孩子，哪怕父亲不在家，哪怕孩子没有继承父亲的姓氏而是继承了未婚的母亲的姓氏，哪怕父母离异，不管他是否认识他们，生父和生母的结合是不可磨灭的事实，孩子那充满生命力的身体就是这种结合的明证。唯有孩子身体的死亡才能终止这种结合的存在。生父和生母也必须承认自己对孩子负有法律责任，并承担此责任。他们是法律意义上的父亲和母亲。

假设有两个成年人或暂时、或永久地生活在一起，生母未婚，与一个男人一起生活，分享同一张床和同样的日常。这种情况下，如果母亲不告诉孩子这个男人并不是他的生父，孩子就会产生混乱，因为孩子直觉上知道母亲就是制造他的人。这位先生，母亲的伴侣，是一个爸爸，但不是他的父亲。也许有一天，这位先生会成为他心中的父亲、法律意义上的父亲、养父，但母亲必须要及早告诉孩子："我是你的母亲、你的妈妈，他只是你的爸爸，目前为止，他还不是你的父亲。"或者正好相反，爸爸就是父亲，因为生父和生母生活在一起——当然也有可能两人分开生活——但总之，孩子认识生父和生母。当今社会，应尽早让孩子了解"父亲"相对于"爸爸"、"母亲"相对于"妈妈"的意义，这一点至关重要。人可以有 36 个妈妈，但母亲只有一个；可以有 36 个爸爸，但父亲只有一个。一个人可以从来不知道生父是谁，但在他的内心中，在他的想象和象征世界中，他一定清楚地知道谁是自己的父亲，这是因为每一个人都由父亲和母亲带到世上，哪怕生父在孩子出生后没有为之负责而悄然消失。现实中，父亲很有可能缺位，但重要的是孩子能够谈论自己的父亲，了解他的故事。

"生养自己的父亲和母亲"，我们需要尽早地、一点一点地告诉孩子，在他面前，对着他，对着还是婴孩的他。而且，一般这些都是很自然地进行的，父母可能自己都意识不到。比如，亲朋好友成双成对地生活，孕育生命，组建家庭。但有一天，孩子会问"之前我在哪儿？你从哪儿把我抱来的？我从哪儿来？你认识爸爸之前在哪儿？你认识妈妈之前在哪儿?"等。此处所说的早教，是指在照片的帮助下，向孩子解释什么是生母、生父、分娩、哺乳、喂奶，告诉他什么是对孩子负责的父亲，告诉他通过婚姻在法律面前将父姓传给妻子和孩子是怎么回事。所有这些，托儿所和幼儿园中的负责老师在孩子很小的时候就会教授给他们。孩子所听所闻的东西里有一部分是关于自己身世的内容，但大人经常忘记讲给孩子听，忘记真正地讲给孩子听。大人总是谈论孩子，却从不拿他当谈话的对象，这是错误的做法，因为孩子会由此得出结论：自己不该知道这些内容。每个孩子都应该在很早的时候，最晚也得在上幼儿园之前，了解自己的身世，了解自己和哪些话语、父母家中的哪些与家庭、个人有关的情感故事相关，了解自己的生命源自哪里。所有的幼儿园都应该开展讲述这些故事的活动，讲给所有的孩子听。这样，孩子回家后就能和家人讨论，再把家里讨论的内容带回学校，然后，由幼儿园老师把所有的特殊情况解释给孩子听。这样，每个孩子都会知道自己扎根何处，从而有助于他们在幼儿园的社会生活中逐渐成长为小小公民。这会是个美好、高贵的故事，因为真正意义上的"人"就是如此诞生的。唯有这样，我们才能帮助孩子和父母充分理解"父亲""母亲""爸爸""妈妈"等词语的不同意义。学校是解释这些不同的最理想的地点。我殷切希望学校在解释亲缘关系和孩子的身份问题上的话语能够做出变革。从幼儿园起，从低年级起，也就是说，从孩子被点名的那一刻起，他就理应知道自己为什么被起了这个名字，他理应会写自己的、母亲的和兄弟姐妹的名字。有时候，家人不一定和他拥有同一个姓氏，大家不使用同一个姓氏，有可能父亲不承认亲子关系，但这不改变他们的父子关系。一个三四岁或五六岁的孩子，应该知道自己的身体是在哪个家庭里发的芽，应该掌握基础的亲缘词汇，这样，他便可以厘清关爱自己的家人之间的关系，足够自立，并和他人共同生活。学校的教育足以帮助他满足上述的要求。要想教会孩子什么是性、什么是社会道德，唯有把描述家庭亲缘关系的词汇，并且是具体到有关他个人情况的词汇教给他，还得让他知道父姓带给他的权利、义务和禁忌。如果孩子身边熟识的成人教会他了解自己，并且以某种方式称呼他，那么他也应该了解这种称呼隐含的权利、义务和禁忌。

每一个爸爸和妈妈，不管是否是亲生父母，都是亲生父母明确或未明说的代表，他们负责抚养、教育孩子。如果他们并非亲生父母却被孩子称作爸爸、妈妈，那么和这个家庭有来往的成年人就应该帮助"生养父母"，让他们理解孩子表达的是对父母挣钱养家时负责抚养自己的人的感激和关爱，帮他们消除和受他们托付照看孩子的人之间的对立情绪。如果孩子管保姆叫"妈妈"，那么则证明孩子一切都好，孩子随时随地表达着自己和这个照顾他的成年人之间的良好的信任关系。但是这丝毫不影响他对母亲、父亲的爱和认知。所以，父母不应该有嫉妒心，而是应该包容和理解，要和孩子谈论他出生之前的事情，关于父母的爱情、母亲的孕育，关于胎儿成长时父母心中的情感，告诉孩子父母爱情的结晶给他们带来的快乐和焦虑（如果真的有过焦虑），告诉孩子自他出生后的快乐、困难，告诉孩子因赋予了他（或者未赋予）父母的姓氏而带来的酸甜苦辣，告诉孩子因他的诞生和健康成长、和周围的人建立的关系、和父母的亲子关系而带来的种种幸福。

这几年，我遇到了好几个管父亲叫"妈妈"、管母亲叫"爸爸"的小孩。父母和我谈起词汇混乱的问题时特别焦虑。这些案例中，父亲在家工作，扮演了母亲的角色；反过来，母亲则早出晚归去工作，扮演了父亲的角色。现在有些夫妇就是这样生活的，有何不可？男人和女人一样可以照看孩子。但之后，如果孩子把爸爸、妈妈这两个词搞反了，那么也别大惊小怪。这只是婴儿的情感语言。的确挺奇怪的。遇上了这么多案例，我的确挺吃惊，而且还学到了原始语言。有意思的是，我告诉这些忧心忡忡的父母："问问您家的孩子谁是男士、谁是女士。"无一出错:"妈妈"是男士,"爸爸"自然是女士。也就是说,孩子在谁是父亲、谁是母亲的问题上丝毫不会出错,只是在使用时将"妈妈"这个柔软的唇音和"爸爸"这个硬朗的唇音搞反了。和婴儿的生活起居相关的食物和身体上的照料与柔软的唇音相关联,而早晨道别、晚间重逢的那个人则与硬朗的唇音相关联。不同的感受通过不同的发音得以表达。至于性别,至于谁是丈夫、谁是妻子,孩子不会有任何错误的认知。这些特殊的案例告诉我们,只要解释足够及时,孩子就永远不会混淆父亲和母亲;同时,孩子把某人叫作"妈妈"或"爸爸",这是孩子信任成人的证明,丝毫不意味着对人或血缘关系、骨肉之情、家庭之爱有任何错误的认知。

我知道已经有人有不同意见了。的确,有些孩子,他们还在娘胎里的时候,或他们出生的时候,给家庭带来了巨大的问题。我这里谈的不仅是那些"送给"孤儿院——这样说比说"被弃"要好得多——等待某天被领养的孩子。对于这类孩子,学校里的教师大可以和送孩子上学的那个人放心地谈话,因为在学校以外的生活中,孩子完全依赖于此人,教师可以通过那个人了解孩子的身世,这样之后就可以告诉孩子。我要告诉大家,你们当中可能很多人都意想不到,虽然这些孩子本人和他们的父母在生命伊始就饱经沧桑,不管后来的路是什么样的;但是,只要被告知了他们来到人世时给自己和父母带来了种种挫折,只要被告知这些问题导致他们最后被托付给孤儿院,只要有人让他亲耳听到有关生命之初的真相,让他了解自己的生命经历万般艰辛依然顽强而高贵，让他明白自己战胜了诞生时的困难并由此向自己的亲生父母致敬，在无意识和意识两个层面上，他们获得真相的道路都不会遭遇障碍。相反，有些孩子，从小就听到有关其身世的各种胡编乱造的谎言，而他们的身体却对自己的经历保留着无意识的记忆。这些孩子，不管他们后来是否有家庭生活，他们很早就被烙下了阴影。现在，精神分析让我们了解了这一切。作为精神分析师，我们感觉到自己有责任把这些传递给教师和社会，因为教师很早——也就是在孩子三岁左右——就在家庭之后接过了养育孩童的旗帜，不管其家庭是否是亲生家庭。我们明白了孩子有权知道自己是谁，知道自己的生命经历了哪些磨炼、征服了哪些挑战。词语能够释放快乐和人与人之间的爱，哪怕每个词语都带着穿透幼小身体的心灵和肉体的伤痕。但如果向孩子隐瞒真相，就不仅剥夺他了解真相的权利，而且还会夺走他的真实情感，让他无法彻底地释放自己的潜能。

这些词汇和内容应由教育部门负责教授，用孩子能懂的方式，从幼儿园开始进行，在孩子上小学学习写字时仍应继续。孩子自己、父母、兄弟姐妹、叔姑舅姨、（外）祖父母等所有人的姓和名，所有这一切都应该在孩子读书、写字的教室里清楚地教给他，也就是在他七八岁的时候。之后，他还应该学习并了解族谱。为什么？因为今天，很多孩子分不清父亲和母亲各自的家庭，这是过去在农村时代根本不会发生的事情。现在，家庭都以核心家庭为小单位生活，父亲、母亲和一个、两个、三个孩子。他们管邻居叫"叔叔"，见了长者叫"爷爷奶奶"。他们在血缘家庭和朋友家庭之间完全找不着北。因此，就该由学校来帮助孩子辨析不同的词汇，尤其是扎根于事实真相的词汇，即扎根于血缘、情感、法律层面的真相的词汇。为什么？因为这是关于人类的根本"律法"——也是性的根本律法——即"乱伦的禁忌"的最根本的教育。如今，但凡我们对这个问题稍有思考，就会发现，很多学习成绩尚可的孩子把母亲和父亲各自的家庭混为一谈。有的孩子会说母亲的一位兄弟和一位姐妹结了婚，会说外祖父和祖母结了婚。这种现象之稀松平常已经开始让精神分析师产生警觉，我们开始想，有些孩子在阅读、识字和写字时遇到的困难会不会部分源自这个现象。还有一些无意识的现象。研究表明，如果（外）祖父母住得很远，如果孩子和他们不常见面，如（外）祖父母住在农村的一栋小楼里，那么孩子就丝毫不会出差错。他知道，住得很远的（外）祖父母是父亲（或母亲）的父母。孩子在情感上和无意识中都清楚地知道这一点。也许是因为每次去看望这两位长辈的时候，父亲（或母亲）都会和孩子讲发生在那里的童年故事。相反，如果（外）祖父母住在城市的高楼中，这些地方不是父母度过童年的场所，那么这些孩子往往会产生概念混淆，误以为祖父和外祖母是一对儿。所以，这就需要教育工作者通过话语来帮助孩子纠正这些因儿时缺少解释而产生的混淆。我们不可能让所有家长都明白这一点，所以，教育工作者需要从孩子上幼儿园和小学开始就帮助其纠正可能产生的混淆。如果孩子概念不清，那么即便孩子到了 9 岁，也无法达到社会道德要求的思想独立和成熟的程度。你我之分是在"我的身体"里学会的。"我的身体"之所以是"我的"，是因为"我的"父母通过对我的关爱告诉我它（身体）是"我的"，因为我是他们的孩子。我知道很多读者听到这些时会觉得稀里糊涂。但他们应该去观察、去思考、去回忆自己的童年。如果他们小时候生活在城市里，就应该去想一下，自己是不是小时候就不怎么熟悉父母各自的家庭，是不是打小就分不太清自己和这两个家庭之间的关系。他们一定会确认，自己用了很长时间才拨开重重迷雾，了解什么是父母的亲生家庭，由此才明白什么是乱伦的禁忌。

深刻理解乱伦禁忌之所以难，还有一个原因：很多家庭中，父母相互称对方为"爸爸"或"妈妈"，就好像他们自己是家中长子（女）一般。如果丈夫对配偶说话时用"妈妈"这个词，孩子就会在那个时候把父亲当作自己的兄长，当作共同母亲的长子。如果母亲叫自己的丈夫"爸爸"，那么彼时彼刻孩子又会觉得妈妈像他一样，管父亲叫"爸爸"，因此认为母亲就是自己的姐姐。我给很多父母提过建议，让他们尽早对孩子用"你爸爸""你妈妈"这样的说法，而不是"爸爸""妈妈"。但似乎人们天然就喜欢这么说话。只要在公园里散步，我们就能听到没有孩子的人对着自己的小狗用"爸爸""妈妈"这样的词语称呼自己的伴侣。这种现象很清楚地告诉我们孩子小时候在父母眼里的形象。他们首先被视作父亲和母亲功能体现的源头，而不是始终需要通过语言去尊重的人：他们并不被视作遵循性规律发展的、有性别差异的、将会变成男人和女人的个体。

这条规律只禁止一件事情，那就是兄弟姐妹之间或父母与儿女之间的乱伦。因此，应该很早就在学校把这条禁忌教给孩子。怎么教？低龄班的孩子听教师讲就好；一旦孩子有了读写能力，就应该由教师带着全班一起首先画出家庭树的模板，然后每个孩子画出自己的家庭树。当然，如果在家里就能完成这部分教育，如果家长能和自己的孩子谈论重要的事情，那就真是太好了！人们现在称之为"性教育"的东西，也就是关于交配、怀孕或避孕的知识，并不是符合"人性"的性教育，而是在把人当作哺乳动物的视角下的功能教育。我们必须传给孩子的是关于感情生活、情感生活和性生活的教育，是关于心灵的情感生活和身体的肉体生活的教育。我们要教他们遵从伦理，控制自己的身体，而不是要让他们上关于自然历史的课，关于生殖器官、人体繁殖和性欲享受的课。当然，孕期及之后的事情必须得谈，但那是在怀孕问题开始出现的时候，即到了婚育年龄之时。但人类世嗣内、代际中的情感和性问题远远超出肉体的范畴。

毫无疑问，对人类而言，相比于血缘的子嗣关系，象征性的子嗣关系占据压倒性的统治地位。养子、养女、养父、养母之间就是象征性的关系，相比于血亲，他们更需严守伦理。这种禁忌只存在于人类社会，无关家畜或野生哺乳动物。人类的秩序植根于家庭情感的柔情和欢乐之中，这一点需要用适当的语言教给孩子，我们需要向孩子解释他们和孕育自己、教育自己的人之间的关系。我们得用正确的词汇、语言解释身体之间的关系，这样才能使他们的性冲动符合人类社会的规范。我们得想着这一点。这些在氏族部落社会中毫无必要，因为在那个时代，一切都是为了将现实中的某些东西尽早地传授给孩子。氏族部落社会的语言不仅包括言语，而且包括民俗、节庆、赛事游戏。而今天，父母和孩子生活在孤立的环境中，城市里的孩子对于道德和语言生活的规则一知半解，也就是说，所有"变态"的身体关系和正常的行为、柔情和爱被混为一谈。乱伦禁忌中，孩子与父母是平等的。家庭关系词汇一旦缺失，就不能将乱伦禁忌有结构地根植于他们的意识之中，就会导致概念模糊或无知，从而让孩子在面对家庭和社会关系的时候产生极大的混乱。

3 母亲①

J. B. 彭达利：最近的新闻中，很少有像凡德普女士弑子案②那样引来那么多的评论、那么多公开或私下的争论。在这起案件中，这位女士仿佛对这个生命难以忍受。您的第一反应是什么？

弗朗索瓦兹·多尔多：第一反应？能做到夺取自己孩子的

---

① 访谈，由 J. B. 彭达利采访并誊写，《现代时期》，1963 年 1 月。
② 1956 年，西德药企格兰泰公司向市场上投放了一种催眠药，该药有镇静安神之效。该药可以在药店买到，大量孕妇拿到医生的药方后购买并服用。1958 年，人们发现该药会导致胎儿发育不正常和新生儿畸形。出现问题最多的是四肢和消化道不同程度的畸形。1961 年，该药首先在德国下架，而后在 14 个相关国家也纷纷下架。凡德普女士孕期曾服用过该药，1962 年 5 月 19 日产下一名短肢畸形女婴：女婴的双手直接长在身体上。凡德普受到刺激，在母亲和姐姐的帮助下，在征得丈夫的同意后，从医生处获得毒药药方，结束了孩子的生命。5 名相关人员遭到控告和审判，最后被无罪释放。这场官司引起了全社会的轰动，掀起了以畸形婴儿安乐死的问题为中心的全社会医学伦理大辩论。——译者注

生命，这得需要哪样离奇、深沉的爱……所以说，也许将凡德普女士判刑会更好。她当时冒着坐牢的风险，所以对她或对其他人而言，判刑会是一种证据，证明她是因爱而杀孩子的。后来，我想到，没有任何事情会无因而起。凡德普女士弑子案中，她属于意外怀孕，其母亲认为孩子来得太早——这是卡斯特医生在法庭上的证词。她就是因为妊娠反应过大才服用催眠药的，她极度紧张。一个女人如果接受自己怀孕，那么她会处于很放松的状态！

J. B. 彭达利：是这样的。但在这起案件中，药物是引起婴儿畸形的唯一原因。不也正是这唯一的原因迫使凡德普做出了决定吗？

弗朗索瓦兹·多尔多：她并不知道该药物在其中的作用。

J. B. 彭达利：所以，有可能她认为是自己制造了这个"妖怪婴儿"。

弗朗索瓦兹·多尔多：绝对的，她就是这么想的。她认为自己是遭到诅咒的母亲。再说，谁知道一个母亲身上有哪些不受控制的、本能的行为呢？她是否感觉自己可以自由地去拒绝向眼前的这个生命提供食物和照料？这个孩子的需求会不会激起她助其死亡的反应呢？

J. B. 彭达利：一说到这个案子，还没涉及法律或道德层面的问题，大家就已经概念混乱了，然后，就会很快陷入自相矛盾、毫无逻辑的状态中。比如说，大家都在谈"母爱"。这是母爱吗？这不是母爱吗？可是我们连什么是母爱都已经说不清了。

我们始终不舍母子关系美好的画面。这样的画面中，母爱的流露是人性使然（过去人们说母爱是人类唯一的本能，还因此有过"失去本性的母亲"这种说法），也是高尚的情操使然（母性是无私奉献的典范）。但同时，女性的解放和对生育的控制已经改变了我们对母性的看法。今天人人都会说，做母亲不应再被视作天命，而是一种责任。而且，面对母亲们对"爱"的不同诠释和演绎，我们也变得更加审慎。我们知道，母爱可以掩盖各种欲望，如充满攻击的、毁灭性的、病态的……总之，不管是母爱的动机还是母爱的过程，都没有所谓本能的那种简单纯粹和相对和谐。在这方面，精神分析起到了它的作用。

弗朗索瓦兹·多尔多：在精神分析出现之前，母婴健康与卫生是最主要的行为指导框架。无菌原则的普及时间并不长，此后，这类书籍就出现了，如《关于孩子，母亲应该知道些什么》。我们传授给母亲职业知识、科学知识，教大家怎样做母亲，想要把母亲变成护士。育儿知识带来的不只有益处，还常常会扼杀母亲最自发、最健康的呵护与关爱。

J.B. 彭达利：您是不是指哺乳和摇睡？

弗朗索瓦兹·多尔多：对。摇睡因孩子而宜。为什么要禁止，还用固定的摇篮取而代之？断奶、打乱婴儿原有的生活节奏就已经够粗暴了，这不是雪上加霜吗？关于哺乳，我觉得很多人过度注重有规律地喂奶。另外，还有一种更普遍的情况。我在产科做婴儿检查时，看到一些婴儿缺乏与母亲的身体接触，尤其在遭受令其痛苦的经历后，如疫苗接种。对此，母亲们是这样解释的，"我还以为不可以抱他呢"。母亲和孩子之间，隔着一本书。

J. B. 彭达利：现在传授给母亲的不仅包括育婴原则。我们还讲明了母亲应该是什么样的、怎样才能做一个好母亲。同时，我们还孜孜不倦地列举了母性缺失时的行为表现和态度。简直让人觉得各方力量都会随时向育婴室施加影响！而且还会带来不可挽回的恶果！

此外，母亲有不同的类型，如排斥型的、填塞型的、阉割型的、过度保护型的……也许这是我们生活的时代里一个可怕的发现。当然还有一种可能，那就是，其中一些类型是我们创造出来的，几乎是我们想象的产物。我想说的是，我们把母亲们分门别类，和人口普查时把所有未申报工作的女性统统归为家庭妇女一类如出一辙。

比如，我们为儿童做身心诊疗时，常为母亲们建立小组。她们本来是"有孩子的女性"，如此一来，其唯一的身份就变成了"母亲"，这样会更强化母亲与孩子的共生感。可这些女性不正是因此才前来就诊的吗？

弗朗索瓦兹·多尔多：的确有很多女性来就诊，她们抱怨的对象更多是孩子，而非自己的缺点。

J. B. 彭达利：比如某位嫉妒心极重的年轻女性。她自己都知道自己有时嫉妒到失去理性，她的孩子也因此受到了严重的影响。有一天，学校拒收她的孩子，于是她前来就诊。她只谈孩子的失常，要医生治疗。正是无知促成了许多"儿童引导中心"的成立。精神分析师终于有了用武之地，但也很有可能因此而犯了"头痛医脚"的错误。

弗朗索瓦兹·多尔多：也许吧。但毕竟得从这儿开始。我们的工作恰恰就在于让这些女性懂得了解孩子的症状对她们自己的意义，让她们走出自己与孩子构成的二人关系……您知道，每次有孩子来就诊时，我都会要求见父亲。父亲对此总是很诧异，但他们还是会来的。母亲越是跟我们强调不能打扰父亲，父亲来得越是勤快。

J. B. 彭达利：这恰好证明了母亲往往把孩子当成自己的物件，甚至是自己的产品。有时，即使孩子已经很大了，母亲在无意识中也依然如此认为。而父亲是尊重母亲这种心愿的。

我们曾经批评弗洛伊德，认为他过分强调母亲是俄狄浦斯欲望的对象，却甚少剖析这一关系的另一端。孩子对母亲意味着什么？在这一点上，弗洛伊德的研究中的确发现了无意识机制，但对母亲该如何面对母子关系却鲜有描述。《性欲三论》中有那么几行告诉读者，母亲在哺乳、摇睡、拥吻、照料孩子的时候会获得一些性欲的满足……

弗朗索瓦兹·多尔多：您所说的这些，不是母亲欲望的反映，而是一种操纵控制的体现，和小女孩摆弄洋娃娃是一个道理。

J. B. 彭达利：洋娃娃在您看来……

弗朗索瓦兹·多尔多：……肯定不是孩子的替代品。是恋物癖的表现。

J. B. 彭达利：这里您用了"恋物癖"这个词，是取其最本义的情欲含义吗？

弗朗索瓦兹·多尔多：绝对。洋娃娃出现在小女孩的生命中时，正好也是孩子觉察到不同性别的身体构造存在差异之时。她们没有"小水龙头"，她们会变成妈妈。

您要我举个例子？我这儿有一个我觉得特别有说服力的例子。全家都在吃饭，刚吃到冷盘时，在很安静的一瞬间，小凯瑟琳娜（26个月）忽然高声宣布"我摸了爸爸的小鸡鸡！"。父母会心对视，全体假装什么都没听见。小凯瑟琳娜又说了一遍，全家都面无表情。她又喊了第三次。父母对视，分外尴尬，尤其是这一幕发生在不是很"现代"的祖母面前。但小凯瑟琳娜谁也不看，推开自己的餐盘，对父亲说，"我吃饱了。（她其实才盛了一次西红柿。平时她的胃口很好。）帮我把餐巾摘下来吧，我要去玩了"。然后，她从椅子上下来，紧紧贴在父亲身上，脸蛋对着他，抚摸着他的后背，撒娇地说，"爸爸，你今天晚上会给我一个娃娃吧？"。这里表露的真的是对娃娃的欲望。小家伙自己的玩具箱里已经有很多娃娃了，但那不过是个可以玩各种游戏的玩具箱。重要的是，从那天起，娃娃游戏就成了她生命中的一部分。

J. B. 彭达利：但一般我们从娃娃游戏中看到的不都是对母亲角色的模仿吗？一般都说，这个游戏证明的是母性本能的存在。就算不是弗洛伊德派的精神分析大师，也知道父亲是女孩子第一个爱恋的对象、男性的原型。同理，我们也知道娃娃是儿童心中期待的孩子的原型。这能和恋物癖扯上关系吗?

　　弗朗索瓦兹·多尔多:这里面的多层含义较为混杂。娃娃首先是可供摆弄、操纵的物体。儿童可以控制它、照料它、抚摸它、攻击它。这层意思跟俄狄浦斯情结没有任何关系。在初始阶段,娃娃游戏表现出的只是母亲对儿童的影响力,父亲尚未介入。娃娃是儿童的延续,而从母亲角色的角度看,孩子是母亲的延续,二者是一个道理。但一方面,娃娃代表母女关系中的孩子;另一方面,它也是缺失的始祖的替代品,娃娃游戏是一种再现始祖的方式。"我是不会把娃娃给你的,你问我要我也不给。"刚才例子里的小女孩跟她哥哥就是这么说的。还有,娃娃有可能是整个身体的始祖替代品。我记得有个小女孩,有人送给她一个穿着衣服的娃娃。她兴奋地抓过娃娃,脱去它的衣服后把它摔在地上,说,"它都没有扣子!"。她母亲回答,"可以有啊。要是你想要,我就帮它缝上几个扣子"。她女儿说的是女红活儿里的衣服扣子吗?

　　儿童开始有俄狄浦斯情结的时候,上述关系的替代品就不再是娃娃了,而是真正的孩子。这就是为什么他们喜欢照料别的小婴儿、喜欢指挥一些无所适从的孩子。这样也不会让恋物癖就此消失。娃娃游戏终止之后,恋物癖还依然存在。有些成年女性身上就会有这种表现。

　　J. B. 彭达利:这是不是证实了一些分析师的观点,如在有些情况下,当母亲的经历(做母亲)接近于倒错?

　　弗朗索瓦兹·多尔多:这样说很夸张。但的确,如果一个女人碰到任何孩子都能够照料并且知道怎样照料的话，我们就会仓促下定论，认为她很有母性。有多少所谓的专业的早教老师其实不过是在操控自己的爱恋物，从而显示自己的强大！但仅仅把她们的所作所为拍摄下来，并不能让我们明确地解读她们的无意识，也不能让我们知道母亲在照料孩子身体的时候获得了怎样的愉悦。孩子也需要这样的愉悦！其实，要想让一个女性具有真正的母性，即为孩子的成长而付出，其条件是她能够与孩子的父亲有令其满意的关系。

J. B. 彭达利：您有没有碰到过专门偷孩子的女性？

弗朗索瓦兹·多尔多：没有。不过，我经常遇到愿意把孩子拱手送给别人的女性。她们觉得自己的母亲、姑姨、姐妹把孩子夺走抚养很正常，认为她们可以替代自己，并为自己成为母亲而负罪、愧疚，希望能得到原谅。

J. B. 彭达利：现在常有年轻夫妇让(外)祖父母带孩子。客观上的确很说得过去，如住房面积不足、女方需要工作或上学。您觉得由此产生的负罪感会产生一些影响吗？

弗朗索瓦兹·多尔多：影响，比我们想象的要大得多……有一种观点，大家心照不宣。把孩子交给老人抚养，既可以安慰老人的心灵，又可以使自己获得解放。不管怎么样，如果(外)祖母照看孩子是因为真心地想要帮助年轻夫妇，那么她会对孩子提起他的父亲、母亲，会说到他们的名字。问题是我们常常遇见相反的情况，即(外)祖母称呼托付给她或她夺过来的孙辈为自己的孩子。

J. B. 彭达利：之所以会产生这种心照不宣，是因为每个人都有动机。男性如果普遍结婚早，那么可以想见，他很难接受自己爱的女性和母亲的形象相互叠加。

弗朗索瓦兹·多尔多：但是丈夫身上能够形成父亲的责任感，女性是参与这一过程的！当然不是直接参与的。她们越是逼迫丈夫去带孩子，就越会拉大他们之间的距离。但是，很多女性错误地扮演着既当爹又当妈的中性角色，扮演着女强人的角色，这阻碍了父亲和孩子关系的正常发展。

J. B. 彭达利：日常语言中，女性和母亲这两个词的确有一些差别，甚至对立。我们经常听到"我身上女性的成分多于母亲的成分"或相反的说法。我们谈起一位令人敬重的母亲时，差不多都会联想到一个性冷淡的女性。我还记得一位男性——一个美国人——从钱包里拿出了他妻子的照片，指着她告诉我，"这是我孩子的母亲"。我就想，他应该是不太确定这位女性首先并依然是他的妻子。

弗朗索瓦兹·多尔多：有可能男性担心自己变成父亲后会失去一部分阳刚之气。

J. B. 彭达利：或者说妻子变成母亲后，也会有这样的结果。这不一样。俄狄浦斯禁忌的唤醒可能也解释不了什么。而且您自己也写过，"孕育生命的母亲在自己和别人的眼里变成了始祖的形象，而且不仅限于孕育这个阶段"。也就是说，母性中的创造力可以给男人带来被驱逐或至少是被排斥的感受。您还写过，"父性给男人带来的只是负担和精神责任，同时还有暂时的性压抑……男人要忍受对手的存在，对外还得假装这个闯入了他的生活的生命为他所深爱"。种种不堪的故事表达的就是这种对立的关系，如交媾中父亲的性器官碰到胎儿，等等。

您的来访者中有孕妇吗？

弗朗索瓦兹·多尔多：有。的确能看到女性幻想孩子嫉妒父亲，而父亲则会有另一种互补的幻想，即孩子就像是不可轻视的情人。很少有孕妇会厌恶自己的配偶，但相反的情况却时有发生。

总之，最常见的，不一定是公开的嫉妒，而是一种不适，是对深层焦虑的回应。我们经常说，小女孩会嫉妒小男孩有阳具；但小男孩也会发现，父亲永远也不会在腹中孕育鲜活的生命，他也会焦虑。妊娠经历会在成年男性身上唤醒这种古老的哀悼，以及我称之为"原初阉割焦虑"的情感。他会觉得自己遭到驱逐，觉得胎儿比他自己更深入、更长久地进入女性的身体，这是他在任何形式的交媾中都无法达到的……

J. B. 彭达利：这样的幻想是不是反映了想象世界中父性和母性更深层次的一种差异？我觉得，精神分析证明了——有时它自己都忘了这一点——父亲介入孩子生活的层面不同于母亲。父亲是禁止孩子与母亲乱伦这一法则的维护人。"你不能将你的产物收回腹中。"孩子亦然，"你不能占有你母亲"。

女人在成长变化的过程中，很早就会产生对孩子的欲望。而父性，虽然也存在，但肯定与母性不对称、不同步。

弗朗索瓦兹·多尔多：同性恋者最大的痛苦就是不能成为

父亲。

J. B. 彭达利：不正是同性恋幻想把父亲塑造成了母亲的形象吗？而这种幻想的根源就是母亲让孩子产生的排他性的迷恋。这种迷恋强烈到足以引发"苦娃达"^①仪式。其间，父亲会尝试将自己认同于临盆的母亲，欲挤进母亲与孩子间构成的身体联系中。

弗朗索瓦兹·多尔多：孩子是被母亲的身体孕育的。出生之后，他尚未成熟，尚稚嫩，于是继续被母亲的爱包围着。他还从母亲那里接受言语。但父亲也是很早就出现在孩子的生命中了，甚至在胚胎时期就出现了。胎儿从 7 个月开始就会对父亲的手有反应，他的身体会随父亲的声音而动。这听上去不可思议，但却是我亲眼所见的。

不要忘了，之后，孩子虽直接与母亲有关系，但和父亲有没有关系，也是通过母亲实现的。具体要看母亲对孩子的生父有没有欲望。当然，有一个母爱陷阱，即把孩子放在第一位，而不是把生父放在第一位。然而生父对孩子而言，是一种形象，能够让孩子长大成人。

J. B. 彭达利：我们不要一开始就站在成长结束的时间点上。否则，我们就得不可避免地运用标准的视角，去命名成长的每一阶段。所以，我还是希望回到一开始提到的案例上

---

① 苦娃达（la couvade）：是一种丈夫假分娩的风俗。这种风俗是指新生儿在出生时，丈夫卧床假装阵痛，并且抱怨生产带来的痛苦，而妻子则在分娩后立刻下床工作，伺候丈夫。——译者注

来，回到有残疾的孩子的母亲身上，因为通过案例，我们能从源头就看到母亲的欲望，以及拥有孩子的欲望起到了什么作用。精神分析师们早已看到这种欲望和母亲的儿童幻想有关，仿佛这种幻想能够激活母亲身上曾经有过却没能实现的那个孩童欲望。

弗朗索瓦兹·多尔多：有些母亲是在自我释放的行为中孕育孩子的，而不是为了孩子本身。

J. B. 彭达利：为了孩子本身？

弗朗索瓦兹·多尔多：这么说吧，是为了夫妇自己，像是欲望过盛的表达。您似乎觉得我用"为了孩子本身"这种说法有点刺耳。我这里没有那种"为了孩子本身"就意味着忘我或牺牲的那层意思。一个女人，如果她说自己为孩子付出多少、牺牲多少，那就表示她还不是母亲。一个母亲，不管她为孩子做了多少艰辛的努力，她总会觉得那是应该的、必要的，没什么可多说的。

J. B. 彭达利：为了孩子，为了自己……谁又能知道呢？很多人写过有关所谓"无私的爱"的那种蠢话。母亲们其实都在孩子身上寻找孩子不具有的东西。也就是说，或许世上真的只有"利用孩子"的母亲。

我最近读了一项关于死于胎中的孩子的研究。作者发现，他们观察到的案例中，从受精那一刻开始，孩子就被视作体内的一种坏的东西，既是迫害的承受者又是施加者。他们还发现其中的一个特点，即当事女性往往和自己的母亲之间有一种控制—服从的关系，而她们与自己的丈夫——往往低调、受压制，是个"大好人"——的关系则在强势和被动之间变化。

当然，这些都是个例，呈现的是相当病态的母性，它们会引发最严重的生理发育不良。但其实，这些现象不都潜伏在母性里面吗？那这样一来，女性是不是就会被置于自己的俄狄浦斯关系中、置于自己与母亲之间的前俄狄浦斯关系中、置于对自己身体极为古老的意象中？孩子身上，尤其是成人形之前，是所有投射发生的场所。

弗朗索瓦兹·多尔多：要想理解妊娠期间出现的病态行为，就得去看当事人与上一代之间的关系。每个人为了摆脱俄狄浦斯情结，都曾付出了许多努力。而今，这些努力似乎白费，年轻夫妇就会产生负罪感，尤其是年轻女性，会对自己的原生家庭产生负罪感。

我见过好几位女性，她们的父亲在她们妊娠期间离世。"我的父亲见不到我的孩子了"，她们全都是这样的反应。之后，她们还会觉得将要降临的孩子会遭到遗弃、没人呵护。这种反应很令人吃惊，尤其是当人们知晓其实这些父亲早已有了孙辈时。有一种说法，一个女人，如果其母亲在分娩她的过程中去世，那么她就很难怀女孩。这制造了一种深重的负罪感，而且这种负罪感一直影响着女性。有些女性其实妊娠过程顺利，但是她们在自己母亲面前会装出痛苦的样子，对自己的孕期反应进行夸张的渲染。也有一些奇怪的风俗习惯，如一定得由外祖母陪伴分娩，这好像比由丈夫陪伴更自然。其实不然！

助产士对此也感到很不舒服。进行无痛分娩的医生很想通过自己的努力改变这种状况，但目前来看，女性在生育时似乎还需要获得自己母亲的允许。

您刚才提到，有些女性会有"怀怪物"的幻想。其实这种幻想很平常，就是"抽屉里的怪物""丑猴"，人们尽量不赋予它性别。

一开始，孩子的确会被孕妇混同为自己的一部分，或者说被视作不完整的事物。从孕五月开始，胎儿有了心跳，这时孕妇就会有一些特殊的心理变化。这时，孕妇让位于母亲，她不再谈论妊娠的事，而是谈论孩子。但很多孕期女性首先看到的只是她们处于一种突出自身价值的情境。她们对妊娠顺利与否尤为敏感，关注怀孕是否增强了自己的体质。仅此而已。

至于所谓不正常孩子的母亲……我家里曾经有一对金丝雀（我开始觉得是一对儿，后来发现其实是两只雌鸟）。其中一只下了蛋，蛋壳颜色浅亮，而另一只却一直闲着待在鸟窝边上。鸟妈妈竭尽生命去孵鸟，后因孵鸟时一动不动的时间太长而死于衰竭。其实，生了不正常孩子的妈妈的行为和这只鸟很像，她们彻底失去了活力四射的成年女性的形象。她们终身都在孕育一个永远无法诞生的胎儿。而且我们观察到，就算这些母亲之前已有孩子也无济于事，这并不能安抚她们的悲痛之心。不过，如果此后又怀上并生育了一个孩子，情况也许就有救了。不正常的孩子会以不正常的身份被家庭接纳；或者被托付给特殊机构，那里有可能会减弱他的不幸，帮他找到一种归属感。若在家里，他可能会影响兄弟姐妹的成长；但在特殊机构里，他就不会对其他孩子的成长造成困扰。

J. B. 彭达利：让我们回到正常家庭上来。有个现象很让人费解。现在，精神分析让很多人都认为所有的对立在家庭内部都能得到消解，如一夫一妻制能化解爱和法律的矛盾、女人和母亲的矛盾、孩子和家长的矛盾。精神分析好像忘了自己作为学科被发现时的基本原则，即欲望，从根本上来说，是无法消减的，欲望之间不可能相互妥协。想一下俄狄浦斯情结最初的故事就够了。父亲禁止孩子拥有母亲，母亲只属于父亲。正是这一层禁忌使孩子走上了自我完善之路。

弗朗索瓦兹·多尔多：您是说今天我们看到的大都是"杂种的俄狄浦斯"？我接诊过几个 13 岁男孩，他们没有智力问题，但学习上出现了障碍。他们当着父亲和我的面揉摸母亲的乳房。

我还见过 6~13 岁的男孩硬是要求父亲独自睡。他们声称自己身体不舒服或睡不着觉，非要母亲陪着睡，挤走父亲，让父亲独自睡在儿童床上。

J. B. 彭达利：这是对"母亲属于孩子"的新的解释吧。

弗朗索瓦兹·多尔多：最后，总是父亲为了息事宁人而选择接受。可是，他在拒绝做阉割者的同时，会让别人"变态"，他把妻子置于让孩子由着性子控制母亲的境地之中。

J. B. 彭达利：父亲在其中也是有所满足的，孩子成了他的扮演者，或者说是挡箭牌。精神分析得到传播之后居然达到如此奇怪的效果。孩子是母亲的猎物，同时又是母亲的暴君，他加入了母亲的族谱中，而父亲的身影却被抹去，"不干父亲的事"……直到上周，有份报纸的专栏中终于说出了"父亲有权说不！"——不过那还是个女性专栏……

4 父母提哪些关于孩子的问题？
孩子又提哪些关于父母的问题？①

　　弗朗索瓦兹·多尔多：我了解你们为发生了重大事件的家庭所做的所有工作。如果母亲生病、分娩、手术或不幸去世，那么在这样的重大时刻，必须有人防止孩子们被随随便便扔在什么地方。城市里这种现象太多了。必须有人来家里暂时替代母亲成为家里的轴心，让家人能够始终在一起。

　　儿童精神分析师看到，家庭成员的分离会对不到 6 岁的儿童造成严重的伤害。长远来看，有时候这些分离的确会造成人生悲剧。所以，哪怕家里的条件不理想，也要生活在同一个屋檐下，这能预防孩子在 16 岁或 18 岁后出现严重的人格障碍。

---

　　①　《联系》，1978 年 7 月 9 日。整理自第 33 期法国农村家庭帮助会议的讲座讨论。

这就是为什么我说你们比我重要得多。这不是一种谦虚的说法。从我在法国国际广播电台做节目开始，我看到了有些来自农村地区的人不知该怎样才能走出困境，他们极其需要帮助。我收到的来信大部分都很难懂，写信的人文笔很差，但我肯定这些信恰恰是最具价值的。

我是一个远在电波之外的人，相比于你们，我的作用微乎其微。因为是你们亲自访问了这些家庭，帮助他们在母亲不在家的这段时间将生活恢复正常。是你们阻止了因母亲的健康问题而导致的把这些家庭带向分崩离析的状况出现。

你们是所有问题的核心，因为你们会走入每个家庭的心脏，触及所有问题，如法律、性生活、家庭团结、进入成人生活的准备、对每个人性格特质的尊重等。如果一个家庭对国家的法律一无所知，孩子就很容易变成少年犯。如果生活在没有任何沟通交流的环境中，孩子就会只有一个念头——想尽办法离开这个家。这种时候，孩子就会想要摧毁一切，但这样他也就走向了自我毁灭。正因此，你们对每个人的作用都是重要的，尽管你们只是偶尔介入。有时，有些家庭不一定会与你们有直接的交流，但他们会听你们说，原因恰恰就是你们并不会总在那里。人们总是更愿意听偶尔介入的人说的话。

你们介入一个家庭的时候，这个家庭正处于危机时期，有可能是因为其中某个人让家里的一切都失去了控制。而你们的工作就是恢复秩序。但你们不了解这个家庭的情况，所以这个任务尤为艰巨。常见的一种情况就是，当母亲疲惫不堪时，家里的另一个人就乘虚而入，在家中称霸。

你们进入的是一个深处危机的"社会"，因为一个孩子（一般是长子）在其中发号施令，破坏了孩子之间的平衡。还可能出现另一种情况，长子帮母亲，与父亲发生了争执，而父亲因自己的妻子生病而焦虑，就会对长子产生敌意。焦虑的人出现这种反应很正常——不试着去理解产生焦虑的原因，而是去攻击让他感受到攻击的源头。在这样的家庭中，长子会想要控制你们。我说这话的时候，脑子里想着的是你们在危机时刻介入时遭遇的一些特殊问题。这种危机有可能是几周以来孩子在身心层面的困难，或是源头更久远的情感障碍，但是最终却导致母亲——这个家庭的中心人物崩溃。对她而言，这仿佛是一种救赎——她终于倒在了医院，终于可以休息了。但其实这无济于事，因为等到她回家的那一天，如果让她崩溃的问题没能得到根本性的解决，那么一切都会卷土重来。

我觉得你们的角色令人敬叹。你们不只是说情况很糟，如"这对夫妇的状态已经持续半年了，打架，其中一个还酗酒……一个孩子被送进了疗养院，另一个被送进了寄宿学校……做不了更多，因为看到的事实就是这样的"。

你们呢，你们做得更多。你们会在那里倾听。倾听极为重要，虽然对你们来说负担很重。我觉得，你们能保持健康的身体就已经让人特别敬佩了，因为我很清楚倾听别人的问题意味着什么。你们需要抗住扑面而来的别人的焦虑，尤其是小孩子的焦虑。你们需要懂得缓解、接纳、辨别焦虑，还需要帮他们与自己和解。

孩子认为自己是世界的中心，他们觉得一切都是他们的错。这很正常。孩子总会怪自己，今天怪自己不乖，明天又怪自己不够好。有一天，他干了坏事，很不巧，刚好他妈妈就在那一天生病了，他会认定是自己让妈妈生病的。我们都不知道孩子有多容易自责，这种自责的根源就在于他们认为自己是世界的中心。当你们踏进一个家庭时，要倾听每一个孩子，甚至要倾听父亲，这至关重要。不过，你们除此之外什么都做不了。因此，你们会认为自己什么也没做。但倾听一个人，帮他重建自信，你们做的已经很多了。你们很年轻，让年轻人去帮各个年龄段的人重建信心，这很难。倾听、理解了当事人之后，解释给他们听，然后只需要说"加油"就可以了。

我来这里是想和你们谈谈不同年龄段的人的特点，以及母亲缺位时他们各自遇到的问题。因为母亲和父亲一样，孩子会在他们身上投射很多东西，他们不只是他们自己。

多亏有你们，他们才能够学会区分想象生活和真实生活。多亏有你们，他们才可以帮家里，尽管你们到这些家庭里去本来就是为了帮忙。你们的作用是巨大的。你们倾听，不教训人，但本身又是道德的榜样。你们知道生活不易，每个人每天都得活出不一样的自己，但又不能因自己的态度而伤害群体当中的其他成员。正是因为你们树立了榜样，你们才成为核心人物。我敢肯定当事人给过你们反馈，说如果你们没介入，他们的家庭很可能就支离破碎了。你们到过一线，遇到了许多困难，你们离开时身心俱疲，你们已经尽力了，却感觉除了苦力活之外什么都没做。你们已经做了很多很多。我觉得像今天这种会议的目的是帮助你们维持信心，哪怕是在你们觉得自己毫无作为的时候。帮助一个家庭，哪怕只能贡献一双手也是好的；帮助一个家庭，就要懂得家庭成员生病或相互憎恨是因为之前出了问题。倾听所有这一切，就算无力改变什么，你们也已经做了很多，比人们所想的多得多。

我还想跟你们聊一聊幼儿，即学龄前儿童。我想，不管他们是对是错，他们肯定给你们制造了不少困难。我先回答几个简短的问题。我听说你们当中有一位想以母亲的身份和我有进一步的了解。

听众：您和您的孩子遇到过教育问题吗？

弗朗索瓦兹·多尔多：肯定的。每个孩子都难以理解世上发生的事情，因为在他看来，一切都像是在变魔术。我也遇到过这些问题，但是不管和哪个孩子，这些问题都没有发生在7岁以上的孩子身上。我总在想，母亲和7岁半或8岁以上的孩子之间能有什么问题。这也正是我和来访的家长会产生的问题。我的孩子在十二三岁的时候和他们的父亲还有过摩擦，但和我，在七八岁以后，我们就一直保持着如同相互尊重的宾客共处一屋般的融洽关系。

但孩子5岁之前，我天天都得琢磨他们的脑袋里到底在想什么。这并不是说我的孩子和我之间没出过问题，只是说我们家里没有出过问题，家里气氛总是很欢快的。我相信，在一个家庭中，如果每个人都很快乐，可以无话不说，可以生气而且其他人也容得下生气的人，就不是问题，因为两小时之后气就消了。

有些父母和8～12岁的孩子之间出现了问题，那是由孩子本身的特点导致的。孩子还没有达到能够为自己在家中以及在生活中所需做的事情负责的年龄。

问题有可能源自孩子本人，也有可能是因孩子之间的敌对关系而引发出来的。有一次，我对两个男孩子（女孩子是家里的老三）说，"太吵了。你们去楼道里解决你们的争执。如果打破皮了、流血了，你们就按门铃，我会带你们去医院"。他们瞬间就平静下来了。孩子小的时候，我们很难让他们马上恢复平静。因为我们要保护最小的那个，他还不知道怎么保护自己不受哥哥的攻击。不过，虽说要保护小的，但不能责怪大的欺负小的。这条原则是一把金钥匙。要保护小的，直到他有能力保护自己为止。

身处危险的不是哥哥，而是弟弟。你们要问问弟弟。"你妈妈在家的时候，情况也是这样的吗？""妈妈会训哥哥、揍哥哥……"如果是这样，那么最终称霸的是弟弟，因为他的弱小得到了承认，转而成为一种价值。要特别小心。小家伙和上一代人之间建立的这种默契，很可能导致他今后发展不良。而对弟弟表现出攻击性的哥哥，则被视作坏孩子，但其实哥哥的价值没有得到承认。一般来讲，他会在长大后算总账。自弟弟出生以来，哥哥积累了许多嫉妒情绪——人性使然而非源自动物属性，这些"旧账"一直没有得到清算。

有人说，小狗看见新生儿会心生嫉妒，这与孩子间的相互嫉妒毫无关联，因为小狗不能用言语来回应。哥哥陷入危险，那是因为他作为孩子不可能去爱另一个孩子，他看见某些东西时不可能不自我投射，不可能不去模仿他看到的内容。然而，孩子在看到另一个孩子后模仿他，并不是在模仿父母眼里的孩子，而是在模仿自己，模仿自己小时候的样子。这是一种退行，一种抑郁性倒退，孩子常常会与这种反应抗争，其方式就是攻击向他发出挑衅的婴儿。

不过，如果嫉妒得到承认，如果家长能够赋予其价值，那么这种考验就有利于人格的塑造。要对孩子说，"你说的对。小弟弟（或小妹妹）的确对于你这个年龄的孩子来说没有意义，你绝对不需要照料他或爱他。只有妈妈或者爸爸才会对'它'产生兴趣，你是另外一回事"。这种话，帮助家庭的人是可以说的。你们对大孩子说，"你知道，他根本不需要你；他觉得你特别棒，因为你很高；那天你咬了他，他觉得你简直强大极了！"。大孩子身上的"小孩"得到了承认，现在的他也获得了价值。不要怪他，他很怕你们责备他。"啊？你以为我会批评你？你欺负他，我当然不会觉得这事有多美妙，但是我明白你是想让他知道你有多强大……"

该怎么帮助孩子，我告诉大家了。你们在三周的时间内所做的一切都会印刻在孩子身上。如果你们离开时向孩子本人道别，印记就会更加深刻。

我给大家一个建议，可能你们不会立刻就看到效果。走进一个家庭的时候，问候所有在场的人，包括一个月的婴儿，用他的名字叫他，不要用绰号、小名之类。做自我介绍，说清楚自己是谁。你们的声音就是你们的名字。离开的时候，不要忘了对孩子说"我明天回来"或者"我明天不回来了。你以后见不到我了，但我会想着你"。要对每个孩子都这么说，哪怕你们再也见不到他了。这样，你们就会成为母亲和社会之间的维系。

这十分重要，因为你们来自社会，是母亲的替代者。用他们自己的话来说，他们可能要过很久才会接触到另一个"妈妈"。

我和大家说这些是因为我收到了这样一个问题。

"我在一个家庭里工作三周了。孩子的妈妈才 33 岁，就因肺血管梗死去世了，走得比较突然。我要面对 4 个男孩（分别 6 岁、7 岁、10 岁、15 岁）。15 岁的那个特别叫人头疼，他自我封闭，和他父亲没有任何对话。"

当您遇到 6～15 岁的男孩，和他们单独建立关系时，不要忘了您是个女性。只有男孩的家庭在刚刚失去母亲的时候是极为艰难的。您出现在这样的家庭里，仿佛是在告诉他们母亲是可以被取代的。您在这个家庭中唯一该说的是，"没有人能代替你们的母亲。我做的不过是一些物质上的事情，但我的做法肯定和你们的母亲不一样。如果你们想让我按照她的样子去做，你们可以教我"。这会让他们立刻开始和您谈自己的母亲。

听众：为什么父母不应该亲吻幼儿？

弗朗索瓦兹·多尔多：这位没读懂，没读懂的不止她一个。我的书上是这样写的，但不能这样理解。为什么我想让母亲们理解去托儿所接孩子的时候不要立刻亲吻孩子？一天下来，大部分母亲已经有 8 小时没见到孩子了。孩子一天都在一个有比较中性的气氛的环境中度过，他可能想不起母亲的样子了，吃饭时他也没闻到母亲喂他奶时熟悉的气味，等等。然后忽然间，来了一个人，他还不知道来的人就是他的母亲，这个人冲过来时，一副要把他"吞下去"的样子。对他来说，这和用奶瓶喝奶是一个道理：他就是他的母亲（女人）的奶瓶。他不知道那是他的母亲，于是觉得受到了攻击。如果妈妈能和他说说话，帮他穿衣服，抚摸他，回到家就会产生一种欢乐的气氛。因为这样他会得到确认，这个女人就是自己的母亲。这个时候，母亲就可以亲吻他了。回到家里、家里的气氛像过节一样，这些十分重要。

要在孩子把什么都往嘴里塞之前，把他放到托儿所去，一般是在孩子 3 个月左右。婴儿躺在摇篮里时，他会找东西往嘴里塞。偶然间，他发现可以塞自己的小拳头。他会特别高兴，高兴到把拳头吐出来。从一种吃奶到另一种"吃奶"，一不小心他就会开始吮吸手指。托儿所里这种情况会少一些，因为别的孩子的声音会分散他的注意力。

孩子看到身边发生的事时，就不会只想着往嘴里填塞东西了，因为眼睛也是"嘴"；而在家里，他们就会有这种需要。在他手里放一个小物件，如勺子、拨浪鼓、布等。当他要往嘴里放的时候，你们要告诉他物件的名称。你们跟他说的时候，他会笑，小手一松，东西就掉了……然后，他就不高兴了。重复做几次，反复告诉他他见到的物件的名称。第一次和外界的接触来自口部。小物件及其色彩、手感、名称，都能给他带来词汇。这样他就不会再吮吸手指了，而是去找其他物件，因此，你们要尤其注意把这些物件放到他触手可及的地方。这些物件就是你们与孩子之间的联系，通过这些物件，你们可以建立起言语关系。吮吸手指在 3 个月的时候出现，如果你们能连续 8 天都在喂奶之后特别注意不让孩子吮吸，直到孩子慢慢睡着，那这个习惯就会改掉。

什么都想碰的小家伙长到了趔趄学步的时候。如果母亲、父亲或其他任何监护人能够每天抽出十分钟，抱着孩子"盘点"家里的事物，那么这个过程就会对孩子的智力发展起到神奇、非凡的作用。以这种方式，全部"盘点"结束需要三个月的时间。这个过程非常有意思，孩子能够在一个完全安全的空间里掌握所有词汇。在这个充满活力的空间内，孩子每天与母亲或父亲共度十分钟，词汇会得到积累。

从歪歪扭扭走路的那一刻起，他不会真的干坏事。如果他偶尔打碎了什么东西，一定不要对他说是他打碎的，那样会惹他生气。如果他能说话，他就会告诉你们不是他干的。他说的很对，是他的小手打碎的，不是他。孩子只有到了 6 岁左右才会停止说是自己的手或脚干的，才会说是自己干的，这还得是在他知道父母会理他、不会责怪他笨手笨脚的前提下。

如果什么都不让孩子碰，就会妨碍他变聪明，阻止他习得关于他经历过的事情的词汇。（"哎呀！这孩子，笨死了！"再打他一下。没有任何经历，没有任何词汇。）

对于不属于这个家庭的女性而言，任务要简单得多，前提是你们要和孩子讨论母亲如何扮演自己的角色，这样他们就会明白母亲是不会被替代的。

还要谈论死亡，要告诉他们死亡不是任何人的错。孩子需要大人带他们去母亲的坟墓，他们需要和坟墓说话。

听众：如果母亲在世的日子无多，那么她该怎么面对孩子？

弗朗索瓦兹·多尔多：一切取决于母亲是怎样对您说的。要和母亲一起，了解她希望您为孩子做些什么。不要把她不久于人世的事情瞒着她。如果您和她谈得清楚，那么她会对您充满感激之情。如果她知道自己的时间不多了，那么您应该告诉孩子，"你们母亲的病，医生治不了。但这不是你们的错"。永远都要告诉孩子父母的死亡不是他们的错，因为他们总认为是自己的错。要告诉他们，"她的生命结束了。没有人知道一个人的生命到底会在什么时候结束"。这是和孩子谈论一个去世的人的唯一方式，包括小弟弟或小妹妹去世也一样。

人去世之后，不要期望让孩子去亡者的床榻旁，也别要求他亲吻亡者。让他完全处于自由的状态，想做什么都可以。事后要和他谈话，说得尽可能简单，越接近事实越好。"你看，她看上去像是睡着了。但其实不是，因为人睡觉的时候体温是热的，而她的身体已经凉了。"这对孩子来说并不残酷，这是事实。

要让孩子去参加葬礼，几分钟就行。如果没有看到死者的身体被埋进坟墓而"终结"，孩子就不会真正懂得什么是死亡。

接下来，孩子可能会被送往某个人的家里生活，您需要和孩子谈一谈这个人，帮他做好心理准备。"我不能一直在这儿陪你，你父亲不能照料你，因为这得需要一个女人……"如果父亲有再婚的打算，那也得告诉孩子这个可能性。"永远没有人能取代你的母亲，就算你的父亲再婚了也一样，你的母亲永远会在你心中。不过，家里再来一个人可以多个帮手……但还不止这个原因。你喜不喜欢这个人是一回事，但如果你的父亲选择了她，那么你的母亲也一定会同意。男人需要女人，这很正常。"

死亡是一个帮人成长的主题。就像嫉妒可以打造人格一样，失去亲人的经历同样参与对儿童人格的塑造，条件是大人能和他真正地谈论这件事。

听众：如果母亲因分娩而离家，孩子就会对我们产生依恋，反过来我们也舍不得他们。怎样做才能在母亲回家时避免变化带来的冲击？

弗朗索瓦兹·多尔多：孩子对你们产生依恋，主要是因为你们对他们产生了感情。我想，对这些孩子产生感情的人，一般是自己还没当上母亲的人。否则，你们就会遵照当事家庭母亲的托付照料孩子，但不会在孩子身上倾注你们自己当母亲的欲望。这挺难的，因为年轻女性充满母性潜质，孩子很容易将之唤醒。还是要小心，这对孩子不利，因为这其实并不是母性，虽然看上去很像。你们自己没有孩子却对别的孩子产生了感情，你们并不知道自己在干什么，也不知道这种感情产生在什么层面。一般来讲，别人的孩子，即便我们喜欢他，也只是把他当作普通人来喜欢，而且我们应该和他谈论他的母亲和父亲。如果你们这么做的话，就能避免相互舍不得的情况出现。当你们照看一个婴儿的时候，一定要和他提起他的母亲和父亲。很显然，如果你们和孩子到最后难舍难分，那么这对孩子非常不好。这是完全没必要的痛苦。

真正的母爱本能只会存在于和孩子父亲共同构成的三元关系中。其他情况中只存在照料孩子的本能，这种本能是女人和男人身上都有的本能。当然，这种本能出现在女人身上会更容易被广为接受，但它与女人的母爱无关，而与监护和教育有关。

如果你们感觉到自己因与孩子有了感情而对真正的母亲产生了攻击性，那就出问题了。在这种情况下，别人就很难帮你们了。和孩子的母亲谈一谈，也许她能帮你们。

你们和小家伙产生冲突的原因大部分在于他们认为你们会全面取代他们的母亲。而其实，你们的取代不过是为了更好地和孩子谈论母亲。你们一定要告诉孩子，他们的母亲做得比你们好。这对孩子来说就是事实，不管他们的母亲实际上是怎么做的。孩子会退行，他们假装自己幼小，为的是让你们呵护他们。你们的角色至关重要。他们要求你们做的所有一切（孩子假装自己不会），都应该由你们来演示，但不应该真的由你们来完成。你们要帮助他们成长，具体做法就是，站在他们身后，手把手教他们怎么去做。

婴儿学会吃饭的条件是有人和他们一起吃。一个婴儿在 9 个月时就能学会用勺子进食，当然，盘子里食物的量应该较少。

听众：一位母亲生病住院后去世，她的 14 岁的女儿承担起了母亲的角色。我们该怎么办？

弗朗索瓦兹·多尔多：14 岁，她确实到了能够成为女主人的年龄。14 岁的女孩在有些社会中都可以做母亲了。我曾经见过一名女性，她早在 8 岁时就来到了一个家庭中，照料那家的第 12 个孩子，后来她一辈子都留在了那家。她和那家的大孩子们同时上的大学，家里的事情，她什么都会做。

如果你们有幸遇上一个要指挥你们的 8 岁小女孩，那么应该感到高兴。你们扮演保姆的角色就好了。在指挥你们的过程中，她会学会做各种事情。她让你们怎么做，你们就照办。不过告诉她，如果你们是她，就会加点儿这个或那个，但要告诉她，她的想法是很好的。

但不能因为这一点就认为她是父亲的情人或任由父亲摆布。小女孩承担家里女主人的角色，其危险就在于此——有时她会变成父亲或长兄的欲望客体。别忘了和她谈这一点，让她多去外面，这样才能在未来建立自己的家庭。告诉她不要被家务活吞噬，否则会让她和同龄朋友断了联系，她的父亲和兄弟也会觉得她承包家里的一切天经地义，她就会一生都被捆绑在这里。这些都是真正的风险。就算她能躲过乱伦，也不一定能够躲过被剥削的命运。而这一切仅仅就因为她习惯了承担家中的一切，也许就像母亲以前所做的那样。

如果你们遇到了一个想要让你们扮演保姆角色的女孩，你们就顺其自然。同时，要通过话语让她明白必须小心。生活来得很快。如果父亲没有再婚，那么她应该在 18 岁以前教会弟弟、妹妹（如果有的话）操持家务。要和她谈及父亲再婚的可能，即使父亲根本没有这个想法，尤其是当他看到长女能够胜任一切时，也许就更没有再婚的想法了。这种情况对她来说其实挺危险的，但对你们来说，顶多就是被当作保姆这件事会让人不愉快。表面上看，你们只不过需要做保姆的工作。如果女孩能够负责的话，那么这倒也不失为一件好事。你们要尽量显得像母亲一样关心她，也就是说，不能忘记她也会成为女人，这样才能帮她。

听众：母亲不在时，父亲承担了母亲的角色。这会对孩子有影响吗？

弗朗索瓦兹·多尔多：孩子 4 岁的时候，父亲完全可以既当爹又当妈。他做的不是母亲的工作，而是对一个处于成长期的人极具意义的工作。

有些家庭里，女性生完孩子就继续上班了，照料孩子的是父亲。他们中有不少人写信给我，说孩子管母亲叫"爸爸"，管父亲叫"妈妈"，他们为此十分发愁。其实这根本无所谓。父亲和母亲的角色是中性的。生父、生母和爸爸、妈妈是两回事。孩子可以有无数个爸爸、妈妈，但只有一个生父和一个生母。要让孩子学会区分爸爸和妈妈。妈妈是始终不间断地提供给他衣食的那个人；爸爸是间断地出现的那个人，他早上离开、晚上回家，不总是住在家里。这对孩子的性发展不会有任何影响。三四年的时间里，父亲会被叫成"妈妈"。

与很多人的想法相反，"妈妈"和"母亲"在孩子那里是两个不同的概念。他会说，"妈妈是我的父亲，爸爸是我的母亲"。

母亲是把孩子和父亲联系在一起的人，母亲给了孩子生命。之后，孩子长大，不再是孩子了，而她还继续在孩子身上行使母亲的功能。但在这个功能里，她的感情不是母亲的感情，而是监护人、照料者的感情。母亲可以是别的孩子的假母亲。对于一个尚未成为真正母亲的人来说，成为母亲是非常艰难的一种升华，这要求她每次和孩子相处时提到孩子的生母或孩子平常的监护人。如果孩子在一个女性身上发现了符合他心中理想母亲的特点，那么你要告诉他，之所以出现这种情况，是因为他的母亲没时间，或者母亲自己被养育长大时，没人告诉她做母亲是件很重要的事情。女孩或男孩有可能在你们身上找到理想母亲的特点，唯有照上面的方法去做，你们才能从情感燃烧的困境中脱身。

听众：我们让孩子吃饭，可是他说"你管不着"或"这儿不是你的家"。怎么办？

　　弗朗索瓦兹·多尔多：告诉他，他有权不吃。你们可以把吃饭时间变得轻松一点，他饿了就会吃。如果他纯粹为了给你们捣乱而不吃饭，那么他会后悔的，下一次他就吃了。逼迫一个不饿的孩子吃饭是很变态的行为。孩子不饿，我们非得让他吃饭，这种时候我们都不知道自己在干什么。也许他想故意对着干，因为他不想"吃"了我们，同时他又不愿意让我们高兴。

　　黄金法则就是把吃饭时间变得轻松愉快。不要因孩子不吃饭而责备他，让孩子可以想吃就吃，这有时能防止厌食症的发生。

　　听众：孩子闹脾气怎么办？

　　弗朗索瓦兹·多尔多：尤其不要嚷嚷。当有其他孩子在场时，如果你们能够控制住孩子的身体，那么就不要让他在别的孩子面前出丑，不要让他再继续闹下去。如果你们力气够大，那就把孩子带到另一个房间，和他一起坐下来，平息火气。如果发脾气属于倒退的表现，那么这种情况通常不会持续很长时间。如果在场的人大做文章，那么他反而会变得歇斯底里。有些孩子，如果不让他平静下来，他就会出现痉挛，那样对他十分有害。你们需要做出判断，他发脾气是不是为了让你们难堪。如果是的话，就要告诉他你们没有生气，让他平静之后再过来找你们。永远不要让发脾气的孩子感到内疚，因为这样反而会赋予这种行为价值。

　　孩子是人，一生中很难一次脾气都不发。当我们碰到了一些理解不了的事时，也会经历这种抑郁时刻。

大孩子发脾气也是如此。有些孩子易怒，在母亲住院或因其他原因不在家的时候更甚，因为他们会有罪恶感或接受不了母亲离去。有些孩子（14 岁左右）意识到父母有性关系后会受到很大的冲击——弟弟妹妹的出生就是证据。孩子会想象父母只是单纯为了要孩子才会有性关系。他们会愿意想象母亲好久都没有被父亲触碰了，因为他们觉得这很恶心（12～14 岁的时候），然而一个小宝宝的出生清楚地告诉他们父母干了件"很恶心"的事情。这对他们打击太大，于是，他们就会像婴儿一样发泄愤怒。

不要羞辱孩子。低调地离开，让他们自己待一会儿，怒气自然就会消失。要是父亲在场，你们什么都不用做。即便父亲什么都不说，你们也无须说什么。

有些孩子会告诉你们家长允许他们做某些事情，但事实上，母亲回来后根本不让他们做……

你们到一个家庭中去，不是为了让孩子不服从父母的权威。你们改变不了父母。你们可以和母亲谈心，让母亲改变想法。没有父亲的家庭中有时就会出现这种情况。如果有父亲，那么父亲不允许的事情你们也千万不要允许。在你们扮演母亲的替代者的这段时间内，一定要让父亲知道孩子在做什么。

听众：有些青少年承受不住了，他们与父母形成敌对关系，甚至谈到自杀。该怎么帮他们？

弗朗索瓦兹·多尔多：你们只能倾听他们，仅此而已，这就已经做得很多了。如果他们和父亲对立，那就问他们，他们希望自己的父亲是什么样的，然后再告诉他们，这就是他们希望自己未来变成的父亲的形象。告诉他们，要想明白父亲是怎样想的，首先得了解父亲是怎样被教育和成长的。永远都不要对他们说父亲错了，哪怕你们认为父亲的确做错了。要帮助男孩维持父亲的理想形象。

听众：亲眼看见了兄妹间的性行为，该怎么办？

弗朗索瓦兹·多尔多：这种情况可能会在郊区或生活空间比较拥挤的家庭中比较频繁地出现。

我希望从孩子三岁上幼儿园开始就进行有关乱伦禁忌的教育，一直到小学结束。可惜的是，学校并没有承担这部分工作，家长也放弃教育，这导致孩子放任自己的行为，导致在孩子身上留下极为痛苦的印记。这件事要严肃地谈，但不要大呼小叫。年纪较小的那部分孩子的智力发展有可能出现滞缓。有关学习障碍的一半案例中，当事孩子都有过性方面的亲密行为，他们不知道这对自己有多么大的危害。他们以为爸爸、妈妈也是兄妹关系，以为爸爸、妈妈的母亲是同一个人。有数据显示，有过这种行为的孩子，其（外）祖父母大部分生活在廉租房或楼房公寓里。如果（外）祖父母生活在独栋小楼里，那么孩子不会搞错谱系关系。乱伦和缺乏个性的生活空间似乎有一定的联系。

如果不让孩子真正懂得生育者和孩子之间、兄弟姐妹之间的乱伦禁忌（在这个时代必须得明确、直白地说），那么孩子怎么可能理解有关家庭关系的各种词汇？女孩们并不知道她们有责任拒绝醉醺醺的父亲想要强行施予她们的性亲密行为。

词汇才是道德的保障。你们和孩子谈他们的父亲的时候，要说"你父亲"或"你爸爸"，不要只说"爸爸"。父母之间有时候太爱用"爸爸""妈妈"称呼对方。"去问妈妈。""找爸爸去。"对孩子来说，这样说话时父亲就像是家中的长子。就因为这个，孩子才会认为我们的社会允许有乱伦。

听众：12～16岁孩子的困难，其根源是不是在他们之前遇到过的问题里？

弗朗索瓦兹·多尔多：说得太对了。

听众：有一位残疾母亲，她的女儿14岁。孩子不想上学了，想要工作。怎么办？

弗朗索瓦兹·多尔多：孩子16岁之前都必须接受教育，只有孩子继续上学，父母才能领到家庭补助，这些都太让人遗憾了。我希望，在孩子12岁时，家庭补助就能直接发到每个孩子手里，孩子签字就可以领取一半补助，到14岁就能领取全部补助。我相信，如果这么做，就会减少对学校没兴趣的现象，因为这样，孩子就会有能力帮助父母。因自己无力帮助父母而绝望的青少年大有人在。在真正尊重孩子的家庭里，家长会在孩子生日或节日时给孩子一笔钱；等到他会写字了，家长就会帮他把钱存到储蓄账户上。知道自己到16岁时会拥有一笔钱，这简直太幸福了。这会引发一些事情。有的孩子会买摩托车或乐器；有的会报名学习一些课程，如学习音乐；还有的会买礼物送给家长。这种做法就是在承认孩子的价值。孩子是国家未来的价值所在，但他自己还不知道这一点。孩子通过上学懂得自己是有价值的。但如果他对学校教授的课程不感兴趣，那么这是非常打击他的。

如果国家给每个孩子一份预算，孩子就会对算术感兴趣。孩子之所以对商品价格没兴趣，是因为钱不从他那里经手。

听众：家里有孩子离家出走怎么办？

弗朗索瓦兹·多尔多：我前一阵子和一位女法官聊天。她对现在的法律颇有微词，因为她认为每一次离家出走对孩子而言都是有益的。可惜抵消出走带来的积极影响的是，出走后的孩子去谁家借宿，谁就有义务汇报给司法机关。人们没有权利在家里留宿一个出走的孩子。如果孩子回了家，就证明他在现实中没有找到他想象中所要寻找的东西。离家出走是一个警报信号。孩子回家后，父母要和他谈，因为回家就表示他没有找到他希望的自由。如果家庭的回应方式比较聪明，那么出走的情况就不会再次发生。孩子会发奋学习，以求早日解放自己。

听众：从没见过父亲的孩子会不会在青少年时期出现问题？我说的是一个3岁半的男孩，他的家里没有男性。

弗朗索瓦兹·多尔多：重要的是这个孩子知道他有一个生父。就算孩子是被单身女性领养的，也要告诉他，他有生父和生母。

如果孩子是被领养的，那么一定要让他知道他可以爱未曾养育自己的生父和生母，让他知道他可以梦想着生父和生母感激养父和养母，感激他们替自己抚养孩子。

听众：有一个 6 岁的孩子，神经质，他只有一个念头——把所有属于他或属于别人的东西都扔到屋顶上。他这样做可以做很久。怎么办？

弗朗索瓦兹·多尔多：如果孩子没有患上精神分裂症，那就说明这种行为对他而言是有意义的。要找到这个意义。也许是因为他小时候见到母亲把所有不让他碰的东西都放到了柜子顶上。

总而言之，我要告诉大家的是，当家庭中出现困难的时候，你们可以通过谈话去面对。孩子要承受的困难是最多的，所以你们要为孩子说话。

很多人问我碰到不愿意沟通的孩子时怎么办。要找到他们不愿意沟通的理由。不要想办法诱使他们说出心声，不要粗暴地对待"自我封闭"的孩子。

5   独生子女^①

　　若要让医生来谈独生子女，人们会担心医生只谈他对生病的独生子女进行治疗的案例。那样就意味着只谈了其中的一面，即独生子女的处境对身心健康的负面影响。针对这一点，我们要看门见山地表明立场：独生子女这种身份并不会让孩子生病！但也许找医生谈是对的，因为比起教育工作者，医生见的孩子要多得多，他可以在家庭中或孩子的其他生活环境中展开对孩子情况的调查。

　　独生子女的问题的确可以从社会学的角度去看，了解这些孩子的人都认为他们身上带有"永远的老大"的问题。因为从第二个孩子开始，他们人格建构的方式完全不同于第一个孩子。部分家长拒绝了自然为他们慷慨创造的机会，于是，他们唯一的孩子

---

　　①　《父母学习》，1950 年 4 月。

就被置于不利的处境中。我们来看看独生子女是怎么面对他们所处的孤独处境的，以及他们是怎样克服特有的困难的。

独生子女的孤独处境

不管是从心理、社会角度看都正常的独生子女，还是出现心理问题的独生子女，其处境孤独是个不争的事实：一直到上小学，他都被成年人的环境孤立，成年人对他而言是发展已经结束的形象。孩子的人格千变万化，他会根据自己面前（成人）的形状、形式去改变自己。他会模仿，哪怕面对的仅仅是事物。因此，他看一张桌子的时候，他就会"变成"一张真正的桌子。同样，孩子会自发地与他眼前的生命产生认同。在动物面前，他会无意识地把自己认同为动物，这样他就能感受到自己身上与动物接近的那些东西。面对不停变化的孩子和一成不变的成年人之间的差异，孩子会感受到他自身的发展趋势无法得以正常表达。他虽在自己家里，但却感觉身处异国他乡。

但孩子就生活在这样的家庭环境中，他坚信这个家庭对他而言就是应该去模仿的"善"。这是因为母亲起了作用。母亲是他 5 岁或 7 岁之前的稳定因素，对他尤为重要：她给了他生命，给了他食物，满足他所有最根本的需求。对于 5 岁或 7 岁之前的孩子来说，每一位母亲均没有差异，这真是令人惊叹。对于 5 岁以下的孩子而言，妈妈，他的妈妈，是世上唯一重要的。母亲是好还是坏根本不重要：孩子毫无节制地依恋母亲。这就解释了下面这个现象：当人们认为一位母亲不称职，认为孩子在别处一定会更幸福，要把孩子从不称职的母亲身边夺走时，一定会发生悲剧，孩子一定会坚决抵抗，要留在母亲身边。

孩子依恋于不可或缺的母亲，但同时，他又缺乏跟社会环境的接触，他误以为他的生活环境就是社会。然而，他缺乏交流是个不争的事实。他和已经成长完毕的成年人一起生活，这些人不能和他产生真正的交流。说到这一点，让动物陪伴独生子女是很有益处的，他会和动物有对话、有表情，他们之间的手势和出现的现象都有特定的含义。但动物的暗示性言语毕竟不是孩子的言语，动物和孩子也无法成为彼此相互理解的载体。"小朋友"的重要性就在于能够产生相互的理解。在动物面前，孩子感觉不到自己是人；在小朋友面前，他就会感觉到自己就是他者，他会把自己投射到对方身上，他会有真正的接触，从而从自恋情结中解脱出来。这一情结始终支配着他的行为，直到现在。而且，由于独生子女从来就只需要懂得自己而无他人，这种情结还阻碍他走出自我的世界去和他者交流。

纳西索斯神话①现在已家喻户晓，不再是涉及心理学家专

---

① 纳西索斯（Narcisse）是希腊神话中最俊美的男子人物。无数的少女对他一见倾心，可他却自负地拒绝了所有人，其中也包括美丽的山林女神伊可（Echo）。伊可十分伤心，很快地消瘦了下去。最后，她的身体完全消失，只剩下忧郁的声音在山谷中回荡。众神愤怒了，决定让纳西索斯去承受痛苦：爱上别人，却不能以被爱为回报。有一天，纳西索斯在水中发现了自己的影子，爱慕不已、难以自拔，最终赴水求欢，溺水死亡。众神出于同情，让他死后化为水仙。心理学中，纳西索斯是自恋情结的隐喻。——译者注

业领域的内容了。我们从这个神话中清楚地看到了孤独的源头所在，以及孤独使人最终走向自我的消亡。之所以有这样的结局，是因为纳西索斯拒绝了山林女神伊可让他跟她走的呼唤，他不知道在这个他者身上也有他自己的存在。自恋情结中的他无法"走向"他者，无法为"他人"做些什么，因此，他走向了自我毁灭。独生子女在成年人身上找不到自己的身影，感受到了一种"被孤立"的感觉。

孩子在成年人的世界中被剥夺了交流，面对这种考验，他有两种处理方式。在言语上，他会成为成年人；在驱动和情感上，他却还是婴儿。在推孟测试①中，研究者发现独生子女的智商高于平均水平。不过，在驱动测试中，他们的行为方式就显得比其他孩子更幼稚；在情感测试中，他们就像是毫无独立人格的群体成员。这会引发一系列的行为障碍。

言语上，孩子会复制词语。他会像成年人一样说话，觉得自己是真正的成年人。他不停地模仿成年人，不停地牵动、摆弄他想要制造的"木偶—他者"内在线绳。面对与他同龄的孩子，他会有一种自卑感，他会越来越觉得自己不是自己。

和其他孩子相处时，他总是会遭遇挫败：他想走进别人的圈子，因为他想去接触别的孩子；别的孩子会打他、碰他，想试探他会不会"回应"，因为这个阶段的孩子只会通过行动来表

---

① 这个测试可以用在 2 岁以上的孩子身上，其目的是评估智力的发展水平。

达，还不会说话；不习惯这种方式的独生子女就会退缩。于是，恶性循环就开始了。

让独生子女健康成长的一种方式，就是让他与其他孩子相处，不要去管会发生什么。有一个建议非常有用：带着孩子去广场玩耍。每天都带他去玩，给孩子创造孩童间交流、沟通的机会。

独生子女不会向家长讲述他做的事情，因为他不知道怎么表达自己经历的一切（童年生活），但他会表达他没经历过的东西（成人状态）。他无法用成年人的语汇讲述儿童游戏或儿童的情感世界。

成年人和孩子的差别在于：一方面，成年人是社会中有生殖行为的个体，孩子却不是；另一方面，成年人需要对社会负责，孩子则不需要。这些差别会让独生子女采取这样一种解决办法：他既非有性别的个体，又不必为自己负责，但他却认为自己是成年人，如此一来，他就会是个语言模仿机器，说话时他并非他自己。

因此，这些孩子长大后，他们会有超语言能力，感官也会超级敏感，但无法顺利度过青春期。到十五六岁时，他们会是成绩优异的学生，但人际交流的能力较差。在进行精神分析时，他们需要通过感官基础找回平衡，他们需要找回小孩子的感觉，这样才能发展出正常的性欲。这就是悲剧的根源所在：他们带着成年人的性欲，想与别的孩子交往，这必然会造成根本上的不适应。

能够成功找回某种正常平衡的是那些迷恋手工的孩子，如迷恋组装玩具、剪纸、女孩子喜欢的刺绣的孩子。这种迷恋会保护他们，让他们不生病，因为这种迷恋对他们而言是一种陪伴，能够让他们在做这项活动时与别的孩子有所交流。同样，音乐是将未使用的能量升华的一种极好的方式，比诗歌更有效。

人格建构障碍

不论在什么样的环境中，人建构自身的必要条件是什么？独生子女有没有有利条件呢？

孩子的本质特征就是生长。人格的建构就是从成长走向完成。我们一起来看看，这种生长冲力是如何遭到独生子女的三人家庭环境（爸爸、妈妈和他）的阻碍的。在这里，我们会用到一个概念——精神分析学家称之为"意象"（imago）——以区分于普通意义上的"形象"。意象是我们每个人心中内化了的形象。每个人都有着符合其自身类别的父亲和母亲的意象，那是他对自己成为的成年人的理想形象，符合其自身发展的需要。

对于独生子女来说，获得这种意象十分艰难，因为他看到的自己是一种既成品（他没看到自己出生，也没看到弟弟妹妹出生）。他眼里的父亲和母亲就是"先生"和"女士"，而不是给予生命的父亲和母亲。对照他对自己持有的形象，他对自己的父母形成了"不育"和"残缺"的意象；因为直觉告诉他生长会让人走向繁殖，所以他会因父母的意象不完整而焦虑。孩子会想："为什么他们不育？"然后，他很快就会找到答案："因为他们不想要别的孩子，他们认为生养孩子很辛苦、没意思。"如果是相反的情况，即父母本意想要孩子，但由于更严重的原因或经历过一些导致不孕的手术①而没能生别的孩子，孩子早晚会知晓，那么他就会明白父母其实是想要而"没要上"。这样对他会更好。因为如果父母是主动选择了不再孕育，那么他保留的意象就是不育的成人，害怕有孩子、害怕生命、害怕一切的自私的成人。

在这种情况下，孩子心中居首位的价值就会是"拥有"，而不是"给予""创造"。他知道父母有了一个孩子后拒绝再给其他孩子生命。"我们有一个孩子。不要让人把他夺走。"这里的"人"指的是孩子的社会关系、未来处境、未来使命……父母爱独生子女的方式往往是病态的，它强化"拥有"这一概念。父母在唯一的孩子身上倾注个人的野心，用"为了拥有美好的未来，你要好好学习"这种话向孩子施以重负。孩子也必须要"拥有"，要"占有"。他没有失去或冒险的权利。但生活恰恰相反，生活是永恒的风险，是永远的塞翁失马。

大人没能给他关于成年人的鲜活的画面形象，反而给他的是停滞的形象。独生子女家庭有的是无聊和厌烦，没有突发的新鲜事，如新生命诞生、多个孩子来到家里一起长大等。独生子女不能感受生命变化的时刻，更重要的是，他不能实时感受自己的变化。最终，他会感觉自己是个宝贵的"物件"，会用大

---

① 现在我们了解的避孕方法在 1950 年尚不存在。可能弗朗索瓦兹·多尔多女士在这里指的是流产导致的不孕。——译者注

人的眼光看待自己，把自己当成物件。于是，他会感受到自己作为人的价值不被尊重，父母亲和祖辈相互争夺家中唯一后嗣的态度中强烈地透露着这种不尊重。他是甲先生、甲女士的孩子，是乙女士的孙子，而不是有权利过自己生活的人类一员。他越来越成为一个客体，他的精神世界可以这样简述："别人想要我或不想要我，哪种我都无所谓。"于是，他往往会变得铁石心肠。与此同时，他还会把自己认同为那个客体。

有个 16 岁的孩子，他 10 岁之前都是独生子。他的故事很好地说明了这个现象。他把自己画成一只旧鞋，他说这只鞋变得越来越硬。他想让人明白，让他表演三双鞋①的角色太过分。鞋变得越来越干、越来越硬，最后慢慢出现了裂缝，这样就可以让主人抛弃它。主人把旧鞋扔在一边，买了新鞋。但这时旧鞋就想："要是有只脚穿着我就好了。现在我快冻死了。"这个孩子，之前生活在和母亲绝对融为一体的状态中，后来弟弟出生了。在他眼里，弟弟就是把他从他赖以生存的女性温柔中彻底分离出来的那个人。他感到自己不再是唯一了，对于母亲来说，他不再代表着一切。所以，他才说自己"快冻死了"。

不管成长环境如何，在人格建构中，此类问题非常普遍。与此同时，在本能发展方面，独生子女还会遇到源自成长环境的其他困难。

---

① "表演三双鞋"可能是孩子古怪的梦中的内容。作者在上下文中并未给出更多的交代。——译者注

本能发展中的特殊困难

我们知道，鸽子如果没有在自己对面见到自己的形象（不管是另一只鸽子还是镜像中的自己），它就不会进入成年阶段。那之后，竞争欲望会把它带向全面发展。孩子的发展也很相似，如果没有目标就不会成长。

独生子女总是在饮食问题上制造麻烦，他们身上往往会出现厌食症的迹象。到了一定年龄，他们会想为什么要吃饭。他们的回答是，"有什么好处呢？吃饭那么没意思"；或者，母亲盼望自己的孩子长胖些，好让自己高兴。在母亲的苦苦哀求下，他们不愿"让妈妈高兴"，他们认为，终于有机会与母亲对立了，表明自己有不吃的自由。但在对食物说"不"的背后，我们能看到，他们实际上是在对一切说"不"：孩子拒绝上学，不愿意像别人一样。这可是一个相当严重的症状。

面对孩子生病，即便稍有一点发烧感冒的症状，母亲也会忧虑重重。等到有了第二个或第三个孩子的时候，她就会从容许多。独生子女的母亲却永远忧虑，面对成长过程中出现的问题，她永远处在焦虑之中，这种气氛对孩子的成长极为不利。同样，她陪孩子上学时，会替孩子背书包，因为怕累着孩子。再或者，她会在放学时到校门口给孩子送三明治，生怕多走十分钟的路（回家）会让孩子筋疲力尽。

孩子的发展由一系列的获得构成。然而，独生子女被食物、学识等填塞，没有时间对这些东西产生欲望，因为别人总是领先一步给予他，这造成了他的劣势。"会哭的孩子有奶吃"这句老话蕴含着一定的真理。因为，若主体没有欲望就获得了某些东西，这些东西就不会给主体带去益处，不会鼓励他更具活力。但凡有丝毫需求，如饥饿，主体立刻就能得到满足，那么到了生活中需要奋斗的时候，主体会发现自己没有做好足够的准备。

上学过程中出现的一些困难可以和饮食过程中的一些病症相对应。有些厌食症患者，7 岁左右时有这样的特点：如果不检查、不测试，他们就会被认为是好学生；一旦让他们背诵，他们就会边背边忘。其实他们背诵的内容是被囫囵吞枣式地"吞"下去的。求知欲和食欲无比接近。

孩子快到 2 岁时，父母及其他家人都急着让他加速锻炼肌肉，尤其是锻炼帮助他走路的肌肉。当然，多子家庭中老大的学步过程也是如此。然而到了三四岁，感觉和肌肉都开始发展，家人却还在紧盯他的一举一动，稍有触碰家里的任何东西的行为发生，都会怪他手脚毛躁。如果家里有什么东西被动过，那么作案人一定是他，因为家里没有别的孩子。他没有多子家庭中孩子的那种幸运，不能和其他孩子共同为错事承担责任。对他的一举一动的随时监控会妨碍他的自由行动，最后导致他肌肉无能。

为了补偿，他会在别人无法监控的领域行使自由：思想。他在精神世界里锻炼自己；或者，他可能发展出强迫症；又或者，思想锻炼社会化以后，他会变成一个"算术高手"，稍大一些后变成"数学强人"。由于不能摆弄事物，他很难有感情生活。而这一点恰恰会制造悲剧，永恒控制之下的独生子女只能摆弄数字或思想。据观察，强迫症重症患者往往是独生子女，他们的肌肉无能使他们过度地逃遁到精神世界中。

我们刚刚看到，对于独生子女而言，身体得不到锻炼，空间也很难被征服。我们可以用同样的道理去解释他们的"寄生虫"和"奴隶"态度。长期被剥夺自由的孩子到后来会问："今天我该干什么？""我今天该穿哪条裙子？"他们是一些长期需要奶妈的孩子。生活中，他们永远需要有人伺候，也有可能变成叛逆者或病人，认为自己没有选择的自由。这本身也是寄生虫态度的另一种表现。

独生子女没有经历过和同类人的感官交流。同样，在性欲上也没有交流。十二三岁，他到了想要探索生命是什么的年龄，但他那拒绝带来其他生命的家庭看到唯一的孩子将要逃脱掌控，感觉家庭将要分崩离析，就会千方百计地避免和性欲有关系的一切出现。于是，独生子女会对母亲或父亲（根据其性别）产生依恋，无法脱身。而且他会深度依恋父母，他表现得越不明显，就越证明他依恋父母。长大以后，等到孩子结婚时，我们经常会看到，当他的妻子和婆婆有不同意见时，要么，他终于借此机会走出自己的俄狄浦斯情结；要么，就"回归母亲怀抱"。

独生子女在 18 岁时，和同性朋友的友情遭遇挫折几乎是必然，其他任何形式的友情或爱情亦然。因为，如果小时候没有交过朋友，那么十六七岁时就很难建立社会关系。这种失败会在独生子女身上产生深度的影响，触及成年后的性生活。同样，这种机制更会造成初恋的失败。

在这些关系的断裂中，独生子女认为他无法重新开始。因为他认为错永远在他身上。他的人格建构于三口之家，这个家中所有的错误都源自一个罪人——他自己。这种泛化的负罪感，正是他把父母制造的考验和困境内化的结果。

他每天都会听到这样的话："我是为了你才做这些的。"（当然，因为就只有他一个孩子。）"因为孩子，这事才让我头疼。"（比如，父亲的工作出了麻烦。）"我们是为了你才出去度假的。""我为你而活。"（他母亲如是说。）这会让他无法承受考验，因为他们编织了一张无处不在的责任网，让孩子产生一种难以忍受的负罪感。"妈妈说她只为了我而活。爸爸说他只为了妈妈而活。"

孩子会变得谨小慎微，或者，他会学会明哲保身而毫无团队意识：他的世界中只有他和他的上司，旁边一无他人；或者，如果他自恃高于所有人，那么他的世界中就只有他自己。多子家庭中常有的嫉妒能带人走向团队精神，而独生子女却不能及时经历嫉妒。他们经不起竞争的考验。他们只进行表现优秀的运动，因为失败会让他们痛苦。

在独生子女身上，在被转移到初恋中的矛盾冲突出现之前，俄狄浦斯情结往往得不到解决。成人——他的父母亲的私密生活本应带来结晶，即另一个孩子，在他眼里，父母亲的做法却成了对他的特殊的偏爱，然而他看不到这种偏爱的意义何在。而且，他会比较，然后就会受伤：别的家长有多个孩子，而他的父母亲只有他。这一发现会在他的俄狄浦斯情结之上再增添社会中的自卑情结。多子家庭中则不然，如果儿子因父母亲的亲密关系而感到嫉妒，那么他感觉到的是他自己还不能成为父亲（他感受到的是差异，而不是低人一等）。

最后用一个小故事来说明这种情况。母亲连续两晚和父亲外出活动。4 岁的孩子对她说："你总和爸爸出去。"母亲回答："我当然有权利这么做，因为他是我丈夫。"于是，4 岁孩子回应道："我们也是啊，我们也想做你的丈夫！"母亲苦苦思索该怎么回答。这时，他 3 岁的弟弟挽救了局面："我们想做你的丈夫，就只想这一点。但是爸爸这个丈夫，可以和你有孩子呢。"

6 谈钱①

有些父母说："我女儿爱把商场里的商品拿回来。""我儿子会从货架上顺东西。"我们应该立即明确地说出"他们偷窃"，而且一旦发现就立即采取措施。太早或太晚等说辞根本不存在。如果发现三四岁的孩子在妈妈采购时偷东西，那么对于您——孩子的父亲或母亲而言，介入的时刻就到了。牵着孩子的手，和他一起把偷来的东西还回去，别把事情搞大："你的手做了一些事情，但大脑或心中知道（或还不知道）这样做是不对的。"社会禁止家长做的事情，在孩子那里也是禁止的。法律对所有人来说都是一样的。"有些事情，如果你知道你父亲和我都不会去做，那么你也不应该去做。"大脑和心都需要了解法律并用法律指挥行为。

---

① 《父母学习》，1979 年 12 月。

孩子很小就能理解，不管什么商品，都归商贩管辖；所以，如果不付钱，什么都不能拿走。而在别处，如在自己家或朋友家也一样，不经允许什么都不能拿。哪怕是一只空的蜗牛壳，母亲也必须询问店主："女士，先生，我的孩子捡到了一只蜗牛壳。他可以带走它吗？"如果店主说"不"，那就得放回原处，或者付钱。

还有一种方法可以帮助偷东西的孩子意识到自己行为的意义，那就是让他在心里上演一出心理剧。可以和孩子一起想象外面有警察按门铃。

——"是张女士家吗？张女士，您在商场里有盗窃行为，我要把您送进监狱……"你会怎么说？

——不可能，妈妈没偷东西！

——我也是，我的想法和你的一样。偷盗太卑鄙。可是，你却偷了东西。那就得接受别人管你叫小偷……现在，我们一起把东西放回去，这样你就不是小偷了。

养育孩子需要勇气，还需要远见。动物的智慧体现为狡猾，不涉及言语；人类的智慧是通过言语对自己的行为负责。培养责任感，首先要身教，其次还得言传。

开始时，所有孩子都不分"你的"和"我的"，而且从别人那里拿走知识。这不就是学习吗？所有的孩子都偷过东西或者说迟早会偷东西。"用……来交换"，这样的契约不管是明文规定的还是未明说的，都是社会生活中的准则。这是家庭应该教给孩子的。

幼童在超市里偷东西，那是因为他们看到母亲拿这拿那，他们不知道过会儿还要在收银台为所有"拿来"的商品买单。而他们触手可及的那些商品又是那么的充满诱惑力！不管是想象还是现实，无论自然法则或社会法规是否允许，这些都需要在日常生活中讨论。

今天很多东西都看似免费，但其实并非如此。比如，在医院，病人和医护人员都认为医疗是免费的，其实不然。这种思路会让人觉得病人等同于档案号、被国家养着的人、被扶助者……他们甚至因此而认为候诊时等两小时十分正常。"您不是一分钱不掏吗？那就别太挑了！"医院里应该大大地写上"护士和医生竭诚为您服务，因为您支付了他们的薪水"。学校老师也是一样的。公立学校并不是免费的；送孩子到私立学校上学的家长其实支付了两次费用，先是因纳税而支付给了公立学校，后又选择支付自己的孩子在私立学校上学的费用。

孩子们应该知道，大型超市里没有免费的东西。也得承认，在大型超市里，日常购物极为缺少人情味。那里只有商品和收银台。街区杂货铺就不一样，杂货店老板认识自己的顾客。他看到孩子盯着糖果罐两眼放光，会说："你喜欢哪个颜色的？"他会给孩子一块糖，从而使孩子的母亲成为忠实的顾客。孩子很明白妈妈需要为购买的货品付钱，也明白人家送了他一份礼物。如果他暂时还不懂，成人就应该向他解释。

今天，所有的教育都通过监护孩子的成人和成人深爱并为之负责的孩子之间的言语交流而完成。在社会生活中，尤其在城市里，人与人之间没了人情味，互不相识的人之间似乎不再有相互的责任。成人的行为举止有时候会让孩子产生误解。母亲从超市货架上取下商品，然后走进狭窄的通道去结账。但对于孩子而言，这种无声的举止和之前不时抓取商品的闲逛之间有什么关系呢？这只不过是其中的一例。对于孩子来说，我们像机器般运转的生活方式就是纯粹的魔术。他们看不见劳动或交换的痕迹。家长需要在教育中保持高度警惕，既要将公德意识教给孩子，也要保持自己的公德水准！法律面前，要为孩子的偷盗以及其他破坏行为负责任的——理应如此——正是家长！

孩子在幼年时期——六七岁甚至更早——通过观察父母与他人的互动逐渐形成了道德意识和公德意识。不过，父母和兄长们在家里对他行为的影响其实早已在他的心中打下了基础。

父母怎么对孩子，孩子就怎么对别人。父母对于孩子来说就是仿效的榜样。很多孩子的母亲随意处置孩子的玩具，或将其"保护"起来，或送给别人，或扔掉孩子的小珍宝（或没收后忘记归还）。很多父母"借用"稍大些的孩子以礼物的形式收到的钱款而疏于还钱……

在这些行为，以及交换物品、支付他人劳动报酬时发生的作假舞弊行为的耳濡目染下，等孩子到了思想成熟的年龄，他在对物权的尊重和公德意识方面会逐渐变得麻木。

零花钱怎么处理，是个很棘手的话题，因为它与情感有着十分紧密的关系。我成长在一个儿女众多的家庭中。我父亲于

1900 年结婚，1925 年他告诉我们："孩子们，我小时候，每个周日能领到 50 生丁，我可开心了。"不过，到了 1925 年，50 生丁什么都买不了。我父亲一点都不抠门，他当然清楚物价与当年不可同日而语，但这和零花钱问题无关。而且，其实我们根本都用不着零花钱，并不比 1885 年的父亲更需要零花钱！今非昔比，现在的孩子成天自己管自己，于是，商业和广告通通将他们当作了诱惑对象。

太多时候，家庭预算被当成秘密不告诉孩子。这很可惜。如果孩子了解了家庭预算的具体组成，那么他们会对家长更加信任。为什么家长很愉快地花这笔钱？花在孩子身上的预算是多少？每个孩子分别是多少？为什么要有必须支出和机动支出的等级差别？快乐必不可少，所以必须要充分考虑到能够带来快乐的支出；但同时还有其他，即铁打不动的必须支出部分。这些都是可以跟孩子说的，尤其可以用书面的数据，不带虚假成分，在家里解释给他们听。

太多时候，孩子之间会通过比较父母来获得优越感：父亲的汽车，母亲的优雅打扮……父母往往不重视这些。其实，父母还有其他的优点——不那么炫目——值得孩子更多地谈论。可以暗示孩子，父母间相互引以为豪的可以是除银行账户或者物质生活水平等外在表现之外的东西。

让孩子更好地接受家庭预算的有效方式有哪些？用"橱窗购物"大饱眼福，用言语互赠礼物。"这件帅极了的西装？我送给你了！简直是为你量身定做的！我都能想象出来你穿它的样子！不过需要为它付出几天的劳动。"（当然，如果孩子不了解父母的收入水平、基本支出和赋税情况，那么劳动的天数也就纯属想象而已。）"这瓶香水，妈妈，我送给你。"就这样，一起做着梦，相互道谢、相互祝贺，充满了欢声笑语。

欲望总是可以说出来、表达出来的，它们维持着想象生活。我认识一个家庭，他们起初不相信这种做法，勉强尝试着这么去做。父母手持工资单、支出账单和报税单给孩子详细地列出了预算，之后孩子更好地接受了家庭预算有限的事实。橱窗是为了带来快乐而存在的，而快乐之一不就是能够与爱自己的人谈论自己的欲望吗？哪怕这些欲望不一定能够实现。在某种程度上，爱、幽默、想象游戏，这些都能够从言语层面使欲望得到满足。如果孩子提出了一个要求，得知无法满足后很失望，那么为什么要责怪他呢？

零花钱的问题只是冰山一角：父母对钱的态度、家庭预算的组织管理、家庭成员在预算组织中的参与、什么是免费的，还有家长自己的儿时记忆……多么复杂的问题啊！

如果孩子已经有了基本的零花钱，这时候再索要或再有金钱方面的需要，那么这难道不是在索要爱的关注、索要轻声细语、索要与父母的充满欢乐的交流吗？对不可能的事物产生欲望，永远无罪。一起谈论不可能的事物，就已经很令人愉快了……

7　儿童与商家^①

　　弗朗索瓦兹·多尔多：我今天以女人的身份与你们对话。这个女人虽然是精神分析师，但也早到了做祖母的年龄。这个女人的回答是值得商榷的，想法是可以被质疑的，因为我们的世界运动不息，今天的孩子是明天的青少年和成人，我们的文明也在不停地变化着。我只是想尝试解答提问者的问题。

　　《教育报》记者：圣诞节快到了。每年这个时候，从商业角度看，孩子都会成为所有商家想吸引的目标。您怎么看待这种攻击？

　　弗朗索瓦兹·多尔多：我不知道这算不算一种攻击。但不管怎样，这肯定是一种以商业为纯粹目的的诱惑手段，也就是

---

　　① 《教育报》，1977 年 12 月 8 日。

说是一种利用。这并不是要满足孩子在心理成长、掌控世界、释放想象、智慧和心灵方面的需求。向孩子发出的这些诱惑中，毫无上述内容。他们只是想让孩子跌入圈套，让家长掏钱。很多情况下，向孩子发出的诱惑并不会让孩子有人性化的发展。

《教育报》记者：您觉得孩子的反应是什么？

弗朗索瓦兹·多尔多：我不知道，我不是能回答您问题的那个人。但我想，在诱惑面前，孩子的反应和大人是一样的。

《教育报》记者：您觉得有没有必要专门为孩子设计、创造东西？

弗朗索瓦兹·多尔多：没有必要，千万不要。对于 7 岁之前的孩子来说也许有必要。但之后，一旦他们有了阅读能力，孩子就什么都能读了，他们不懂的那部分自然不会留在脑海里。不幸的是，儿童文学靠颜色和呈现形式吸引孩子，但给他们的东西往往无法帮他们打开世界，无法提高人的素质，无法培养"关爱他人"所需要的慷慨友爱。这些书激发他们的自恋情结和暴力倾向，或只停留在想象世界中，与现实联系不足。这就是为什么很小的孩子都对现实感兴趣，都爱看电影。孩子对生活中发生的事情有很大的兴趣，而现实生活中没有什么是专门为孩子而存在的。

《教育报》记者：所有的创作都如此吗？儿童文学？儿童音乐？比方说，有一些儿童歌曲……

弗朗索瓦兹·多尔多：有一些童谣是专为儿童创作的。有一些歌专门是在走路时唱的，但这些歌是给所有走路的人的。这些歌里最重要的是节奏。四二拍的节奏很能吸引儿童，他们中有很多把走路说成"做一二、一二"。当然，高雅音乐不是专为儿童创作的，但同样也适合他们。可惜的是，父母不懂这一点，而唱片商制作的既有孩子喜欢听的歌曲又有高雅音乐片段的儿童唱片太少。

《教育报》记者：您认为是什么原因让成人觉得应该专门为孩子改变艺术？

弗朗索瓦兹·多尔多：投射。对成人来说，孩子的东西就应该是小小的。成人不记得他们小时候的生活多么丰富。他们渐渐地把自己局限到了某些范围内，如他们的兴趣、他们的向往。他们只把能让他们自己觉得开心的东西给孩子。其实根本不对。

家长买给孩子他并不喜欢的娃娃就是个很好的例子。有时候家长会哄骗孩子（如果可以这么说的话），让孩子最终选择家长自己看中的娃娃。孩子会被家长说的话影响，但实际上，孩子拿到娃娃的时候并非真的开心。他之所以想要这个娃娃，是因为成人看上去想要（孩子愿意将自己认同为成人）。如果成人觉得娃娃很漂亮，那么孩子也会沉浸在美感之中，但实际上这个娃娃不能激发和延续他的想象力。所有会吃、会喝、会尿尿——就差会拉臭了——的娃娃，对于孩子而言根本毫无意义。在想象世界中，孩子玩耍的伙伴是拥有娃娃的想法，一旦拿到了娃娃，孩子就再也不玩了。相反，其实这个装有录音磁带、只会某首单曲的娃娃会制造焦虑。孩子会给别人看这个娃娃，但他内心深处并没有想要跟它玩耍，因为他想象不出来这个娃娃除了整天说的那些话外还能说什么。

《教育报》记者：这些可能听上去都是一些鸡毛蒜皮的事，但其实，您不觉得这其中有审查和博弈等机制在作祟？您不觉得这很严重吗？

弗朗索瓦兹·多尔多：是的。但好在面对这些的时候，孩子会努力保护自己。此外，孩子还会继续找沙丁鱼罐头盒、线卷玩，会把自己的东西掰成碎块玩，还会发明出别的玩法。

《教育报》记者：但一个孩子怎么可能抵挡得住这么多诱惑和压力呢？

弗朗索瓦兹·多尔多：如果成人唤醒他的实践判断能力，他就抵挡得住。在我看来，这就是新教育的精髓所在，即让孩子用他的批判能力去抵挡。要做到这一点，首先就要让对孩子说话的人——家长、老师和其他成人——在孩子面前，当时、当地，把他的批评精神加以实践。

我和我自己的孩子就是这么做的。一件事情发生之后，每个人都要说出他的想法，不管这个想法是不是中听。"你怎么想？……对，有道理。……你呢？如果你是家长，那么你会怎么说？……你看，这是因为你和我不一样。等你做了家长，要像现在一样地去思考。不过目前呢，做决定的人是我，不是说这是好事或是坏事，只不过必须有一个人来做决定，而我是责任人，那就由我来决定……你坚持你的想法是很对的。"

大脑不停地思考，这永远是对的。行动，也不一定总能做到。但自身能够担当的欲望、应该为之担当的欲望，我们要永远保护它们。成人要让孩子拥有产生欲望的权利，尽管有时候条件不允许他有具体的表现。

《教育报》记者：但这可能就是最……

弗朗索瓦兹·多尔多：……最难的一件事……

《教育报》记者：……最令成人惧怕的，因为这和获得独立的能力一样难。

弗朗索瓦兹·多尔多：变得独立，使孩童走向人性。幼小的人身上没有独立的可能性。从身体和生活能力上来看，他还是成人的一部分。为了生存，他必须要部分屈服。孩子要遵从大人的节奏，但他有自己的生命力、自己的欲望。只要一有可能，就应该向他承认这一点。要把他当作未来的成年人那样去承认他。要用话语告诉他，他自己也会为人父母。这是一种早期的性别教育——这也是让我遭到批评的一个观点。孩子不是随处流动的爸爸或妈妈，不是故事中的小精灵——这只存在于想象中。现实中，他是有性别的人类，有欲望，即成为男人或女人，但不可能同时成为男人和女人。用话语把这点和孩子说清楚，这很重要。唯有这样，才能让孩子的欲望——有别于母亲的欲望——获得正当的理由……

您知道，孩子在向监护人说"不"的那一时刻才真正存在。这个"不"是他成为人类一员的仪式，一定要祝贺他，"这个想法很好，但我不知道现在你能不能做到'不'"。

《教育报》记者：告诉孩子他说"不"说得很对，这个角色应该由父母来扮演吗？难道他们不应该只是孩子说"不"的对象吗？

弗朗索瓦兹·多尔多：当然。父母是允许孩子说"不"而不会责怪孩子的人。所有的问题都出自责怪。可以说，教育中永远有"不方便"、有困难，但从来没有好或者不好。

《教育报》记者：这与道德没什么关系……

弗朗索瓦兹·多尔多：我认为，现在的成人在自己的生活中实在太过不幸，以至于他们想替孩子生活。我想，在避孕方法出现以前，这种现象根本不存在。那个时候，女人怀了孩子就要，想不想要是另外一回事。

《教育报》记者：也有人失去了孩子啊……

弗朗索瓦兹·多尔多：没错，有这种偶然。现如今，家长的责任是那么重大，他们想让每个孕育的孩子按照某种预设程序生活，以符合自己的想象生活。在自然生育、没有避孕方法的时代，事情简单得多；而现在，如果孩子的表现不符合家长的意愿，家长就会后悔生下他们。

《教育报》记者：可是，难道就不能信任孩子吗？因为他们总的来讲都很健康，也不会任人摆布。说到底，上当的不正是家长自己吗？

弗朗索瓦兹·多尔多：上当的当然总是家长，每个孩子在成长过程中都会带来父母意料之外的东西。难以按照孩子自身发展的方式去接受他，这从来都是成人的本质。在一个家庭有五六个孩子的年代，也许其中有一个特别令人头疼，但是与此同时，就不会有人去找其他孩子的麻烦了。

　　我想，现在有一种危险的做法，那就是想象着让孩子变成一台冰箱或乡下的宅子。"能吗？好，那就开始吧！"在预设程序中，孩子更多是需要的一部分，而非欲望的一部分。孩子的确是无意识欲望的表现，但成人却要阻拦这种表现。结果就是，孩子出生的时候，他是所有无意识欲望的载体，同时也承载着所有的有意识欲望。这就是我们的文明带来的难题。

8   教育入门①

　　并非每个人天生都有做教育家的天赋，然而人人都是父母。他们中有多少人希望在日常家务中，在这美好但是无比艰难的子女教育工作中获得帮助啊！

　　是的，每个人都见过这样的家长：他们觉得听取这方面的建议或阅读这方面的研究就是有辱自己。他们自觉比任何人都更清楚自己的孩子需要什么，他们做出了各种决定并且不接受质疑，因为父母从来不会犯错。还有一些家长对此兴味索然，可能是天性如此，也可能是有先入之见。另一些家长认为，学校尤其是寄宿学校就是干这个的，他们错把人的培养和知识的传授混为一谈。上述所有这些人，都不是我们要说话的对象。

　　另有一些家长，我们非常希望助其一臂之力。他们认为自

---

① 《法国女性》，1946 年 1 月 18 日。

己无力将孩子养育成人，他们逢人就征询建议，或者盲目跟从身边人的做法。对他们而言，"别人会怎么看"是决定他们教育态度的关键所在。

有一些家长尝试去思考，他们有时候能对别人的心理状况做出很准确的判断，但很快就会失望，因为他们发现面对自己的孩子时，他们厘不清思路，或者获得的结果似乎证明了自己是错的。该怎么办呢？坚持还是放弃？将重任推卸给别人？

女性，尤其是她们中已成为母亲的那部分人，她们的一举一动和一言一行在家庭中有着重要的作用，既可以营造有利于家庭和睦的气氛，也可以将这种气氛毁于一旦。因此，在法国面向女性这一社会主力群体的报纸上，我认为应该专为教育开辟一个重要的专栏。

首先，什么是教育？词典的回答是：抚养、培养一名儿童、一名年轻人，发展其体力、道德和智力的行为。

我们来思考一下这个定义：我们当中有多少人早已忘了父母角色之根本就在于此！有多少所谓的教育活动其实恰恰阻碍了生活，阻碍了德、智、体某方面或者所有方面的发展。

有时候，家长的角色中也包括一种在过于重大的危险前保护孩子的态度，但那只是一种消极角色，本身毫无教育意义。

教育应该起到积极作用。教育永远都应该激发出积极的、主动的行为，而且还应该能够为接受教育的孩子带来满足感。

与生活合作，支持孩子自然的道德力量的壮大，呼唤思想和身体的成长，以发展出孩子对身体的自控力，这就是教育，它并不总是那么的容易。每个孩子都是独特的，有自己的节奏，有天性、遗传和自身体质带来的优点。

教育是艺术，也是科学。本专栏希望一周接一周地带给读者的就是这门艺术、这门科学中的点滴，也就是医生、心理学家逐步发现的规律和基础的知识。

我们不会讲理论，我们会尽力讲求实用性。但有时候我们会解释为什么某种做法很有必要，虽然它很新或听起来令部分读者诧异；而另一些更常见的做法却是不利的、需要摒弃的。

自然将孩子托付给家长，让他们为孩子在个人成长和适应社会生活的过程中给予指引。每一个被孩子的生命感动的人，每一个拥有良好意愿的人，我们相信，都能够获得教育的能力。

对于家长而言，教育就是解决一个个大大小小的、有待通过各种方法解决的问题。有的时候做出正确的选择尤为重要，因为在那些情境中，一步都不能走错。不同的情况下分别该怎么做？很多因素都有可能影响家长采取的态度：孩子和家长的脾性、家长接受（或不接受）的教育类型、他们心中理想的孩子（这种理想往往和孩子真正的能力、性格截然相反）、家庭的物质和社会条件、家庭破碎的情况（如父母一方亡故）、家庭气氛等。

改变问题性质的因素何其多！这一点我们可真是太清楚了。

因此，在我们的文章里，我们会尽力给大家提供积极的内容，提供大部分情况下都适用的方法。我们只能从普遍的层面去看待每一个问题，但我们坚信父母有自己的判断，他们定会找到将普遍建议具体化的方法，并将之应用到特殊情况中去。

而且，我们非常欢迎读者提出建议，也愿意回答他们提出的问题。我们会挑选提问频率较高的教育问题，在这里回答。如果信件太长，那么我们会私信回复。

我们希望将这页纸变成有活力的、开放的心理教育咨询空间。

我们欢迎年轻的女孩（如果有男性读者，当然也欢迎，因为其实女性杂志的男性读者比我们想象的要多）给我们写信，提出教育方面的建议和意见，和我们交流具体的实例，向我们提出问题。

法国所有的年轻人、未来的父母，都应该关注儿童的问题。他们应该培养出拥有新精神的新一代，他们应该有信心、有热情去学做父母，不做自私的父母，而做愿意为生命和他们的作品付出的父母。我们的孩子是我们用骨肉、用心、用思想创作出来的作品。我们的作品不属于我们，而属于他们自己的生活和他们自己的繁殖力。

但短期内，我们还需要为孩子的身体和思想负责。我们的孩子因我们给他的教育而再次成为我们的作品。

我们要看到，很多年轻男女并没有为成年后的生活做好准备，他们受到的教育是有缺陷的。这就是一切的源头：如今很多父母会失望、沮丧，他们会犯错误，他们与无德的年青一代之间有着无意识的默契。（仅巴黎及其郊区就有约 4 万名 16 岁以下的少年罪犯，整个法国居然有约 35 万名少年罪犯！）

自上而下的集体方案无法与这样的道德灾难抗衡。我们需要在每一位父母和未来父母身上唤醒价值意识——生物价值。

道德的重建从尊重生物价值开始。而生物价值体现为对多彩的生命的深沉的热爱和尊敬。

9　儿童与住院[①]

《儿童杂志》记者：怎么帮要做手术的孩子做准备？

弗朗索瓦兹·多尔多：重要的是把所有的真相都告诉他，不管他多大。一个月、一岁或四岁，都是如此。

在所有有关身体的事情上，孩子应该被视作成人。其实在身体问题上，成人比孩子更像孩子，成人对身体的担忧远远多过孩子。四五岁的孩子，只要成人能用话语和他说明白，他就能够很好地接受发生在身体上的一切。重要的是用简单的词告诉他关于身体的真相。医生需要在父母在场的情况下，首先用孩子能听懂的词汇，和孩子交流，把将要对他的身体做的事情解释给他听。然后，医生要对他说（依然是在父母在场的情况下），"现在由你来向父母解释一下为什么有必要做这个手术"。

[①]　《儿童杂志》，1978 年 4 月 20 日。

《儿童杂志》记者：父母可以为手术做些什么贡献？

弗朗索瓦兹·多尔多：父母要在医生的协助下，帮助孩子从心理上接受手术。孩子心中有很多问题，父母永远都不应该按照自己非专业的理解直接解释给孩子听。这种时候应该说，"听着，我也不知道，医生给你、给我们同时进行的解释，我懂的并不比你多"。永远都不要对孩子做任何没有提前描述内容和解释原因的事情。

《儿童杂志》记者：孩子醒来的那一刻，是不是母亲必须要在场陪着孩子？

弗朗索瓦兹·多尔多：是的，母亲、父亲或家里其他成员。如果是婴幼儿，那么母亲在场会更好。但家长没必要时刻守护。孩子需要母亲是因为她会保护孩子的安全，因为他醒来时会很疼。等到他不疼了，成人就应该向他解释护士的角色，即代替母亲照料他。母亲应该去忙别的事情，但每天都应该来看他。可能的话，让同龄的孩子来探望他。如果不确定是否能去探望，那就永远不要许诺，而应该告诉他，"我不知道是否能来看你，但我会想着你"。

《儿童杂志》记者：很遗憾，在法国，孩子不能去医院探视。

弗朗索瓦兹·多尔多：是，我们这里不行。但在美国或其他其实很强调无菌的国家，孩子可以探视住院的小伙伴。医院会让他们洗个澡，然后穿上专用服。有何不可？成人需要看到自己的朋友，看到与其自恋情结相连、与其言语生活相连的朋友。孩子在生病的时候需要母亲，也需要同龄玩伴。在这个意义上，医院设计多人病房是有好处的，孩子住这种病房比住二人间、三人间更幸福。后者可以留给比他们病情严重的小朋友或干脆空着。

《儿童杂志》记者：是不是有些病对心理会造成更大的创伤？

弗朗索瓦兹·多尔多：良性的呼吸道或肺部疾病、喉部（如扁桃体）手术、消化道（如阑尾）手术，对孩子心理结构的创伤是较深的。他有可能会出现行为倒退，可能会像婴儿一般需要别人。这完全不是因为对话语的欲望强烈，而是因为他需要能带来安全感的、饱含同情又平静的人（父亲或母亲）。消化道功能正常是我们安全感的源泉，吞咽让人感到安全。然而，扁桃体手术后，孩子无法吞咽。而由于胎儿在子宫里的时候，母亲向他供氧，让他能够呼吸，因此，孩子术后醒来时，母亲的在场是不可或缺的，她是我们身体的保障。

《儿童杂志》记者：怎么做才能让住院的孩子高兴一下？

弗朗索瓦兹·多尔多：和他一起笑，给他讲述家里的事情。可以给他买一些玩具，同时，家里也要准备同样的玩具，因为医院里的玩具是不能带回家的。这样有助于医院和家之间建立起联系。孩子出院后，需要能在家里找到陪他度过住院时光的玩具。

10 对孩子说什么？怎样与孩子互动？^①

关于反抗和任性……

一般来讲，尽可能不要反对孩子的想法，除非这些想法真的对他们有危险或者物质条件不允许。应该让孩子感受到：服从是行为安全与生活和谐的保障，是值得期盼的一种态度。

为了达到这一目的，应尽可能少地发号施令，也不要让他们立即按照父母的意愿行事。孩子的执行节奏不快，您要等待他把您的命令当成一种暗示而接受。如果他准确领会了您的意思，那么他会乐意把您的命令转化成自己的想法，从而愿意如您所说的那样去做。但这需要一段时间，您要留给他一些时间。对于一些孩子来说，几秒钟就够；但对于另一些孩子来说，可能需要半分钟或一分钟。必要的话，如果您觉得他忘了

<hr>

① 《法国女性》，1946 年 1 月 25 日、2 月 8 日、2 月 15 日。

这事，那就重复一遍，但暗示的语调要远远好过命令的口吻（"你能做这个、做那个吗？""你是不是特别乖，愿意做这个或那个呢？"）。这样做有助于孩子听话，而不是阻断孩子，把他困住，让他心理上所做的努力戛然而止。有些方式会让听话从心理上变得根本不可能。

被禁止做的事情，相比于被允许做的事情，应该很少才对。我见过一个母亲，她一上午对她 18 个月的孩子说了 42 次"不可以"。应该让孩子感受到一件事情之所以被禁止是事出有因的，原因不应来自您的解释，而应来自他很快就获得的经验，即如果反其道而行，就会招致可能对他不利的结果。

请尽可能把所有他不可以碰的东西放到他够不着的地方。如果禁止孩子触碰，但东西就在他触手可及的地方，那么这样东西就会不停地诱惑他，没有比这更令他发狂的了。

当孩子任性发脾气的时候，父母永远不要说"我去买个别的小孩"或"让警察把你带走"，因为这并不是真的，您这样做会给孩子树立说谎的榜样。如果他信了您，那么您在他心中激起的情感是十分糟糕的：惧怕您报复，惧怕失去您或被人从您身边夺走。您这样会在他身上埋下自信心的敌人之一——焦虑。

家长的行为应该有教育意义。不要嚷得比孩子更大声，不要让步，保持冷静，别说话，真诚地表现出无所谓，等待孩子平静下来。有必要的话就离开房间或让他去另一个房间，当然，不能粗暴。关上您的房门，但别把孩子关起来，尤其不能把孩子关进小黑屋。等他安静下来了，或等他的哭声不再含有挑衅意味，等眼里淌下的是真的泪水，那时再满怀爱意地教育他。如果孩子提出要亲他一下，那就给他一个亲吻，以此结束此事。尤其应注意的是，事情过去了以后，彻底忘掉它。孩子耍脾气的时候不能让步，但旧事不要重提。

如果孩子赌气，嚷嚷之后生闷气不说话，那么您在开始一段时间内要冷处理。永远不要因孩子赌气而责备他，他自己才是第一个受害者。忙您自己的事去。一般来说，如果他看到您并不是特别在意，那么他会很快从怒气中走出来。这个时候要以最自然的方式与他相处，一丁点儿都不要提及刚刚发生过的事。如果他是个生闷气的老手，那您就等一段时间，然后走向他，友好地伸出双臂："你还生气吗？"然后给他一个亲吻。最忌孩子生气时您也以生气来回应。

如果按照上面说的去做，您就为孩子树立起在闹脾气时——哪怕他刚才的行为令您非常不悦——做到自控的好榜样。您的态度对孩子有教育作用，因为您为孩子提供了一个可以模仿的榜样。

如果孩子当众使性子，那么您千万别说"看，大家都在笑你！"，也不要说"别人会怎么想？"。第一个原因是，永远都不要羞辱孩子，如果他本人自尊心很强的话，那更是如此。自尊心是一种武器，绝不要挫伤它或把它扭曲成傲慢、清高。您如果想把自尊引导成自豪感，那么首先需要知道您心中理想的自我控制和人的尊严是什么，然后遵照这种理想即可，它比建立在别人眼光之上的行为规训更加牢固、更加自由。

第二个原因是，如果您有这样的思维方式，那么孩子会从您身上学到虚荣。

您的行为应该有教育意义。不要当众责备孩子，当孩子脾气大发时什么都别说，不要去管别人对您会有什么看法。有些自以为聪明的人也许会和您说："要是我，早就狠狠地打他屁股了!"不用理睬他，日后您的孩子会感激您。把孩子叫到一边提醒他，不要拿"不要他了"来吓唬他，而仅仅是让他平静下来。

有时候，也许您会感到尴尬，也许这样做会耽误您十分钟，但请相信这样有益于未来。您的孩子，不管是不是能够平静下来，他都会自由地回答您、尊重您，因为您尊重了他——在一个他事后会感觉自己很丢人的场合。等到他再过来找您，您只需要说："过去了，你是个好孩子。"如果他已经3岁多了，那么，过几小时，或者等到晚上，您可以再和他平静地讨论这件事，和他一起讨论白天发脾气的缘故。

永远都不要说"我会告诉爸爸""我会告诉某某（孩子喜欢的人）"，也不要说"你可怜的（已故）父亲要是看见你这样该多么……"。因为，谁都不应烦扰不在场的人。发生在您和孩子之间的事情只和你们两个有关。如果您向第三者告状或抱怨，那就会削弱您的形象，削弱您的威严。更重要的是，您会树立起不良的榜样：善进谗言、善怨恨和嫉妒他人。因为他会很在理地感觉到，您因为和他发生了不快，想要报复，想要破坏他和他珍惜的人之间的情感关系。

编造已故的亲人对孩子的看法，这是极其有害的做法之一。这样做会激起负罪感，孩子会感到无比焦虑，觉得自己不再是所爱、所仰视的亲人的孩子。这样会埋下祸根，孩子在未来的成长中会遭到神经症的折磨。（接下来我们会用较多的文字细谈单亲家庭的儿童教育这个重要问题。）

关于"我会告诉爸爸"，如果父亲愿意了解情况，那么一五一十地告诉他发生的事情当然很好，但是，好事、值得赞扬的事和需要批评的事都需要告诉他。母亲不应该把孩子任性、发脾气作为需要惩罚的理由，而只把这一部分告诉父亲；相反，应该把这件事视作一天发生的所有事情的一部分。不要只把让孩子挨批评的错事告诉父亲，否则父亲就会被母亲变成判官。

这一点很重要。父亲作为一家之长的确应该什么都知道。向父亲汇报，这种做法本身可以是很重要的一种教育方式，如果父亲愿意用心了解而且善解人意，那么更是如此。事情过去了，一天也结束了，中间有开心，也有不快。父亲根据孩子一天的表现做个总结，鼓励孩子第二天再接再厉或有错就改。

磕磕碰碰，无须大呼小叫

前面我们谈到了服从，谈到了如何让孩子服从家长，谈到了孩子闹脾气（孩子与成人意愿相左）时的表现，以及怎样才能以最有教育意义的方式处理。现在，我们来谈谈另一些问题。孩子不听话、好奇心强却笨手笨脚，或者做出一些不明智的决定，这会带来一些后果。

如果您的孩子因玩剪刀、餐刀等工具或触碰滚烫的东西而受伤，那么千万不要说："活该，谁让你不听话了。"您的孩子不听话，是因为他想要克服一种困难，因为他的生命本能驱使他去模仿您。

不要忘了，任何不允许都是暂时的，孩子应该尽早学会在无须大人介入的情况下谨慎行事，让孩子要学会判断自己的能力限度。如果您能够帮助孩子经受住考验，并将教训转为经验，让孩子变得更有自信心，而不是加深他的挫败感和痛苦，那么这种遭遇对于他来说定有裨益。

事情一旦发生，就用爱心去帮助他，尤其应该毫无责备之意。减轻孩子的担忧，告诉他：要是伤势比现在更严重，情况就会更糟糕；好在现在不严重，所以也就没什么大不了。

帮他处理伤口、包扎，让他哭喊。千万不要嘲笑他，也不要因他表现出怕疼而怪他。鼓励他勇敢面对，告诉他这种时刻的勇气更可嘉。

待包扎完毕，孩子平静下来之后，和他一起讨论挫折发生的情形和缘由。可能的话，像对大人一样，向他解释您自己是如何使用这个危险的工具的。

这时要告诉他，您是因为担心他手脚还不是十分协调——您自己在他这个年龄也一样不协调——所以才禁止他碰这个东西的。而且还要告诉他，现阶段不允许他做某些事情，是出于谨慎考虑的。如果您自己也像他一样不知道怎么躲避危险，那么您就算是成人也一样会受伤。

告诉他，您小时候也有过这样的遭遇，所有的大人都一样。告诉他，大人如果不小心谨慎的话，那么即便长大了，也还是一样会发生种种小事故的。

如果您能这样做，您让他看到的是满满的爱心，那么孩子本可能在这次遭遇后丧失的信心也可以因此而得以保全。由于您帮助孩子找到了失败的原因，他会更好地吸取教训、保护自己。挫折带给他的不是羞辱感，他只会变得更加强大，对您更加信任。

孩子闯祸后，千万不要说："你个笨蛋，真没用，傻孩子，你真是干什么都干不成啊!"大人的每一句话在孩子耳朵里都是有价值的。这些悲观的论断会给孩子心理暗示，形成对他的束缚。很多大人胆小怕事都是因为在孩提时代，他们耳边充斥着这种论断。

如果您的孩子手脚有点笨拙，那么可能他身体的某些能力天生不是非常强。有些问题是可以被治疗和治愈的，有些则不能。但我们都确定的是，人一旦怀疑自己，就会表现得越发笨拙。相反，哪怕孩子在这方面表现落后，如果您给予他估量自己能力的权利，他自己就会知道，不应该在能力有限的领域过度挑战极限，或应及时寻求帮助，从而避免这类事故的发生。手脚是否灵活无关好或者不好，只是在方便程度上有差异而已。

当您看见孩子去做一些略有风险的行为时，永远都不要对他说："你会摔跤的。""你会伤到自己。""你会烫着自己。"原因还是一样的，负面暗示会对孩子有很大的影响。

控制好您自己。当您看到孩子想做一件带有风险的事却迟疑不决时，问问他为什么犹豫。如果您认为的确有危险，那就告诉他，他的担心有一定的道理。可以建议他等一等，等再长大一些再尝试。

如果孩子比较大胆、过于勇猛，那就跟他说："一定要小心。你这么勇敢我很高兴，但是真正勇敢的人一定是谨慎的。"相反，如果他比较胆小，那么这很有可能是您导致的，可能他年幼时您总是表现出焦虑的态度，或直到现在您还是如此。

如果您不能改变自己的态度，如果控制不了总是害怕的心情，就把实情告诉孩子："我是个保护欲过强的妈妈，这样很傻。别在意我说的话。你小心一点儿就好。"

一般来讲，如果您觉得自己无法成为一个好的教育者，那么您应该开诚布公地向孩子承认这一点。他会有所感知，但他不会允许自己违抗您的各种禁令。就算他这么做了，也会躲躲藏藏地去做，会在心理状态很差的条件下去做，会带有负罪感。那样，他的跨越雷池之举就很有可能失败，他就会把失败看作对自己违抗母亲禁令的惩罚。

相信生命吧。别忘了，如果您的指令与孩子的成长背道而驰，那么生命和成长的本能会驱使孩子违抗您。一边是生命，另一边是焦虑的母亲为孩子设下的过于狭小的桎梏。想一想二者的冲突引起的挣扎吧。虽然社会生活已经让我们做出了种种牺牲，这些牺牲确实有用，它们服务于众人的利益；但是，不要再要求孩子做出更多无谓乃至有害的牺牲了，因为这样的牺牲会致使生命残缺。

11 别再说"你是老大，应该树立榜样……"①

对于不同的孩子来说，其天性、反应机制和年龄都有差异。如何教育不同的孩子，在很多家长那里都成了难题。这个问题，就算它没有引起根本的矛盾，也会让一名或多名孩子陷入困境。而我们往往不知道如何走出这样的困境。

不同孩子在孩子群体中的不同排行——老大、老小或中间的那几个——会给其带来不同的困境。我的读者都尝过处于困境的滋味。每一个孩子都有与之相关的客观条件。在此基础上，父母对每个孩子的要求又会给其带来不同的负担。

过去，长子（女）的身份意味着在社会中和法律上拥有特权。直到今天，在某些国家，长子（女）依然独享继承权。今

---

① 《法国女性》，1946 年 4 月 21 日。

天，在法国，子女享受平等的权利，他们也须承担相同的义务。然而，我们身边充斥着老大应以身作则、照看弟弟妹妹，大的应让小的等各种要求。有多少长子（女）被父母的种种道德责任压得喘不过气来，却得不到任何补偿？

没错，小孩子有模仿大孩子的倾向。如果这样对于所有人来说都合适的话，那么当然很好。但这不太可能，因为孩子天性各异。家长应该让每个孩子都感受到，他可以顺应自身的发展而自由行动，无须刻意模仿。所以，要让孩子们相互之间尽可能独立。如果老大自愿向弟弟妹妹伸出援手、照看他们，而同时弟弟妹妹也乐于接受帮助，那么当然好；不过，但凡其中有一个不愿意建立这种保护与被保护的关系，就千万不要勉强。每个孩子都应感受到对自己负责，这才是教育。

不要把孩子的排行视作表扬、批评的依据，真正要看的是孩子的天性和年龄。因此，大一点的孩子做成了某件事，这其中的价值并不会因小一点的孩子也做成了这件事而减少。这两个孩子中的每一个都应得到祝贺。切忌我们经常听到的这种比较式的评价："很正常啊，你是老大呀。"老大殷切盼望妈妈夸奖的时候，妈妈经常会用上面这种方式回应他，而她刚刚才狠狠地夸完老小。其实，说一句"对，我觉得你也很棒"就好，多简单啊！

若孩子做了一件错事，我们不能替他找借口，说这是孩子

们相互模仿的结果，也不能因认为别的孩子应该负更多的责任
而少批评他。每一个孩子都应对自己的行为有意识，都应对自
己负责。对每一个孩子的评价都应该是针对他自己而做出的。
其实，从教育的角度来看，模仿的一方更应该遭到批评。原因
是，他不仅做了错事，而且没有自我，没有明辨是非。

12　儿童的偷盗行为[①]

偷盗行为由何开始？小偷小摸由何终止？

偷父母东西的孩子在法律上不会被视作小偷：这一点应该引起家长深思。这意味着，所有属于父母的东西也都属于孩子。这一点本身没问题。

但这样一来，该怎么教育孩子呢？他们在家中养成的习惯是进入社会生活的道德教育的基础。

在神经精神科门诊，我们会见到一些焦虑的家长带着被指偷盗的孩子来咨询："医生，这是怪癖还是病症？是不是偷窃癖呢？"关于偷窃癖，大家说得还不够吗？这个词一出现，对邻居的侵犯就变得情有可原，社会生活适应失败也成了一种主体无法逃脱的宿命……主体甚至由此变得值得关注！但偷盗就是

---

① 《法国女性》，1946 年 7 月 20 日、7 月 27 日、8 月 3 日。

偷盗，不管这是不是被叫作偷窃癖！

偷盗，总是自感无力的人以某种方式做出的事。有时，别人拥有他们觊觎的财富，他们认为对方是通过不合法的手段获得的，会表现出攻击性。有时，他们并不具有攻击性，而仅仅表现出羡慕！低人一等的感觉碾压着他们，于是，他们会伺机行动。他们倒不敢寻找机会，更不会制造机会。这就是偶尔偷盗和故意偷盗之间的差别，是本能较弱的人和本能较强的人的偷盗行为之间的差别。

青少年和成年人绝不会在儿童时期没有先兆表现的情况下做出违法偷盗（即家庭之外）的行为。

可以确定的是，孩子在家中"初犯"时，家长的态度既可以使孩子的这种行为消失，也可以使之加重。不恰当的态度会孵化孩子身上被称作"缺点"的东西。若教育者采用不是那么善解人意的态度，就会从精神上使孩子无法纠正陋习。（可参看有关谎言、负面态度和告状的相关文章。）

如何防止孩子产生偷盗的念头？

应该很早就让孩子知道家庭里的"财富"是共同财物，如钱、食物、书籍、装点房屋的摆件……

至于孩子私人的物品，如他自己的钱、存钱罐、收到的礼物、他的书、玩具，家长永远都不要剥夺他的使用权。永远都不要没收属于孩子的东西，因为这会让他看到偷盗的榜样。在没有征得他的同意的前提下，永远都不要替他保管他的存钱罐或精美的玩具，还美其名曰"以后再给他"。要让孩子看到对物权绝对尊重的榜样。不要去管他怎么处置自己的财物。从孩子小的时候，如从两岁半或三岁的时候就应该这样做。

显然，如果一个孩子到 14 岁时已经是个"惯偷"了，那么这时再告诉他哪些东西是他与别人共同拥有的，已经于事无补了。首先，要和他一起去理解他为什么偷盗。然后，要帮助他意识到现实情况是什么样的，帮他接受现实，哪怕有些事情在物质层面很难接受。他需要我们帮他意识到自己的道德价值，帮他明白某些东西可以通过自己的努力得到，相比于大多数只知道通过非法手段获得果实的人而言，这种努力才更让人满意。

不要把惩罚变成示众

这样的行为尤不可取，即发怒和盲目、沉默地惩罚。我说的是惩罚，不是有补救和教育目的的惩戒。其实，这是一条适用于整个教育过程的绝对原则。就算偷盗行为发生在一个有着固定训诫行为的集体里，就算训诫管理需要通过执行惩罚才能进行，也不能没有个别谈话而只是一味地惩罚，惩罚也不应该被公开。公开的惩罚应该遭到绝对的禁止。对于犯法的年轻人来说，这种行为不仅毫无益处，而且在大部分情况下是有害的。一个孩子遭受的羞辱对他而言绝对没有任何好处；相反，他会对自己和他人失去信心。好一点的应激机制是将自己包裹在表面的骄傲和麻木当中；而糟糕的应激机制是羞愧，只能导致不安和信心溃败。

如果需要用"别人怎么看"去教育孩子，而不是培养每个孩子个人的道德感，那么，这种教育就是拙劣的。我记得有个中学，我因偶然的机会去参观了一次。我在入口的黑板上看到了这样的告示："劳蕾特·X，八年级学生（所以大概 9 岁），被勒令休学 15 天，原因为偷盗同伴财物。"我不寒而栗。若是在与该学生个别谈话后暂时令其休学若干天（如果教育者认为对这个忘性大又比较肤浅的女孩使用这种惩罚方式合适的话），若是全班都知道此事（但全班应被告知不要再谈论此事，尤其是在该学生返校后），那还勉强可以接受。但这样示众，对一个八年级的学生来说，会让她的一生都带上烙印！我不知道学校领导如此摧残孩子是出于什么教育动机。

家里也是一样，不应把惩罚变成表演。偷盗只与犯错的人、受害者、教育者和家长有关。不是要"掩盖"，而是要"教育"，也就是说，要引领孩子走出死胡同。为此，需要使用所有能够鼓励孩子、让他愿意努力的方法，而竭力避免让孩子沮丧以及羞辱他的手段。

找到偷盗的动机

该怎么做？首先，找到偷盗的动机。为此，当然需要获得孩子的信任，与他进行私下交流，原则上也不应表现出抗拒和愤怒。

有些案例中，动机很明了，至少表面上看如此。获取别人的财物后自私地享用，而已。然而，要真正懂得其动机，还需与孩子一起往更深处寻找。唯有这样，才能找到他真正的心理机制。每一个案例都是特别的。在此，我们引用了一个案例，其中的动机是在耐心寻找以后才显现出来的。

皮埃罗 11 岁，他偷了姨妈的 1000 法郎。然后，他将 500 法郎塞到了妈妈的手袋里。之前，皮埃罗从来没有偷过任何东西，至少没有人发现过。就这样，在某个新年节日里，这一行为掀起了轩然大波！

皮埃罗是个很乖的小孩。他不知道何为金钱的价值。他很敏感。他很喜欢他的母亲。他的母亲是家里三个孩子中的老大。母亲的父亲有工作，但家里还是比较拮据。

姨妈是母亲的妹妹，未婚，和男友生活在一起。她穿得很好，很俏。她很吸引男人。皮埃罗经常听见父母谈论姨妈。他的母亲很嫉妒她，常说对于一个挣很多钱、衣食无忧的女人而言，吸引男人并不难。

孩子们，尤其是皮埃罗，特别仰慕姨妈，因为她美丽、优雅，而且总是面带笑容。但皮埃罗也怨她，因为母亲没她穿得好。他觉得不公平。于是，皮埃罗就想以他自己的方式改变这种不公！一个拥有太多，另一个却不够。他扮演无辜、正义的卫士，将所得分成了两份，500 法郎给了妈妈，500 法郎给了自己。在他的母亲得知手袋中的钱的来路之后，他还露出了默契的表情，仿佛要告诉母亲这一切出于他的义举，但他不能告诉任何人。他显然对自己的主意和举动感到十分自豪。

这个家庭悲剧的根源在于姐妹间的敌对关系。"我可是个本分的女人。"皮埃罗的母亲经常这样充满敌意地对她的妹妹说。在内心深处，她十分艳羡妹妹富足的生活，却看不到妹妹付出的努力。

母亲了解了孩子的故事之后，并没有一笑了之并向妹妹道歉。她火冒三丈，因为皮埃罗所做的正是她无意识中想做却又被意识压制的事情。皮埃罗对她来说成了"该送去坐牢、让别人误会我们全家、将我们送进牢房的混混"。

怒不可遏的母亲无法理解。所幸父亲明白了原委。在与皮埃罗进行过几次私下交流后，为了让他成熟起来，让他接受人类世界本就不公平这一点，父亲选择让孩子离家住几天。这样，皮埃罗才走出了死胡同。

孩子的需要不一定是您的需要

如果一个孩子、一个少年的偷盗倾向表露了他对金钱的需要，即对购买力的需要，那么家长就需要调整自己在金钱问题上的教育思路。必须要赋予孩子用合法的方式挣钱的能力，要帮他在这个问题上展现自己的能力。

在这个问题上，性格和脾气一样千差万别。一个父亲，若他自己在 18 岁之前从来没有过零花钱，他就理解不了孩子在这方面的需求。我们的孩子，需要自由、需要独立、需要温情、需要创造、需要金钱。在他们的需求面前，我们永远都不要把自己变得像士兵那样，以从众之名义横加禁止。我们应该帮助他们以符合道德的方式、社会接受的方式去满足这些需求。

举例说，如果您的孩子想要穿得花哨，那么请不要把我们的品位强加于他。如果您能给他一笔专门用于买衣服的钱，那么就请给他自由。等他觉得冷了，他会放弃风度而选择温度。谁知道呢？就算不会，您也得接受。这样他才能学到金钱的价值和质量的价值，学到有些东西是必要的，会逼迫人们在喜好和需要之间做出妥协。

在有些家庭里，孩子的穿着无可挑剔，他们吃得饱、穿得暖，生日礼物和新年礼物无一遗漏，但从来没有过零花钱。他们当中有一些觉得无所谓，另一些却在想："我宁可少几双袜子……但可以把钱用来买糖果、花、项链、玩具枪或买一本书。"母亲却断定："他们什么都不需要，他们该有的都有了。"事实却不是这样的，他们并非应有尽有，因为对于这些孩子而言，拥有自由和力量有时比拥有漂亮的衣服和好吃的食物更加必要。

孩子应该了解家里的预算

在所有的家庭里，孩子应该从 10 岁起就了解家里的预算、收入和支出，了解物价，包括食物和娱乐项目的价格，了解关于父母的经济情况的具体数字……这一切，不能用情感和形容词来代替。可惜啊！会如此与孩子坦诚相待的父母少之又少！足够尊重孩子，让孩子充分参与家庭生活的父母少之又少！

有人会告诉您，这样做是为了让他们免于面对烦恼，因为他们以后有的是时间去烦恼。比如，一个单亲妈妈为了让儿子保持原有的生活方式，瞒着儿子把所有东西都卖掉了，不然她就无法继续满足他。这是何等的疯狂！她认为儿子承受不了这样的考验，这是对他何等的蔑视！她这么做的时候，丝毫不觉得自己是在偷盗儿子的财产。首先是物质上的偷盗。因为变卖家产的事情本应该由两人共同决定。这些东西既属于母亲，也属于儿子。其次是精神上的偷盗。因为她让儿子少了一个历练的机会，也许他本可以由此长大成人。若以后这个孩子变得不知感恩、粗鲁无礼，这位母亲还会为之愕然。也许有一天，她身无分文，儿子却仍继续伸手要钱，因为他从来没有学过通过自己的努力去获得一切（这样会让他自感无能而深受痛苦），他会从别处去获取母亲无法再给予的东西。就为了向孩子隐瞒自己一时的社会困境，她把儿子变成了一个精神上的弱者，也许是永远的弱者。

家庭气氛是关键

这句话说多少遍都不够：家庭气氛，父母对自己的钱的态度、对给予孩子的钱的态度，孩子的信心、孩子根据自己的需求而成长的自由、孩子对界限的知晓和对父母真实经济实力的了解，这些都可能影响日后孩子在金钱方面的表现。

孩子的偷盗行为，无一不在反映孩子在面对无能感、面对某种能使他们感觉到幸福的东西缺失时的挣扎。这个东西不一定总是金钱，也不是他们用偷来的钱能买到的。他们往往不知其为何物，这个东西往往是情感上的、认知上的，甚至有可能是精神上的。正是这个缺失导致了他们的痛苦，我们要帮助他们理解。有条件的话，还应以道德和社会都能接受的合法的方式，帮他们弥补这一缺失。

13 "我去告诉妈妈……"——告状行为[①]

在这里，我谈到过公平地抚养年龄、性格各不相同的孩子是一件很难的事，但又必须去做。因为这样才能让他们有足够的独立空间，才能帮他们承担在多子家庭中"活宝"这个艰难、尴尬的角色。

我强调过父母必须要非常警惕，不要鼓励孩子们相互模仿，不要不停地拿孩子们做比较(孩子永远都应该只和自己比较)。

今天我想请大家注意一个非常不好的习惯：让孩子们之间相互监督；当孩子们告状或揭发别人时，母亲或教育者还会认真地听(有时他们甚至会主动挑起孩子们的互相检举)。"我去告诉妈妈……"孩子会这么说。母亲回家时会听到"他干了这个、那个"，然后妈妈就会去责备那个坏小孩！

---

① 《法国女性》，1946 年 6 月 8 日、6 月 15 日。

怎样避免孩子养成告状的习惯

首先，永远都不要和孩子说，"我去告诉×××"。不然，孩子就会像您一样搬弄是非，因为他的欲望就是变得像大人一样。

其次，如果有别的孩子做错了事情，永远不要指给孩子看，并对孩子说："看这个小男孩，他做得太不对了！"您要以身作则，教会他不要对别人的对错横加指点。如果孩子自己让您看大街上发脾气胡闹的小孩，不要说他，也不要做任何评价。您就说，"嗯，真是"；或者最多这么说，"你觉不觉得过一会儿，他心里会想自己这么不乖其实有点愚蠢？"。千万别说，"看见了吗？这样多不好！"；也别说，"我要是他妈妈，肯定在他屁股上来一巴掌！"。

永远不要让一个孩子监督其他的孩子。如果您对一个小家伙不放心，您可以告诉哥哥或姐姐："托付给你了。不要让他伤到自己，因为他太小。我把我的权利委托给你。你就是他妈妈了。"等你回家后，要收回权利，不要问任何细节。别忘了向这位"负责人"表示感谢。孩子们很理解这种做法。如果您看到大孩子显然被这个任务搞得应接不暇，没能防止小家伙干坏事，或者他自己也干了坏事，那么不要惩罚或训斥任何孩子，告诉自己，需要找个别的办法了。

当您让几个孩子在家，回家后其中一个过来"汇报"了一件坏事时，您首先要区分两种情况：第一种，这件坏事造成了很严重的后果；第二种，没有造成很严重的后果。

如果是第二种情况，那么首先您要说，"我不在家的时候，每个人都应该管好自己，我不喜欢你们管别人的事"，然后笑嘻嘻地说出"山中无老虎，猴子称大王"。

如果相反，真的出了什么严重的事情，而且您能看得出来，那么不要问"谁干的？"，要问"干了这件事的那个人有没有勇气承认啊？"。有可能当事人自己会乖乖认错，您可以批评他，但不要惩罚他。不然，您的反应会让他下次失去认错的勇气。也有可能他不站出来。如果您听到孩子们齐声说"不是我！不是我！"，那就回答："我没问谁没干，我只问谁干了，其他人不要说话。"如果大家都沉默不语，您就说："很好。我很高兴你们当中没有告密者，但干了坏事的那个人不是很勇敢。好吧。你们互相帮助一起把东西修好，就像你们互相帮助隐藏是谁干的一样。"

作为母亲，您会欣喜地看到孩子们的团结互助。向您致敬！

虽然您使用了这种方法，但孩子还是喜欢告状。怎么帮他改掉这个习惯？

即便您使用了这种好方法，孩子也还是会变成告状老手。您一回家，他就告别的孩子的状，哪怕您对此表示不关心。如果是这样，那就是哪里出了问题。这其中肯定有冲突，您需要搞清楚到底是怎么回事，并且帮助孩子。

也许他嫉妒您对被告状的孩子的关爱，他想独占您的母爱。不要因这种嫉妒而责怪孩子，这是本能，孩子自己控制不了。找个比较安静的时刻，和孩子单独谈一谈。解释给他听，告诉他有时候发现妈妈在心中给别的孩子留了位置，这的确会让人很伤心；也告诉他，妈妈永远爱孩子，哪怕他们干了坏事，但是妈妈更希望每个孩子都管好自己。"如果你觉得他做得不对，就不要学他。我只要求你做到这一点。"

往往这种孩子对自己要求很严，他其实渴望像被告状的孩子那样干坏事。请问他："你其实是不是也想像他那样做?"如果他说不(不管是真还是假)，那么告诉他，"那你为什么关心他做的事情呢? 也许是因为你当时正在做一件你自己也不怎么喜欢的事情，或者是因为你有时间去管他的事情"。

如果相反，他回答说他也想干同样的傻事，那就问他："是什么原因让你没有模仿他呢?"他可能会回答"不可以那样做"，或者"我知道那样做是错的"。请告诉他："说的太对了! 你真是长大了! 他也一样，有一天他也会长大。到了那一天，我会因为他是我的孩子而爱他，而且我还会以他为傲，就像现在你这么懂事，让我引以为豪一样。哥哥姐姐永远都不要'告状'，他们应该帮助和保护弟弟妹妹，帮助和保护那些看起来像小孩一样的孩子。至于那些当妈妈不在的时候干坏事的孩子，你不用理，让他们独自去面对自己的内心吧。"

14　如何治好说谎的毛病[①]

　　上周我写过，如果要求孩子服从的方法不合适，就会把孩子推向不听话；同样，如果要求孩子讲真话的方法不对，那么也一样会让孩子变得爱说谎。

　　当孩子能说明白话，而且知道哪些错事会招致大人的惩罚或责怪时，他就可以开始撒谎了。面对幼小儿童的谎言，大人的反应起着至关重要的作用。

　　防重于治。在 16 个月至 2 岁的孩子打碎了花瓶或惹了其他祸之后，如果他和照料他的成人之间是信任关系，他就会叫这个人或拉他过去看"事故"现场。

　　如果大人的反应是大发雷霆并动手打孩子，孩子就会在两三次类似的经历后，将认错和挨罚联系在一起，他就会在惹祸

---

　　①　《法国女性》，1946 年 3 月 1 日、3 月 9 日。

之后躲起来。长大一些后，如果有人因为他闯祸而责怪他，他就会说"不是我"，以此来保护自己，以免承受不愉快的后果。这种行为本身带来的后果也许更严重，但撒谎是因为对大人缺乏信心而造成的条件反射，一旦形成就会被固定下来。

举个例子。

4岁的弗朗索瓦举着剪刀把窗帘剪破了。破坏造成的损失已经无法挽回。母亲看到"灾难"现场后，脸色一沉，大喊道："谁干的?!"手里还举着剪刀的弗朗索瓦答道："不是我!""怎么不是你？小骗子！你手里还拿着剪刀，你还敢说不是你!""不，不是我。还有，我没拿你的剪刀，它是自己在这里的。""撒谎！你撒谎！好啊，你现在已经变成一个撒谎精了!"随之而来就是一顿对屁股的狠打。孩子丧失了自尊，也失去了对母亲的信任，他心中怪母亲。母亲因窗帘被毁而大为恼火，生孩子的气，也生自己的气。父亲也在孩子屁股上打了一巴掌："我不希望你撒谎。你等着瞧，你撒一次谎，我就揍你一回。"就这样闹了一整晚。孩子一点都不明白。如果孩子性情柔和，他就会很伤心；如果性情刚硬，他就会怒不可遏。总之，这件事带给他很多负面的结果。大家千万不要觉得下次他会比这次诚实，他只会在说谎这件事上变得更聪明。

那其实应该怎么做呢？

同样的一家人，孩子闯下了同样的祸。母亲进了家门，绝望地看着被剪破的窗帘和举着剪刀的弗朗索瓦。她心中很乱，但还是平静地说："哦，我的孩子！谁让你这么干的?"弗朗索瓦看到母亲的表情，意识到自己犯了大错，满脸通红，羞愧局促："可是妈妈，我只是想把窗帘弄得整齐一点！之前的窗帘不好看，不漂亮……""我可怜的孩子！"母亲看着窗帘，想着有没有可能挽救一下。她依然平静又沮丧地问："我的剪刀是放在哪里的？你自己找出来的？""对啊，就在你的抽屉里。""可是，你是知道不能随便用剪刀的呀！你做的事情很糟糕。你知道，这样的布料已经没有了，而且窗帘很贵。你要是想玩剪东西，可以跟我要碎布。漂亮的窗帘啊！我可怜的孩子，可怜的孩子……"弗朗索瓦感到自己很笨，惭愧无比，说："我以后不会了，妈妈，我保证。"他还天真地加了一句（要鼓励这种善意）："我再给你买一块吧，我会帮你一起裁剪。你别生气了，别难过了，妈妈。"

一整个傍晚讨论的重点都是如何弥补这件错事。这也许是弗朗索瓦和母亲在教育方面的亲密接触中最具深远意义的一次。妈妈解释说，当小手想干坏事的时候，弗朗索瓦应该制止它们。当然，当父亲回家后，母亲一定要跟他说这件事。也许父亲会生气，生气也是有道理的，因为弗朗索瓦的确干了一件很糟糕的事；但弗朗索瓦已经知道为什么错了，他会接受父亲生气。父亲的怒火并不会影响第二天家里的气氛。母亲不会护着弗朗索瓦，帮他躲避父亲的严厉训斥，她会静静地支持孩子去承受。下一次，他会管住自己的小手，不会让它们任性妄为。这中间没有谎言，母亲的态度不会引发谎言。

假设弗朗索瓦在听到母亲生气但不严厉的声音后说"不是

我，不是我"，妈妈在这种情况下会说："我当然知道不是你。都怪这把可恶的小剪刀，是它让长在你胳膊上的两只小手干了这件事。可是你却没有管住它们！"接下来，殊途同归。

让孩子自己、让他的人格承担犯错的全部责任，是很糟糕的。有很多不错的方法可以解决这一难题。可以说："不是你。我很清楚你是个长大了的男孩（或女孩），这事得怪你的小手或小脚。"还有可能孩子想象出了某个人物，由它代表混乱本能，如"冒失鬼""小魔鬼""坏人""小捣蛋""怪兽"……您可以严惩这个想象出来的人物，帮孩子成为它的主人。这种方法极其有效。

不要因为孩子的创意而惩罚他，要惩罚的是实现创意时错误的方法。因此，在剪窗帘这个例子中，母亲如果这么说就不好了："我禁止你使用剪刀，你太小了。"这不对。他想要使用剪刀，而且使用之后他也没伤到自己。所以，要教他怎样用。这件事情应该引出的是剪纸、剪布游戏，而不是有关使用剪刀的新的禁令。否则，迟早还会有其他具有攻击性的、不听话行为出现。

15　惩罚[①]

　　"惩罚"这个词应该从教育语言中彻底消失，应该被"补过"或"改正错误行为"这样的语言取代。

　　日常用语中，惩罚这个词代表着教育工作者可以有的某种行为。而这种行为必须从我们的思想中去除。我还会保留这个词，但要解释清楚教育中的"惩罚"应该是什么样的，而永远不应该是什么样的。

惩罚的目的

　　惩罚的目的是帮助孩子健康成长，也就是说朝着一个道德方向发展，让他明白并记住规则。他应该知道，遵守这些规则可以帮他学会自我控制，在身边所有人都应拥有自由感的框架内，保护他的内心自由感。

---

　　① 《法国女性》，1946 年 3 月 16 日、3 月 23 日。

你们会说这太复杂，会说自己朝孩子扇一记耳光或打孩子屁股的时候根本没想这么多。也许你们错了。我不仅是以专家的身份和你们谈话的，请别忘了我也是母亲。如果有时候我说的东西显得有点复杂，或很难运用到实际生活中去，那么也有可能是因为你们错了。

当然，如果您的孩子已经 10 岁或 12 岁了，而从小到大您对他始终保持着绝对、武断、不假思索的态度（我想说的是"动物般的"态度），那么您的态度不要在一夜之间发生 360 度的大转弯。首先要改变的不是您的行为，而是您的内心态度。如果您往这个方向努力，那么情况会慢慢发生转变，这会对您的孩子有益。因为孩子在接触您的过程中也会随之成熟，您都无须特意做什么。您对孩子的反应会不同于从前，而他也会做出改变。

惩罚应该是这样的

惩罚永远不应是责骂，永远不应是对孩子的羞辱，永远不应是对孩子的打击报复。

惩罚应该是一种孩子能够感受得到的拯救。孩子的本能不会出错，这一点我们可以确信。他尊重并认为自己也被对方尊重的那个人向他施以痛苦，这也许令他非常煎熬，但他会感受到这个人拯救他的意图。这对他永远有所裨益。

但如果孩子感觉不到被尊重，情况就不一样了。（正因如此，我不说"被爱"，因为这个词在日常用语中含义太泛。多少家长以所谓"爱"的名义让孩子窒息，其实不过是拥有者对被拥有的事物的"爱"，他们对孩子、对孩子身上的独立的主体并无尊重。）

惩罚还应带来孩子愧疚感的平息与消失。与犯错时相比，接受惩罚后，孩子应该感觉负担减轻，表现得更愉快，和大人在一起时更开放、更有自信。与这种心理上的欣快感相伴的还有孩子要好好表现的意愿以及希望弥补造成的损失的想法。惩罚起到作用了。

正在读这篇文章的母亲，如果您没有很多时间，那么只需记住以上几行文字，在机械地干着不费脑力的活儿的时候，好好思考一下。您会逐渐改变惩罚孩子的方式，减少惩罚孩子的次数，但效果会更好，您和孩子在精神层面会更加接近，孩子不会再对您无爱、惧怕您，您和孩子的亲密接触会更具人性，会带来更多的相互尊重。

如果相反，您的孩子在接受惩罚后自我封闭、垂头丧气、思绪迷离、赌气报复，那么肯定是您的行为方式中有瑕疵，或者您的出发点不是为了拯救孩子。您"无意识"的敌意——若是有意识的话就更麻烦了——唤醒了他的敌意。他会表现给您看，或者以失去自尊的方式给自己看，他陷入了痛苦。这样的惩罚，对他而言不是拯救，而是您在他的愚蠢行为上又叠加了您的愚蠢行为。

如果惩罚对孩子没有任何效果，就像部分父母说的那样"不痛不痒"，那就说明孩子和成人之间不再有相互的尊重。他们陷入了恶性循环。那就应该想一想，成人是出于什么样的虐人心态或运用了什么样的智慧，才坚持使用了一种达不到效果的方法。

不要经常惩罚，只针对严重的错误和过失施以惩罚，尤其应该做到公平。孩子特别在意惩罚是否公平，这还意味着孩子应该被告知接下来将会面临什么样的惩罚。司法必然要求懂法。当然，司法也需要有怜悯之心，但怜悯不能被混同为软弱。

怎样才能把握好平衡呢？要记住这一点：要让孩子在事后觉得轻松，不管有没有惩罚，都要把道理搞明白。如果怜悯之心用得恰到好处，那么孩子会感激您，会感到轻松，就像没有犯错、不用接受惩罚一般的轻松。但如果您感觉他很担忧、有攻击性、明显想挑起惩罚，那就说明他身上有什么东西需要通过惩罚来得以纾缓。那肯定是他内心的焦虑，您不知道其根源，因为它们埋藏在无意识心理机制的迷宫深处。

孩子需要您生气并惩罚他，他需要一个敌人。如果您不能成为他表面上的敌人去拯救他，也就是说，如果您不能和他对立起来，那么他内心毫无用处甚至有害的痛苦会将他撕裂，让他变得"贫瘠"，他就会在您毫无知觉的时候把自己当成敌人。

惩罚是有必要的，上述文字已经证明了这一点。如果孩子从来没有被惩罚过，从来都被原谅，他们就会成为不平衡、拘谨、焦虑的青少年或成年人；也有可能有时候会以假装潇洒的方式来伪装自己，这种时候他们是对什么都无所谓的神经症患者，他们背负着精神分析中被称作"失败机制"的病症。他们和那些被过多、过度惩罚的孩子一样，内心深处对自己无比严厉，或更甚。

而那些接受不公平的惩罚早已成为其"家常便饭"的孩子，大部分情况下则会变成极其典型的神经症患者。

下列常见的有害惩罚必须绝对摒除

——幼童：让孩子思过、罚站。

——8岁以上或智力水平相当的孩子：体罚，如打屁股或打耳光。

——任何年龄段的孩子：当众责骂或惩罚，收缴属于孩子的东西，不给孩子饭吃，不给甜食（若是罚不许吃糖、偶尔不许吃巧克力或下午吃面包等点心时不可以涂抹果酱等，这些还可以，但必须是属于您和孩子之间的事）。

——永远不要补罚、隔时惩罚。这种惩罚会给孩子带来负罪感，而不会减轻孩子的心理负担。

——永远不要用收回孩子应得的奖励这种方法去惩罚孩子。所有欠下的东西都应记得给孩子。承诺是神圣的，您不能以孩子没有兑现承诺为借口而不兑现您的承诺。报复不是教育应该使用的手段。

几种行之有效的做法

对待幼儿，禁止的事情要少，少立规矩，但要严格。如果孩子犯了错，就干脆用力地打干了坏事的手、脚或腿。永远不要对孩子生气，但可以对"祸手祸脚"生气。事情过去了就立刻消气。

从两岁左右开始，孩子会用第三人称来称呼自己，他会慢慢具备责任心。大人要帮他，但要防止用负罪感捆绑责任心。您可以用"大凶狗"的神话故事，告诉他让他干坏事的是某个动物、坏怪物。

您要有力、短促地打这个"怪物"（永远不要打脸，永远不要当众）。这个怪物占有了孩子或迫使孩子屈服，让他去做不相干的事。这里也一样，您一定不能和孩子生气。他做坏事是因为他听信了怪物，怪物很强大，您之所以介入就是为了驱赶怪物。（切记，您不会伤心。唉！那些用妈妈伤心、难过等对孩子施加的要挟啊！）

当孩子说"我"的时候，"大猩猩"阶段①就开始了。您的角色就是提醒孩子敌人准备入侵了，告诉他如果他无法独自控制混乱的本能，那就得由您来帮忙。

4～6岁的孩子可以思考，甚至有能力预谋。如果他明知故犯，您就应该生气，坚定地按照你们的约法三章（如果有的话）实施惩罚。但切忌不经过事先警告就直接惩罚孩子。

记住，一定让孩子自由选择。如果他明知后果，依然觉得值得以身试法，那么这是他的权利。用不着为一些不必要的事

---

① 弗朗索瓦兹·多尔多用大猩猩比喻孩子身上尚未成为"人"的那一部分。此后，她始终使用这一隐喻。

情紧紧看住孩子。如果他做成功了什么事情，而且也没有伤害别人，同时您的禁令也没有阻碍他，那么只能说明他是对的。他到了可以抵御您颇为担心的风险的年龄。与其惩罚，您不如和他一起做出取消之前的禁令的决定，但嘱咐他要谨慎三思。

孩子越大，惩罚就越应该减少，取而代之的是补救（如果有第三方受到损害的话）。补救过程也一样，尽可能地减少羞辱。

最后，放开手，让孩子尽其可能去从事创作活动，这会降低他去做禁止的事情的频率。出于这个原因，千万不要收缴孩子的玩具，也不要取消出行，因为出行总是一种很积极地消耗能量的方式，而且总是令人愉悦。

一开始，他可能会比较笨拙。不过，如果他选择做某项家务，那就让他去做吧。在您的信任的支持下，他会做得越来越顺手。

他偷偷看您的书？他想读哪些，就借给他哪些。和他交流。不要拒绝借给他"太超前"的读物。他偷吃巧克力或果酱？把他一周或一个月的定量都给他，让他自己管理。他损毁插座？让他修灯、检查保险丝。

他砸碎了瓷砖？如果他的积蓄或者每周的零花钱（每周都有零花钱比因玩乐或购买学习用品而随时索要好得多）不够支付修补费用，那就替他垫付。如果他因太小而没有零花钱，但又足以感受到责任（7～10岁），就让他自己去找修瓷砖的工人。家长可以要求他为弥补过失出力，但不要因本就已经让他感到后悔的笨拙行为而惩罚他。

　　还有，如果他是因没有判断力而犯下了严重的错，那么不要惩罚他。和孩子一起总结他的行为造成的损失，让他明白您会和他一起共渡难关，让他明白，如果他愿意，您会尽您所能帮助他走出困境。如果他想独自承担责任，那么不要大声指责孩子动小心思或撒谎。没有人会因做错事而感到骄傲。孩子都害怕家长的评判。这不一定是不好的信号。如果情况严重，那就请可以信任的朋友出主意，请教育工作者或教育心理医生提供建议。

16 爱情、婚姻、幸福①

家庭心理问题

也许"家庭"这个词会让往昔旧事带来的忧郁涌上心头，或者让您回想起家庭给予的丰富的资源和家庭关系带来的力量，一种希望，抑或是一种遗憾。也许这个词对您而言是窒息的代名词，是碾压个体的负担的代名词，或是像浇灌了铅一般沉重的心灵的代名词。

不管您是男性还是女性，不管您是成熟的大人还是孩童，不管您是年轻人还是老人，只要您是我的读者，都可以在读到"家庭"这个词后，抬起头来，感受一下这个词在您身上引起的反应。您会觉得您自己的生活与所有的情感紧密相连，这些情感的混合会让"家庭"这个词给每个人一种独特的回音。

---

① 《法国女性》，1946 年 4 月 1 日、4 月 8 日。

近年来，我们的国家察觉到了人口老龄化的趋势，他们不再创造财富，他们被年青一代取代，然而后来者的数量却并不足。从那以后，对家庭的社会补贴、住房补贴，对家庭利益和尊严的维护等都成了很热门的话题。但我们今天要谈的不是人口学或社会问题，我们要探讨的是心理层面的问题。这些问题非常多。我们确信，如果读者对这些话题感兴趣的话，就会自己向我们提问①。

比如，家庭教育，孩子个性的解放，孩子的未来，如何让年轻人在不丧失创新和变革精神的前提下保持对父母的尊重，对孩子的道德教育中父亲的角色和责任、母亲的角色和责任，性格问题上不好相处与病态之间的界限，家庭中的爱恨情仇，多子家庭中特有的问题，独生子女家庭中特有的问题，非血缘关系家庭中特有的问题（领养的孩子、被承认的亲生孩子、继父、继母），孤儿、离异家庭的孩子的心理问题，婆婆或岳母问题（也许有人会笑，但有时候这的确是个问题），家庭成员的貌合神离，配偶中其中一位长期不顾家，离婚引发的问题，等等。

这些话题涉及面很广。所有这些问题中，首先，我们有必要果断地探讨一切家庭问题之根源——夫妻问题。我不是说没有矛盾的夫妻就没有家庭问题要解决。生活本身就会通过各种考验和哀悼制造足够多的矛盾。但必须承认，如果夫妻的社会

① 见本书第 108 页。

地位稳定，感情又牢固，那么在面对现实生活的考验时，这类家庭中轻易不会出现各种心理或情感方面的问题。相反，上述问题是夫妻感情不扎实的家庭中的"家常便饭"。

很多夫妻相互抱怨对方。即便他们没有公开向别人诉苦，他们也会在家庭的私密环境中相互攻击对方。如果我们长期在这种状态中生活，那么也许最后，我们会觉得这真的很正常，因为没有人尝试用任何办法去改变这种共同的心理状态。戏剧和文学几乎都从这里汲取灵感，因为据说，幸福的人没有故事可讲。当然偶尔会有例外。但在小城市中，夫妻深爱对方，还被幸福的孩子们绕膝的家庭屈指可数。如果有，我们会说他们"运气很好"。运气好没错，但也可能是他们主动寻找了运气，为这种幸福创造了条件。

难道真的存在一些维持幸福的条件，我们需要事先了解它们，才能在生活中遇到的人中间做出正确的选择，从而有更多的可能让婚姻幸福？这是肯定的。您可能听说过"笔迹分析"，即专门研究"未来双方"的书写笔迹，以求知道他们是否是天生一对。您可能也听说过星象学专家建议甲星座的人找乙星座的人结婚，要避开丙星座的人。但心理学家，尤其是其中的精神分析师，他们很清楚有些人会专门找让他痛苦的人一起生活，或者看上去是在专门寻找这类人（因为他们并没有意识到这一点，而且因此而痛苦）。

"我的运气真差。"一个年轻人抱怨道。"我碰上的每一个女人都善于卖弄风情，而且狡猾、自私。"然而，如果您询问这位年轻人的生活细节，他就会亲自告诉您，他喜欢的女人必须这样或那样，实际上他说的就是让他痛苦的女人们的共同人格特点。要是更深入地分析其夫妻关系，您就会发现，他口中的这个女人是因他而变得善于卖弄风情、狡猾、自私的，她和其他配偶在一起时完全可以是另一个人，而且她结婚前也根本不像现在这样。而且，他埋怨的女人也在埋怨他，说他自私、乱花钱、不关心她，她说的也是对的。双方都认为自己有理，但他们又分别是影响对方的决定性因素。"只要我和这个女人在一起，我就一无是处。"男人这样说。女人的说法也如出一辙。

我特意不把情况说得更复杂，没有在这对夫妻的生活中加入一个或几个孩子，以及婆婆、岳母……这两人就足以把生活变成地狱，他们的生活彻底失败。你们知道，第三个人的出现只会将局面搞得更加混乱，因为这个人会觉得自己有义务在两者之中选择立场。难道问题的根本是说清楚谁有理吗？就好像交通事故一样，这种夫妻的日常生活就是在不停地撞车，事故双方竭力证明对方全责，四处找人作证。在交通事故中，如果有物质损失，就会有物质赔偿，责任方承担损失。但如果心灵的生活被毁得难以为继，那么，无论是否按规章行驶、是否有理，都不能够补偿两颗破碎的心。

如果父亲或母亲都无力将自己融入孩子期望的画面中，那么无论说他们谁有理，都只能加重孩子的不安。当然，在养育孩子方面，他们中的其中一位可能履行的义务更多一点，法官会决定将孩子的抚养权交给这一位。但对孩子来说，内心的悲痛依然存在。他会被抚养、被照料,这当然很好,这无可否认;但孩子的心无法得到慰藉,因为孩子需要哀悼他对父母中的另一位的尊敬。有多少孩子、有多少我的读者就是这种关系破碎的夫妻的孩子!他们对自己说的是:"我还不如不出生呢。那样的话,生活对于爸爸或妈妈来说可能就不会那么难了。"有多少孩子会对自己说:"我长大后不结婚。太不幸了。"

事实是,长大后他们还是会结婚的,但他们却不理解父母婚姻的悲剧根源所在(理解的意思是超越评判父母这个高度)。事实是,这些孩子会在自己身上复制父母的错误,仿佛内在机制在推动着他们,让他们变得像父母一样。哪怕是曾经让他们痛苦的错误,他们也照抄不误。

是什么力量推动着人们走向对方并一起生活?怎样避免错误的选择?怎样才能增加婚姻幸福的机会?没有灵丹妙药,但是可以研究。每个人从儿时起就对夫妻有自己的理解,随着情感的不断成熟,这种理解会逐渐加入新的生物本能,从而变得更加丰富。要研究的就是这种理解在不同阶段的变化。

人从孩子成长为年轻的男人或女人,他们会在爱的客体上寻找最接近自己理想的人,以使自己完满。这种选择方式会将人拉入危险的婚姻之中。如果有健康的教育和和睦的家庭,那么女孩应该在 20 岁左右情感成熟,男孩再稍微晚一些。具体表现是:寻找互补的人的欲望发生变化,这个阶段要找的人应该是能够与之共同营造崭新的、有创造力的氛围的人,两个人的依恋关系全然不同于之前。在这样的氛围中,两个人被创造长远未来的意愿驱动，他们会满怀热情地去实现这一意愿。如果两个人都受到这种个人的、生物的、有创造力的动因的驱动，那么他们因共同承诺而进入的婚姻一定能够为双方带来幸福的情感生活。

怎样提高婚姻幸福的概率

不幸福的夫妻生活不和谐、双方不匹配，这给在共同生活中本来就会遇到的考验增添了难度。有了孩子之后，孩子成长过程中的教育也会遇到更多的困难。这方面的失败能避免吗？怎么做？

是啊，不幸福的夫妻，万念俱灰的配偶，已成冤家、形同陌路的配偶，这些都太常见。唉！但必须得说，这是我们社会中的一种疾病。如果"正常"的意思是"健康"，或简单一点，只是"自然"——健康平衡的本能，那这种疾病绝对不"正常"。

我们经常听到这样的话：夫妻关系出了问题，但错在某一方；或某人婚姻不幸，令人同情，言下之意是此人自己是个好人。一般来讲，被指出有错的是面对不幸采取行动的一方；而剩下的那一方，即"好人"，自觉无力改变不幸，只能委曲求全，但同时，他表现出自认为能给自己的形象增辉的道德品质，也就是放弃所有丰富的生殖生活（vie génitale），由此来获得好人的角色。很可惜，在我们生活的世界中，人们往往因受害人的角色而获得尊重；而实际上，这其实是当事人在考验中成为胜者的方法。痛苦本应是激起尊重的唯一源泉，却被他利用了。同情和帮助不应等同于尊重。这就是错误所在。

　　我这里谈的不包括那些明知婚姻建立在谎言和敌对关系之上还故意为之的夫妻。这种人永远都会有，他们永远都配不上"配偶"这种叫法。他们不会"互相欺骗"。不是真正亲密的人，他们连骗都不想骗。我只想和出发点良好的男女们谈一谈，他们怀着真诚的心，确定在遇到了人生伴侣后，会想与对方稳定、持久地生活。他们怎样才能不看走眼，为自己争取尽可能多的机会呢？

　　让我们来比较一下。如果要做一件从来没做过的事，如去一个不熟悉的国家旅行，那么我们会认认真真进行了准备之后，才敢让自己去经受真正的考验。只有一切准备就绪，靠自己的力量创造了条件，并能用一切办法驾驭外界条件，这个时候才会允许自己出发。这叫谨慎。有多少年轻男女毫无准备、未经考验就莽莽撞撞地奔向了婚姻？在过来人的眼里，不管配偶是谁，这样的年轻人都极有可能毁掉自己的婚姻生活。

　　相反，现在的年轻人心态不良，他们先不看自己能否经得起考验，而是认为自己很强大，订婚后会尝试用多种手段，如让对方嫉妒等，以求知道对方是不是真的爱自己。心理学家马上就会说，如此行事的人根本不爱未来的伴侣，这样做必然会毁了自己的婚姻。

　　订了婚的情侣，不要互相考验对方，先考验自己吧。怎么做呢？

　　自然有其规律，生物也有其规律。大树得首先枝叶茂盛，才能开花结果。不能操之过急。同样，人格发展也遵循一定的规律。我们必须得承认这一点。婚姻的年龄就是含苞欲放的年龄，既非发芽又非盛放。

在感情生活中，对真命天子的选择要经历哪些变化？

从孩提时代起，我们每一个人都会抱着一个想法：有一个人专为我的爱而存在。"爱"这个词意味着三个层面的吸引：肉体、温情和大脑。人的和谐发展（即便在文明社会，这也不一定总能实现）意味着智力（智慧）、情感（心灵）和身体（本能）同步发展。

大家都知道，两三岁起，男孩或女孩都会有自己的意中人，并想象与之结婚："我长大后，我要娶妈妈（或嫁给爸爸）。"他们会在想象中实现自己的愿望。孩子要把自己和一个代表强大力量的人结合在一起，他在这段想象的婚姻中只满足了自己的需要。如果是女孩，那么，她找不到比她的父亲更具吸引力的人了；如果是男孩，那么，他的母亲自然就成了其欲望的客体。这个爱恋阶段在心理学里被称作"俄狄浦斯"阶段。俄狄浦斯是希腊神话中的人物，命运让他弑父并娶亲生母亲为妻，并用余生为这非故意为之的乱伦付出代价。

再过几岁，如果俄狄浦斯阶段顺利度过，即俄狄浦斯情结得到解决，孩子在选择心上人时，就会将目光转向另一个自己。一般会是同龄、同性别的小朋友，会是一个基本同龄或略微年长一些、无话不说的好朋友，会是孩子愿意与之分享所有的想法和快乐的另一个自己。有时候，彼此会有严重分歧，也正由于不想因此而彻底决裂，分歧才更具暴力。而和解只是为了走向下一个分歧。拥有这种跌跌撞撞的友情是孩子的特点，这说明孩子正在抗争自己的某一部分。他选择与对方做朋友，正是因为在对方身上看到了自己，也正因此，他会与对方发生不快。这种爱的选择被称为自恋选择（纳西索斯选择）。纳西索斯也是希腊神话里的人物。他爱上了自己的形象，在水中寻找自己的倒影。传说他因此溺水而亡，他溺水之处开出了美丽的纳西索斯花（水仙）。

以同性朋友为对象的自恋型爱恋阶段过后，孩子进入下一阶段。此时，孩子爱慕的对象是异性，但其模式还是自恋模式。男孩会选择外表漂亮的女孩；女孩也一样，会选择她愿意挽着其胳膊散步的男孩。这个年龄阶段，爱恋的对象依然是某种形象。（爱上电影明星就是最好的写照。）这个阶段正是孩子进入青春期的时候。从现在起，如果没有神经症，那么心上人一直都会是异性。

下一个情感发展期的特点就是寻找自我的另一半。两个人相互选择，不是为了被对方崇拜，而是因为在内心爱着对方时会觉得自己更强大，更是因为有了对方后，自己在所有的社会活动中都会变得更加高效、更能绽放自我。这时的选择不再是自私的选择，而是在很大程度上慷慨的选择。这个年龄的男女都在寻找对方，他们的交往相对持久，他们互赠礼物、互通书信。这个年龄的人爱挑逗、试探对方的情意。随着自身的发展，如果某段恋爱关系不再适合自己，他们就会去寻找下一段恋情。这个年龄的人也容易瞬间坠入爱河，随之而来的可能就是厌倦和失望，因为人总是变得很快，不能总是适合对方。而且他们的确容易朝秦暮楚，因为爱情只是他们生活中的一部分，不一定是最重要的一部分。情感和身体发展的同时，智力也在发展。个性变得明显，人会选择自己的社会生活方向，会通过劳动获取社会地位，获取与自己能力和爱好相符的位置。生殖力的渐渐萌发给了他们信心、自我意识和责任感，还有为生命而斗争的力量，只是他们自己还不知道而已。

这个年龄的人，智力、情感和身体三个层面都逐渐成熟，完整的成年人开始形成。人对另一个人的选择也进入了新的阶段，人会为了建立稳定的、有创造力的夫妻关系去选择另一个人。"被爱的人"（情感选择）、"被尊重的人"（智力选择）、"对之有欲望的人"（身体选择）合为一体。对方身上有着各种优点，也会畅想未来，双方在各方面都融为一体，一样愿意为共同规划的事业奋斗，而孩子就是事业的最佳象征。共同规划的事业，可以是一项社会的或者人文的事业。不管是什么，正是共同的事业、共同希冀与盼望的果实让双方做出决定，结成稳定的夫妻。但做出决定的前提就是双方在三方面（智力、情感和身体）和谐一致。

从寻找爱的客体这个角度来看，人从出生到成年的和谐发展就是如此。我们刚才说过，大树不能不长树叶、不开花就先结果。人也不可能违背生物规律。如果还没成年（这里说的不仅包括生理的成熟，而且包括心智和思维的成熟），就不可能假扮丈夫和妻子。然而，只有生理的成熟可以从外表看出来，其他层面的成熟只能通过生活中的种种行为反映出来。但如果每个人都愿意和自己坦诚相对的话，就有办法知道自己的选择的驱动力是什么了。这个驱动力取决于他达到了情感发展的哪个阶段。

有多少成年男女，其心理和情感都停留在了儿童阶段！他们做出了关于社会生活的决定，建立了家庭，但此时他们自身的状态尚不稳固，因为他们尚处于儿童阶段，他们的自然发展迟早会反过来否定他们做出的选择。到那时，现在的选择就不再符合他们的需求了。在这种情况下，出于对诞生在这一家庭中的孩子的利益的考虑，也许成年男女有必要忠实于当年做出的糊涂的选择。但这种忠实会制造痛苦，甚至会导致其在社会上的失败。

要避免这些痛苦和失败，就应该鼓励年轻人多多提高自己，而不要急于在基础不牢固的时候成家，那样的家徒有其表。如果配偶只符合完全成熟阶段之前的选择标准，那么婚姻是不牢固的。然而我们现在的社会当中，有很多男女在爱情和性（身体）的发展上滞缓或遭遇停滞。这可能是过度刺激智力发展的后果。不管怎样，如果双方只有身体是成人的身体，而心智和思维却停留在儿童阶段，那么这样的婚姻是不可取的。同样，如果双方只有亲情却没有身体上的相互吸引，或者只靠理智决定结婚而身体和思想都毫无热情，那么这样的婚姻也一样不可取。

也许有人会反驳，虽然开始时的确有缺憾，但有些夫妻还是经受住了时间的考验。我们不应期待例外，也不应以例外为努力的方向。他们中有多少人深陷痛苦的泥沼，有多少人经历了痛苦！有多少人只是勉强维持着婚姻关系，而心中却满是对错过的生活的酸楚向往！

　　美好的未来不属于晚婚的人，而属于情感生活发展平衡、没有障碍的年轻人。我们不想倡导过早体验性生活或试婚。但在童年和青年的每一个阶段，个体都应自由地去体验相对应的爱恋生活。唯此，当身体到了成熟年龄时，年轻男性和女性才能同步自然地进入情感成熟阶段。

　　这经常导致悲剧的发生：年轻男女到了身体成熟的年龄，身体有成年人的性需求，但情感成熟度、"恋爱年龄"却不相匹配，可能仅与 8～15 岁（或更小）的人的恋爱年龄相仿。于是，面对身体需求，他们束手无策，因为他们没有感知到这些需求在增加与发展，没有学过怎样了解并控制它们，也就是说，不知道怎样把这方面的需求与心智和思维结合起来。他们更多学到的是如何蔑视这种本能，殊不知这种本能正是自己生育能力的本源所在。此外，他们还学到的是因自己感受到这些需求而蔑视自己。这完全不是在为幸福婚姻做准备，而是在背道而驰。

　　一个年轻男子（或女子）恋爱了。他该怎么做才能磨炼自己，了解他向往的婚姻能否给他带来幸福？他可以自问，思考自己的选择属于哪一种类型。

——在"儿童式"爱慕的选择模式中，我们需要比自己更稳定、更安全的人，我们期待对方给予我们后盾支持，但却不打算奉献什么。意中人的吸引力的基础在此吗？如果是，那么婚姻一定会让较年轻的那一方永远处在被监护的地位。也许他会幸福，但永远无法完全实现自我。

　　——依旧属于儿童时代的、出于寻找另一个自己的需要而做出选择的模式是否已被超越？年轻男性有时会惊讶地发现，他们之所以爱慕自己追求的女人，只不过是因为此人是他们男性好友的姐妹、朋友甚至是情人。如果是这样，那么千万不要和她结婚！因为这样的女性之所以被爱慕，不过是因为她是"男性朋友"的替身。一旦成为妻子，她的身份就会与原来脱离，她就会只属于她的丈夫。这样，对丈夫而言，她就失去了原有的意义。

　　——友谊爱慕的选择模式中，有嫉妒、争执、不快、和好、绝望、改变的需求。这种模式没被超越？若如此，那就不要用婚姻固定两人的关系，因为这样的婚姻中的感情生活一定会阴晴不定，甚至会有暴风骤雨。

　　——喜欢挑逗、试探对方的情意的选择模式是否真的已经成为过去式了？如果我们人为地、理智地决定不再这样，然而内心深处还是觉得这种模式很令人愉快，那就表明我们还没有成熟到可以步入婚姻的程度。等待，是更为谨慎的做法。

　　——年轻男子（或女子）是否觉得自己拥有强大的力量？还是深感自卑？他（她）是否期待对方帮自己让这种感觉消失？还

是他(她)感觉自己被困于智力、情感和身体的儿童状态，期待通过婚姻让自己有所变化？如果是这样，那么他(她)一定会失望。

——决定安顿下来是因为总有一天要"有个了结"？要给自己"找个家"？出于各种"方便"？还是真的要走向一个充满力量和勇气的起点？

——对伴侣是否有尊重、欲望和柔情？还是在婚姻必需的这三个层面上有所缺失？若是，则有失败的危险。

——是否已做好准备，愿意和心上人一起在必要的时候离开自己的家？这里说的不是一气之下逃离家庭，而是为了让婚姻成功，能够开花结果。比如说，如果丈夫有工作上的需要的话。如果答案是肯定的，那么首先这就表示双方是相互信任的，也表示共同生活比私心或无产出的依恋更为重要。孩子对父母的爱当然无可指摘，但这种依恋没有孕育力，不应该对孕育造成阻碍，不应该阻拦我们和自己选择的、深爱的、尊重的、对其有欲望的配偶共同创造未来。

以上这些就是未来的夫妻应该让自己经受的检验。如果一个人能够与自己以真心相对，能够判断自己确实到达了这种成熟阶段，那么他就没有弄错。不管生活会有什么样的意外，他的婚姻一定会结出果实。不管发生什么，他一定不会后悔，他会告诉自己，如果重新选择，那么他还会选择同一个人。

如果在对自己的询问中，未来夫妻中的双方不能对这些问题做出明确的回答，那么就应该延长订婚阶段，或者勇敢地分手。与其在错误中将就，不如什么都不要。

　　订婚阶段是一段美好的时间，在此期间，我们对另一个人充满信念，同时又考验自己，所以，这也是重要的时期。如果这段时间自由、美满地度过，那么，心上人会慢慢变成所有思想、欲望、柔情的中心。这个过程不是靠努力或理智决定的，而是每时每刻感受到的。这样，年轻男女会最终确定走到一起，尽管还有其他可能向他们招手，但他们已经不会再受到诱惑，也不会为错过什么而遗憾。不再有其他的诱惑（智力、情感、身体）能够与他们全身心确定的选择相抗衡。这时，相互托付终身、携手共创超越各自视野和生命的作品，并为此奉献自己的年龄已经到来。他们的婚姻一定会幸福而丰富。

17　第二条脐带①

　　不，这不是新的、未知的不正常现象。很可惜这种现象早已太过频繁。孩子与父母尤其与母亲之间有一条微妙的精神纽带，有时这条纽带会变成坚不可摧的、不给"小囚徒"任何自由的钢链。我把这条纽带称为"第二条脐带"。

　　你们都见过某些养狗的女人。据说她们怀不上孩子（这种说法十分耐人寻味）。如果没有女主人的允许，小狗就哪里都不能去。跑跳、叫吠、闻嗅、睡觉、吃饭、尿尿，都必须在女主人温柔善意的注视下或她的命令下进行。关于小狗需要什么，她永远都比别人知道得多，尤其比小狗更清楚。小狗呢，当然就得责无旁贷地崇拜女主人，不然就得不到生存必需品。女主人以狗的名义买到"爱情"，强行改变小狗的本能。（孤独的宠物变得又懒又馋、肥

---

　　①　经弗朗西斯·马登斯和拉舍尔·克拉迈尔曼授权，1947年。

胖笨拙。)如果小狗在长大的过程中显露出狗的本性,女主人就断定小狗是在要求做阉割手术。如果是母狗,到了发情期,女主人就会让它避开其他教养不好的狗,免得它遭到攻击。如果它的健康出了问题,女主人就会根据兽医的建议,选择一只(被)付费配偶,把它们关在一起,以制造出几只商业性的小狗崽。我还忘了说,如果小狗生病,那么连它生的病都不属于它自己。"它给我生了这种或那种病。"女主人会这么说。原来,小狗生病也是生给她看的,而在给它治病时,她觉得值得关注的是自己。

小狗也就算了。但多少小孩在父母眼里不过是父母的宠物?父母对自己做的这种不好的事情毫无知觉。我也不怪他们,但我要向女性拉响警报,因为家庭气氛在很大程度上取决于她们。

小孩既非活的玩具娃娃亦不是动物。心理上,父母想通过孩子满足自己的虚荣心,全然不顾乃至绝对蔑视孩子的性格以及他作为自由的人本身的天性。他们不是在抚养孩子,而是在驯养、监视、恭维、购买孩子。遭到这般毒害的孩子有个名字:教养良好的孩子。

我们的年轻人,我们的年轻父母,必须要与这种比比皆是的荒唐行径决裂,它们已经制造了太多的个人甚至社会悲剧。我们不仅应让孩子的身体拥有自由,也应让他们的心灵和思想拥有自由。

母体怀胎九月。在身体有独立的呼吸能力之前,胎儿可以通过脐带成长。自出生那一天起,身体诞生,家庭有义务给孩子提供饮食，满足他的需要，还有必要让孩子获得心灵和思想上的食粮。这样，到了 6 岁左右，他才能作为一个有意识的个体在社会上"诞生"。供他成长的第一个子宫只能在母体里，第二个子宫是物质、道德和精神层面的，那就是他的家庭。

从出生到 6 岁这段时间是社会个体在家庭中的孕育时间。胎儿在母亲子宫里可以按照自己的节奏，根据胚胎发展的规律，自由地学做生物意义上的人。母亲只需照顾好自己的身体，保证卫生健康的生活习惯，人的生物特质就会在通过脐带给胎儿提供必要的养分的过程中慢慢形成。

同样，在社会人的孕育过程中，父母通过言传身教、家庭的情感和道德气氛、父母与不相识的人的相处方式来引导孩子成人。阻止、纠正、命令或建议，这些无法让孩子有能力自由生活或用自由的意识控制行为。

这几年的时间是为孩子进入社会生活做准备的时间，可惜却往往"流产"。这段时间中，满足需求会带来喜悦，遇到挫折会带来痛苦。孩子本应通过这些日常的感受获得经验，但他却遭到父母的随意禁止，行动、情感的自由和学习知识的好奇心统统被剥夺。我们在身边见过多少这样的孩子啊！他们体魄健康，不愁吃穿，然而却满脸疲惫、神色黯然、萎靡不振。他们永远停留在小孩阶段（听到了吗？是永远），被剥夺了全部或部分能力（说实在的，性无能只是人的各种无能的最后一章）。他们的创造本能受到了永远的伤害，遭到了永远的扼杀。而创造本能是地球上唯一把人类和动物区分开来的特点。

相反，不管孩子的家庭环境如何，家庭是否平衡，如果孩子的情感、判断、冲动和行动是自由的（当然是在不影响别人的行动自由的前提下），他就会是一个有自信、积极、心理和精神健康的人。到了学龄期这个需要别人的阶段，他不会变得自私自闭、胆小脆弱、愤世嫉俗，而是对自己充满信心，自由结交朋友，保护自己，自由保护自己的独立，承受社会秩序所需的外在约束，因为他在感情和思想上感受到自己是自由的。第二条脐带自己就会断开，果实会成熟，他的思想意识会健康地"诞生"。他知道自己什么时候做得对，他不需要大人表扬，相反，他对自己感到很满意。这样的孩子多幸福啊！如果遭到失败，那么孩子也会安慰自己，想到获得的经验，而不会被毫无意义的自我贬低淹没。这样的孩子多幸福啊！这才是自由的人。

18   如何让孩子形成意识①

　　以不让别人批评为目的做出的行为不一定是好的行为。我们都听过《磨坊主、儿子和驴》的寓言故事。

　　要告诉孩子，取悦大人不一定是件好事，哪怕这个大人就是他的母亲。对自己满意、接受自己，这是孩子在做对了事情的时候唯一应该有的感受。告诉我们的孩子，要学会因自己而高兴，不管大人是否表扬了自己，甚至有时候即便遭到大人批评也不受影响。要让大人觉得我们有和他们的想法、感觉、判断不一样的自由，同时还继续爱我们。

　　把孩子放在一个没有危险的环境里，让他自由。他悲伤时，如果可以，就给他安慰；如果做不到，那至少可以不表态，千万不要因他痛苦而责怪他，更不要因他的伤心事而嘲

---

① 经弗朗西斯·马登斯和拉舍尔·克拉迈尔曼授权，1947 年。

172 ·教育的出路·

笑他。

孩子叫喊或哭泣，那是因为他的身心在经受痛苦。如果事情很严重，或者我们有时间，那就做点什么帮助他；如果事情不是很严重，或者我们没时间，那就说点什么鼓励他。

如果他们因我们而痛苦，那就向他道歉，给他叫喊或哭泣的权利。我们所做的事情真的是必要的吗？如果是，那我们做的就是对的，孩子的感觉也会是好的，就算他伤心也没关系；如果不是，那我们做的就是不对的，而且我们和哭得很委屈的孩子一样很明白这一点。这时，我们应该认错。如果我们发现他要一些小心思实施报复，那就装没看见，或者更好的做法是向他承认我们的确有点自作自受。每个家长都会有做法不公平的时候，在这一方面，对自己严格要求的家长更是如此。如果孩子能感受到家长真诚的良好意愿，如果他在自己不开心的时候依然能感觉到家长的爱和尊重，那他就能够忍受父母非故意为之的不公平。

孩子对自己感到满意的时候，如果大人也对他一样满意，那是很令人愉快的；反之，对孩子而言，这就会是一次挫折。

我们应该帮助孩子去判断自己行为的后果。如果对此孩子和我们的看法不同，那就把我们的看法告诉他，但要尊重他的意见。如果他违反了一条他知道的规定，并且的确造成了不好的后果，那就实施预先约定的、他也事先知晓的惩罚措施。当然，如果可能的话，帮他补救。禁令应该只针对真正对他有害的事情，或因为缺少经验，他现在还不能做的事情。

在人的生活中，所有的禁令都是暂时的，而且只针对某些人。孩子在很小的时候就应该知道，有些事情之所以被禁止是出于谨慎，所有的障碍早晚有一天会被克服，家长实施所有的禁令都会在某一天被取消，那一天就是他对自己的身体有足够的驾驭能力、知道自己能做什么的时候。

那一天到来之前，一切能帮他训练身体各部分的活动都应该让他去做，不管他做得多么笨拙。孩子稍大一点的时候，对于所有因好奇而提出的问题，家长都要给出真实的回答，永远不要说"跟你没关系"。如果您不知道答案，那就说不知道。知识世界中没有禁地，但知识是要去征服的。我们作为人，都会有极限，这是我们唯一需要去找到的极限。

我们要教会孩子，如果该做的努力都已经付出，那么不管结果好坏，都应心平气和地面对。如果我们自己做的事情失败了，那就是一种挫折。挫折本身并无价值，我们也从未感到过满意。但如果我们接受了挫折，并且由此变得更勇敢、更明智、更谨慎，那我们就向着自我控制又前进了一步。不管别人怎么评价，我们知道失败也有意义，这样我们就不会再为此哀叹。

所以，永远都不要因孩子学习成绩不好，因他的缺点或他的悲伤与痛苦而责怪他。要帮他直面失败，拒绝贬低自我，帮他找到失败的原因。如果他愿意，就帮他一起找到战胜未来的方法。

19　父母的年龄^①

　　"父母的年龄"是个庞大的主题，因为其实什么年龄的父母
都有。我们不可能以某些父母"太小"或"太老"为借口，让他们
把生出来的孩子摆脱掉。因此，我们需要从侧面来探讨这个问
题：如果父母处于这样或那样的年龄，那么孩子身上会发生什
么？最适合做父母的年龄是多大？

　　我们开场就把这个问题排除：父母怀孕时的年龄有可能与
孩子的某些健康问题有关。这是遗传基因学的研究范畴，不是
我的领域。我只是从心理的角度去看这个问题，所以我会根据
父母与孩子各自的年龄，和大家探讨父母与孩子之间的情感
互动。

　　我在思考今天这个讲座的内容的时候，和我的孩子们讨论

---

① 《父母学习》，1954 年 2 月。

了一下。我告诉他们讲座的主题是父母的年龄。"啊!"我家快11岁的老大立刻说,"学校里也讨论了,因为有的同学的父母特别年轻,有的同学的父母跟你一样有点老!""是啊,所以呢?""你知道,有很多不同意见,大家的意见各不相同。""你呢?""我?我觉得父母稍微老一点更好。""为什么?""因为,父母年纪稍大一点的话,他们就会有丰富的经历。活的时间越长,结交的朋友就越多:每年都会认识新朋友。所以,比起年轻的父母,年纪大一点的父母的朋友更多。那样,待他们去世的时候,我们的朋友也会多一点,比起年轻的父母的孩子,我们的处境就不会那么危险。"

我之所以向大家转述和孩子的这段对话,是因为这是理论上说的孩子的需求的最好体现:他需要被保护。当然,这只不过是一个11岁孩子说的话,大家就这么一听即可。

我和他接着谈。"关于年纪大一点的父母,就这些可说的吗?""年纪大一点的父母不学习了,就可以给我们解释很多东西;年轻的父母自己还得考试,我们根本不可能和他们聊天。"

我还想再让他找出点理由来。"你明白吧,老了以后就知道自己有没有挣到钱了。如果挣到了,就会想挣钱也不难,然后就会允许孩子去花钱;如果没挣到,就会想挣钱很难,那孩子就没钱花。""你是说咱们家吗?""不,但有些同学的钱比我的多多了。""那是为什么?他们的父母很老吗?""不是,不比你老,但他们挣得比你多……"我儿子没能圆满地论述他的想法。

我之所以向大家转述这部分谈话的内容,是因为我们能从中看出孩子的评价依据主要集中在安全感上：年纪大的朋友更多；年纪大的可以在金钱问题上帮助孩子；年纪大的懂的比孩子多，家长懂的越多，对孩子就越有利。说到底，孩子从心底深处认为自己需要利用家长：他就根植在支持他、帮助他的父母身上了。

我儿子还说了别的："年纪大的父母会让我们和年轻人一起玩，不会总跟着。""那年轻一点的父母还有优势吗？""关注点一致啊。这样很让人开心。不过除此以外就显得有点烦人了。他们想看同样的比赛，还有，他们的想法永远和别人不一样，他们永远不满意。"

你们看到，虽然父母年轻有时候对孩子来说是一项优势，但有时也会让他们感到不舒服。稍后我会再谈这一点。

除了这个儿子，我还有两个孩子，一个 9 岁，另一个 7 岁。我也想和他们聊一聊，但没成功。"我无所谓。"9 岁的那个说。"你这样就挺好的。"这是 7 岁的女儿说的。他们两个都没能达到就此主题泛泛地讨论一下的水平。

孩子小的时候，他不会去评价自己的父母；但从十一二岁开始，他就开始思考这个问题了。之前，他生活在父母营造的气氛里，对他来说这种气氛没什么可谈的，就是好的。连我的老大都觉得我们给他的气氛是最好的，但他同时也想了一下，如果要取代自己的父母的话，什么样的人是最理想的，如朋友。

在这种条件下，再去简单追问在哪个年龄做父母比较好就没有意义了。而且，我也见过有些特别年轻的父母能够彻底实现自我。但我得承认，在年龄相对较大的夫妻那里，第一个孩子（往往会是独生子女）降临后，孩子的发展可能会遇到一些困难。这里的问题和多子家庭中的某个孩子的问题截然不同。后面这种情况下，某个孩子诞生时，父母的确有了一定的年纪，所以，从某种程度上来讲，老小也是兄姐的孩子。有个多子家庭中的男孩就说："我是 7 个父母的独生子！"真正有问题的，是我刚才说的第一种情况下的孩子。

所以，我们感兴趣的是高龄得子的父母。如果没有其他孩子（其实这种情况是最常见的），那么这个孩子在发展过程中遭遇的困难和独生子女遭遇的困难如出一辙：他感觉自己是父母的唯一重心，身负父母所有的希望。此外，在成长的过程中，他想象自己长大成人后的形象完全建立在父母的形象之上，也就是说，他自己长成年轻人时的形象完全与父母日渐衰老的形象相对应。这会是一个巨大的困难，但只要父母明白其中的道理，让孩子多和同龄的年轻人相处，也可以转劣势为优势。父母要学会不跟孩子说他们年纪大（这会让孩子非常沮丧），而是告诉他，父母的想法他不要模仿。这样，孩子就会很快找到替代者，尤其是当和父母交往的人中有中间年龄段的人时，更是如此。

但童年时期，孩子依然会过得比较困难：7～9 岁的孩子不能没有让他感到完美无暇的父母。他很难想象父母不孕。但独生子女就会这样去想他的父母，因为他在画面中看不到自己：

由于他是独自一人，他会认为父母没有办法有孩子。多子家庭中的老小面临的问题是没有比自己更小的弟弟妹妹，但因为有哥哥姐姐，所以他的父母的形象不会是不孕的形象。唯有高龄父母的独生子女才真正处于不利的环境中。孩子会听到他们说："我们已经老了。"这样，在 7～9 岁的孩子心中，自己也会是年老力衰的形象。

但在大部分情况下，身份信息上所写的父母的年龄并非很重要。我主要想给大家讲一讲，孩子在发展成长中所需的父母的爱是什么样的。显然，父母的爱应该形式多样。当然，我先提醒大家一下，不要教条地、绝对化地理解我说的话。比如说，孩子需要的父母不能是占有型的，也不能把孩子当成玩具来玩。话说回来，如果孩子觉得父母一丁点儿占有欲都没有，那么孩子一定会非常伤心。孩子应该感觉到父母认为孩子属于他们，但是他也需要感觉到他不仅仅属于父母，感觉到父母愿意将他出借给别人。他们的占有欲不应该像小女孩对玩具娃娃的占有欲那样，宁可把娃娃锁在柜子里，也不愿意把它借给邻家的小女孩。

父母的占有欲和身份信息上的年龄无关。对于母亲而言，这主要取决于她是在什么年龄成为母亲的；而对于父亲来说，这主要取决于他从情感上是如何接受自己成为父亲的。

还有一种爱会让孩子变得脆弱，那就是"认同"的爱。当然，在这个问题上一样要处理好平衡关系：父母应该学会使用孩子的语言。要想做到这一点，父母就必须把自己当成孩子。

新生儿看到别人对他笑时会很快乐，而显然如果别人对他说长篇大论的有多么爱他的话，那么他不会有任何反应。所以，懂得怎么使用孩子的语言非常有必要。但同时，这只能是暂时的，因为人不可能永远完全地把自己等同于孩子。

我们经常看到有些父母不让孩子在 8 岁之前骑车，就因为他们自己没有在这个年龄学会骑车。还有的父母不让孩子在 13 岁之前读高乃依的作品，原因仅仅就是他们自己小时候也不被允许。这样的父母始终在自己与孩子之间画等号，这会让孩子非常郁闷。

我在这里特意选择了情感介入不是很明显的例子。但是，如果父母始终把孩子与自己混同的话，孩子就会感觉像瘫痪了一般。每当他要想做什么时，他就会想，妈妈肯定觉得我会失败，我会干件蠢事。父母对他说了太多这样的话："我在你这么大的时候，我要是这么干，父母会怎么跟我说！"永久的同一化，会把孩子变成一个彻底的寄生人。

不过，有时候孩子想做的事情的确会有一点危险。在这种情况下，父母应该学会换位思考，否则，孩子可能会遇上麻烦，因为父母只知道把孩子当作父母自己，也就是成年人。刚才我谈到有一些父母一直把自己当作孩子本人，但现在讲到的这些父母又反过来始终把孩子当作成年人。父母想把这样的想法灌输给孩子："你要是想做我的儿子，就必须和我一样优秀。我跑一段距离只需要 20 分钟，还一点都不累，你也应该和我一样。"

刚才提到的这两种父母与孩子之间混同的模式都非常有害。父母应该学会换位思考，懂得不能要求孩子与自己一样优秀，但也应该明白有的时候孩子愿意把自己当作成年人。

有些父母就是这样。请朋友来家里吃饭的时候，不让10～12岁甚至15～16岁的孩子一起上桌吃饭，因为他们认为孩子没有能力讨论父母关心的问题。孩子不被允许把自己当作成人，哪怕是在很短的时间内都不被允许，这对孩子来讲是很痛苦的。

说了这么多，情况变得很复杂：既要和孩子换位思考，又不能完全地相互等同。有时，父母的爱会表现为古老僵化的占有欲，这对孩子显然是有害的；同样，如果父母总是把自己当作孩子，就会导致孩子彻底情感失能；还有，如果孩子总是被当作大人，他就会处于过度紧绷的状态，孩子心中会种下自卑感的种子。这其中的平衡点很难找到。

现在我要谈教育当中最棘手的一点：爱的耦合（amour couplage）。这种爱的后果在患有情感障碍的孩子身上体现得很明显。

有些孩子经常被父母当作自己的补充和延续，成为父母情感投注的焦点。有的成年人，如果离开了某个孩子，就会在情感上难以为继。大部分情况下，这是一种无意识的现象。这位父亲或母亲从未想过，孩子在他的生活当中扮演了一个真正的性的角色。但如果这个孩子（不管长大与否）对与当事父母同样性别的一个人产生了依恋，那么这位父母瞬间就会妒火中烧。

不管父母有没有表现出来，孩子的感受一定是非常强烈的。

我觉得，这种性补充的模式很常见。当然，请不要误解我的意思。这里指的不是乱伦的父母。我说的是情感层面。孩子成了一个极为珍贵的情感客体，父亲或母亲在自己的配偶身上或其他同代人身上缺失的情感，由孩子来补缺。这种情形对孩子来说非常糟糕，因为孩子不仅绝对不可能得到成长，而且还会出现严重的神经症。

孩子一旦成了占有式的爱或者极度同一化的爱的猎物，如果他有能量，他就可以反抗。因为父母不可能始终禁止他与其他人交往。的确，相比于摆脱给我们极大情感满足的父母而言，摆脱那种让人喘不过气来的父母要容易得多。这就是为什么一些长不大的女孩十分恋父却不自知（当然也不总是不自知），她们根本无法改变这种情形。父亲是她们的一切，除非父亲脾气暴烈，否则她们很难与同龄人一起生活，就算在一起生活也会屡屡出现争风吃醋等问题。

您可不要以为这种情感出现在青春期：有些母亲在孩子出生的那一刻就与孩子结成了一对。有些年轻夫妇中，母亲对配偶完全失去了兴趣，而孩子则攫取了她全部的情感。她意识不到这其中发生了一种性的交换，一旦有人告诉她，她就会羞愧、愤怒交加。但事实上，自孩子出生以后，她对配偶就不再有任何的兴趣。这样的孩子，在未来会遇到很大的麻烦。

如果父母被及时打了预防针，那么他们还有可能采取行动。比如，可以告诉他们："这个孩子成了您生活的全部，他出生以后，您对外面发生的事情毫不关心了。"他们会承认的。这样能够让他们去思考一下孩子将来会变成什么样，以及孩子该怎样面对这种爱带来的困难。父母都会想，到了那一天，自己自然会退出孩子的生活。但怎么退出呢？是一夜之间吗？孩子又要为此承受多大的痛苦？孩子深爱着父母，父母又导致孩子与同龄人没了来往，孩子怎么承受得了这种分离？一个长不大的女孩，一个总是以父亲为一切的女孩，会找一个与父亲年龄相仿的人结婚，但这种婚姻成功的概率很小。

哪一种爱才适合孩子呢？父母需要与孩子建立情感上的联系，孩子也一样。但是，哪种形式才有利呢？孩子需要的情感联系是一种合作式的联系。他们需要感觉到的是，当他们悲伤的时候，父母会与他们合作，会分忧解难。父母不应该说："没什么，这就是你们孩子间的小打小闹。"同样，父母也会有喜有忧，这种时候孩子也需要与父母分享或者分担。不是说要让孩子承受悲伤，而是说要营造一种相互信任的气氛，让各自在需要的时候都能诉说自己的心情。

从孩子几岁起，父母就可以向他们谈论自己的困难呢？很早就可以。如果三四岁的小孩看到母亲忧虑重重，那么让他知道母亲的忧虑不是他造成的非常重要。要用他能懂的词汇，让他明白母亲为什么难过。要告诉他，妈妈的忧虑不是他造成的，他也不能改变什么。否则，孩子就会有负罪感，就会觉得母亲这么伤心，自己就没有权利快乐。比如，一位丧偶的母亲必须学会向孩子讲述她经受的悲伤，让孩子知道，悲伤的原因不在孩子，而在一件与他无关的事情。母亲要告诉孩子，孩子应该快乐，孩子越快乐，就越能减少母亲的悲伤。

分担忧虑与悲伤，只不过是为了让孩子知道，在他感受到困难和痛苦的那一天，他也可以去向人倾诉；是为了让他明白，有一些父母正在经受考验，没有任何人能够改变，孩子长大了以后也会经受属于自己的挫折，而这些挫折是可以承受的。

当然，话虽这么说，但人生当中还是有一些主题，如果能够避免和孩子谈，那么会更好，尤其是夫妻间的矛盾。这里我们触及的是教育中非常难的课题。时有发生的是，孩子因父母中的一方而伤心，他去向另一方诉说，但没想到另一方也正因自己的配偶而痛苦。

比如，父亲因为有了外遇（不管他的不忠是否已经被证实）不经常在家，小女孩哭着说："爸爸不在家，我很伤心。"母亲回答："唉，你哭吧，孩子。"说完，母亲就开始抱怨她的丈夫。这对孩子真是太不好了。夫妻关系出了问题，一定要避免把孩子当作倾诉的对象。

但这一方面也一样有特例。刚才我给大家举了一个丧偶的母亲的例子。我还见过另外一位女性，她从来没有跟孩子谈起过父亲长期不在家给她带来的痛苦。这造成的后果是，孩子长大以后根本不想结婚。他的结论是，女人如果独自抚养孩子，那么日子会过得更舒心。他把自己放在母亲的位置上，认为对他来说，最好独自抚养一个孩子，而不需要妻子。

一般来讲，除了夫妻内部矛盾外，父母应该把自己的困难告诉孩子。不是要把他们压垮，而是为了让他们理解生活。我曾经遇到过另一位丧偶的母亲，她向孩子隐瞒了自己经济状况的变化，导致最后家里差点发生悲剧。因为孩子很不满意母亲不给他钱，于是就去偷窃，以此来逼迫母亲给他钱。对孩子来说，哪怕是很小的孩子，钱的问题总是很重要的，一定要和他探讨。

　　换一个角度，孩子与父母之间的合作作用更大，尤其是当孩子在学习上遇到了困难，或者在社交生活中遭遇了挫折的时候。父母有时候也会让孩子失望。如果父母能够不再隐瞒没有达到期望这个事实的话，那么孩子在遭遇困难的时候也会和大人交谈，而不会感觉太羞于启齿。我们经常在报纸上读到这样的故事：孩子考试成绩不好，觉得没脸把成绩单拿回家，最终患上了重度抑郁症。在我遇到的所有案例中，孩子患病，责任都在父母那里。父母和孩子的关系变得不正常：父亲或母亲把自己当作成功的孩子，完全不能忍受自己的孩子失败；而孩子知道了这一点之后，就一样没有办法面对自己的失败。

　　这种合作之爱在年轻的男孩、女孩有了感情生活的时候，变得更为重要。孩子在社会生活中正常地成长，开始谈恋爱。通常的情况是，如果一切都好，那么他什么都不说；但是如果出了问题，他就需要找人倾诉。他应该能和父母谈论这一切，而不用担心会招来灾难。

　　但是，如果在他的生命中，每一次他对某人有好感的时候，父母都对他说，"你太可笑了，这个人根本都没有注意到你"，那么，他怎么可能和父母交心呢？比如，家里来了一位先生，家里的女孩把自己打扮得花枝招展。如果母亲非常刻薄地跟她说，"傻姑娘，人家根本都没有注意到你"，那么孩子今后会一直记得这句话，她就再也不可能有自信心了。长大以后能把自己的感情问题向别人倾诉，这种能力就是在七八岁时发展起来的。相反，如果母亲对她说，"你把自己打扮得这么漂亮，真好。如果你不打扰我们，就可以和我们待在一起"，那么第二天，孩子一定会对她说，"这个先生太帅了，我以后结婚一定要找一个这样的人"。这就会促使孩子第一次透露自己的感情秘密。

有时候剧情会截然不同。小女孩满脸通红，哥哥们却嘲笑她："看看这个小丫头，把自己打扮成这样，就因为今天晚上某某要来。"听到这些，小女孩立刻把头发弄乱，满屋跺脚，情绪崩溃。如果母亲在这个时候能够说出最具魔力的那句话，一切就会变得安然无恙。"我觉得她的品位不差呀。傻的是你们，因为你们觉得这位先生比你们好太多了。"小女孩瞬间又会将发型恢复，一切风平浪静。

想让孩子到十五六岁时能够与父母交心，那就得趁孩子还小的时候就帮助他培养这种能力。七八岁以后，小女孩不会再有这类比较重要的情感波动，最多会有同学之间拉扯头发或者吵架断交之类的冲突。这些当然也是需要父母耐心倾听的，不要过快地把话题结束；但同时，又应该帮助孩子更理性地看待这些事情（如果她太生气的话，就会不愿意再去上学）。

15岁以后，孩子会再次进入性情感阶段，但其实，孩子在七八岁的时候就已经有过类似的表现。因此，应该在孩子七八岁的时候就开始向他传递这种合作精神，帮助身处其中的孩子。当然不是在孩子感觉最幸福的时候，因为那种时候他不需要父母，他甚至希望能够隐藏自己的感情生活，这样才会感觉自己更像个成人。真正应该帮助他的时候是孩子伤心的时候。这种时候，父母要告诉他："我前一阵子看到你特别开心，但是最近你好像觉得生活索然无味。你知道吗？这种情况经常会有，我也是啊，我年轻的时候……"父亲帮儿子，母亲帮女儿，这就是我所说的合作。父母应该在孩子的能力水平范围内与他合作，帮助他经受考验，或者用孩子自己的方式，帮他从这段经历中走出来。永远都不要给他一个现成的解决方案，因为这种方案会是再次把孩子与父母混同起来的方案。父母要做的是在相当一段时间内支持他，然后等危机过去之后，让孩子自己解决剩下的事情。这种给予支持的合作是绝对不可或缺的。

你们可能经常听说心理治疗。有一种特殊的心理治疗，就叫作支持性心理治疗。可以由父母其中一方来做，前提是和孩子之间没有隔阂。这种合作的重点是改善父母与孩子之间的关系，而不是实施教育。我们要做的是帮助孩子，让他有所担当，不要为自己遇到的问题感到羞耻；要帮他从各个角度去看自己的问题，要鼓励他向他信任的人说出自己的困难。之所以信任对方，是因为对方有经验，不会因可能遇到的一些挫折而预支焦虑。

很显然，我刚才介绍的这些父母的爱的不同模式，不是专门属于哪一个年龄段的父母的。在合作式的爱当中，如果父母在儿时经历过风风雨雨，他们就会保留这些记忆，并且会因此而成为极其宽容的人，能够包容与他们性格不同的遇到了困难的孩子。他们不会利用这个孩子，不会越俎代庖。他们会在孩子需要的时候伸出援手。这绝对不是关于年龄的问题。

那孩子到底对家长有什么样的期待呢？拥有父母的人，他心中父母的形象是怎么建立起来的呢？对于没有父母的人来说，情况又是什么样的？每一个人心中都有父母的形象。① 父亲的形象不同于母亲的形象，这就是我们所说的，父亲的安全感和母亲的安全感。孩子在父母身上期待的就是这两种安全感。

母亲的安全感是孩子很小的时候在母亲身上感受到的那种安全感。如果母亲成功地把这种感觉传递给了孩子，那么他长大以后也会在自己身上感受到，还会在很有母爱的人身上感受到。这种安全感究竟是什么呢？是接受自己，接受自己的缺点和优点、需求、失落和满足时带来的安全感，是一种存在的安全感。这里说的是有生命力的存在，不是被动的存在。知道自己今天是什么样的，知道和他在一起的那个人在未来会允许他成为另一个自己。这就是在每个当下拥有的安全感。

---

① 在弗朗索瓦兹·多尔多看来，孩子的成长过程中需要有父亲的形象和母亲的形象来作为路标。孩子建构这些形象，其基础不仅包括自己父母给出的示例，而且包括在教育当中听到的父亲和母亲所说的所有内容。这些话也许能够补偿父母因自身的经历而未能说出的那些东西。

很显然，母亲的安全感首先来自哺育孩子的母亲。它首先体现为不会走路的婴儿长期获得充实感的可能。但随着婴儿长大，这种充实感会伴有另一种感情，那就是觉得自己每天都会改变。

孩子从父亲的形象中获得的掌控感，是对母亲的安全感的补充。它代表着对未来的掌控。孩子感觉自己可以信任这个人，而且认为这个人会带着他长大，成为男孩或女孩。这种感觉出现在孩子 18 个月或 2 岁的时候。在此之前，父亲的安全感和母亲的安全感都集中于母亲身上，因为母亲养育孩子，无条件地爱孩子，并且会让他朝着好的方向成长。孩子很早就可以识别母亲和父亲之间的差别。随后他又会发现，母亲并非整个世界，摇篮、桌椅也并非像他原以为的那样是母亲的一部分。接下来，他又意识到母亲的先生和母亲的家的存在，他就会发现母亲的先生原来就是父亲。在这个时候，孩子就会把所有的先生都当成父亲。

不管对男孩来说还是对女孩来说，父亲的安全感是一种指明方向、掌控生活、给自己在社会中带来信心的安全感。因此，如果孩子发现父亲难以在社会生活中保持自我，那么孩子很难获得责任感。如果孩子看到父亲是一家之主，但是他没有朋友，或者在家庭之外并没有受到尊重，那么他在父亲身上也找不到他需要的安全感。在这个问题上也是如此，父亲的情感成熟度比他的实际年龄更为重要。如果孩子在父亲身上找不到社会安全感，那么他一定会陷入困境。当然，这并不是说他没有办法走出困境。

父母自然不可能彻底地改变自己。但明智的做法是，社会生活中比较腼腆和笨拙的父亲应该尽早在孩子面前承认这一点。而这才是真正的考验。这时候需要父亲能够与孩子谈论自己的腼腆和笨拙，并不感觉自卑，只是讲述事实。11岁左右的男孩尤其需要这种社会安全感。这主要表现在父亲挣的钱的多少和他的同事、朋友对他的尊重程度等方面。

在这里，我给大家讲一个我在报纸上读到的小故事。在美国一艘轮船的开工仪式上，孩子指着造船工地上的负责人问妈妈："这位先生是谁？""他是爸爸的同事。"妈妈回答。父亲是这里的工头，母亲这样回答孩子非常明智。这样，到孩子懂得社会相关概念的那一天，他就不会因父亲只是工头，而那位先生是父亲的上级而感到自卑。相反，如果母亲跟他说"他是你爸爸的大老板"，孩子就会想："哦，我可怜的爸爸。"跟孩子说这些事情时是有方法的，不要跟他说得太早，这个时机应该是孩子开始使用判断力的时候，也是他需要从父亲的形象当中获得自信的时候。然而有时候，心目中父亲的形象与真实的父亲之间会有出入。

如果父亲的形象与真实的父亲之间有太大的差距，就会给孩子带来特别的困难。每个人心目中拥有的父亲的形象，都是在社会上受尊重、在家中和在社会中都能够掌控一切的形象。如果孩子意识到父亲与自己心目中的形象并不相符，那他就需要和这种形象决裂。这对他来说，如果没有人帮助，就很难做到。因为孩子会在这个时候以为自己不再爱父亲了，而实际上，他正因为父亲感到痛苦而更爱这个人。这个时候就需要去做刚才跟大家介绍过的支持性心理治疗。与孩子一起去研究他心目中这个理想的人，告诉他这个理想的形象不一定与父亲的真实形象完全吻合。但是，如果孩子心目中已经有了父亲的形象，那他就应该获得一种让这个形象发展变化的能力。这就需要他与自己的父亲合作，追溯家庭历史之源。因为他将会与父亲一起，去寻找造成腼腆或笨拙的原因。原因可能是，祖父太过强势，总是逼迫父亲在他面前低头。

我刚刚说的有关父亲的内容，同样也可以扩展到母亲身上。孩子需要感觉到自己在母亲身边有安全感。有些母亲，孩子在她们身边时会感觉不安全，因为母亲在孩子面前表现出彻底的不安全，而这对孩子来讲十分残酷。这样的母亲应该学会对儿子说："你有我这样的母亲，真是运气不好。换作别的母亲，一定会因有你这样的儿子而感到幸福。而我，我以这样或那样的方式被养大，所以我总是在害怕。但你完全可以成为你自己，这应该没什么问题。当然会有点困难，因为我帮不了你；但是你不应该为我的恐惧而担心。"

母亲和孩子的性格往往不一样，但她可以让孩子找心理工作者，他们能提供支持性心理治疗；或者也可以找自己的朋友，在这些朋友身上，孩子能够找回在母亲身上找不到的安全感。这样就可以帮助孩子。

女孩身上的困难更为严重。安全感危机爆发，一般是在孩子 13 岁左右。这个时候，母亲需要帮助孩子度过，要和孩子说："你运气不好，妈妈的性格、爱好和你的不一样。也许你继承了你父亲那边的女性的基因吧。但这本身并不是什么危险的事，只不过妈妈不能跟你步调一致，这就会麻烦一些。"

当然，有的孩子会主动说出来："老家伙们一点用都没有。"这些孩子感受到的就是不安全感。在孩子说出"老家伙"这个词的时候，如果他们觉得自己长大了，年轻又强大，那就没问题；但如果他们感受到的是父母太忙、不能够帮助自己，那其实他们还是太年轻，尚未感觉到自己比父母更像成人。当然，这里能够看到他们在为摆脱影响而挣扎。孩子与父亲和母亲的想法、爱好不一样很正常，但是如果孩子知道父母会在自己提出新想法的时候给予支持，那就是一件好事。有的时候，父母会阻止孩子，那就要让孩子知道，阻拦并不是因为父母害怕，而是出于父母的经验或者他们对世事的了解。没有受到过阻拦的孩子和永远寸步难行的孩子一样，没有安全感。

总的来说，孩子期待从父母那里获得安全感，可以一直等到十四五岁。从那个时候开始，父母和孩子之间就会建立起真正的友谊。也正是在这个时候，已然变成青少年的孩子可能会需要倾诉自己初恋的幸福或失恋的悲伤。如果父母能够支持他一段时间，当情况好转了之后，让孩子独自走完他的道路，这样困难就会被克服。重要的是，青少年的父母或父母的替代者能够给他带来方向安全感，让他在想要行动的时候，可以放手去做。

总结一下，孩子需要父母与父母的年龄相吻合，需要父母有自己的同龄朋友，并且有属于他们年龄的想法。但父母也应该让孩子去体验孩子的时代，让孩子有自己的朋友和属于年青一代的观点。如果他们想参与到成人生活中来，那么不要阻拦他们。如果他们想要和父母的朋友成为朋友，或者想要与比自己年轻得多的人成为朋友，那么父母也不应该阻拦。总之，孩子需要宽容的父母。父母应该让孩子与同龄人一起生活，同时也要保证孩子与其他人的交往。因为在孩子成为父母之前，他们需要和年轻人或年长者愉快地相处。如果孩子在成长的过程中没有与不同年龄段的人相处过，那么长大了之后就很难在两代人中间找到自己的位置。

20　(外)祖父母^①

在孩子的教育过程中，(外)祖父母的角色会对父母和孩子的关系造成影响，从而引出诸多问题。因为孩子需要面对两组成人。一组成人是(外)祖父母。(外)祖父母比较年长，但感情生活在他们那里再次变得极为重要，并且有时候他们会带点孩子气。这种感情生活，有可能表现为积极的爱，但也有可能表现为嫉妒或具有攻击性。另一组成人是父母。相比于(外)祖父母，他们还不够"成人"，但他们会认为(外)祖父母和孩子在一起的时候不够"成熟"。

于是，双重问题就出现了。第一代父母和孩子之间，以及第二代父母与孩子之间两个问题相互叠加。因此可以说，由于(外)祖父母的存在和影响，(外)祖父母与父母之间、父母与孩

---

① 《父母学习》，1950 年 12 月。

子之间、（外）祖父母与孩子之间这三种关系制造了家庭问题。

然而面对这些困难，我们很难提供建议，因为每一种冲突都是特殊的。只有全面了解，才能提供有针对性的解决方案。

父母对（外）祖父母有什么期待？

不管（外）祖父母离得近还是远，不管他们是否和家人住在一起，父母对他们主要有四方面的期待。

第一，他们应该是安全的保障。

安全感是儿童生活的根本需求。尽管父母已经成熟，但他们身上还是会带着孩提时代遗留下来的安全需求。金钱、陪伴或者精神生活上的建议，父母希望能够从（外）祖父母身上获得这些他们自小就期盼的东西；需要他们的时候，希望他们能够出现，提供帮助和安慰，保护他们，处理突发事件和抵御危险。

第二，他们应该代表着权威。

这又让人联想到孩子对父母权威的需求，这也是儿童安全感的源头之一。长大成人的父母希望（外）祖父母能给他们的权威加持，希望（外）祖父母能够永远赞成他们为自己的孩子所做的一切，因为父母面对自己的孩子的时候，总会觉得自己也有点像孩子。

第三，他们应该把父母视作成人，让他们自由地成长。

在丈夫那里，这种欲望集中体现为他需要自己的父母把他视作有妻子和孩子的成人；而妻子也需要自己的父母把她视作有丈夫和孩子的成人。然而对于（外）祖父母来说，父母永远不会长大，他们永远是（外）祖父母的孩子，永远是他们眼中的小孩，无法将他们平等对待。还有一种冲突，实际上它是一种因父母不成熟而潜在的冲突。有些父母认为由（外）祖父母送给孩子某些自己作为年轻父母无力支付的大型礼物，这很正常；相反，有的父母认为这是对他们的一种羞辱，也是夺取孩子的潜在危险的表现。还有的父母认为，去探望（外）祖父母是一项不得不履行的烦人的义务。

第四，他们不应夺走孩子。

父母很愿意在需要的时候找（外）祖父母帮忙。当自己有事的时候，他们会把孩子托付给（外）祖父母，就仿佛他们是自己精心选择过的仆人一样。但当不需要的时候，父母就会觉得，（外）祖父母太疼爱、太娇惯孩子，这种表现是对自己家庭生活的过度介入，希望他们能够离得稍远一些。

所以，父母想要的是招之即来、挥之即去的那种（外）祖父母。

（外）祖父母是什么？他们想要什么？有什么感受？

面对父母的要求，（外）祖父母到底是什么？他们是生养者的生养者，是父母的父母。因此，他们往往不仅不能满足年轻父母面对孩子时的需要，而且还会把自己先后作为孩子和父母的时候遇到的困难再带进来，使问题难上加难。

自卑感

如果（外）祖父母曾经有过自卑感，那么始终都会保留自卑感。并非所有的人都能真正成为（外）祖父母。很有可能，现在的（外）祖父母在结婚时心理还没有成熟，接着，在自己还是孩子的时候就当了父母。后来，他们在还没有准备好成为一家之老人的时候，却成了（外）祖父母。他们的心理发展与实际年龄相比有一整代的差距，难以弥补。再加上，对于（外）祖母来说，更年期的到来使她已经完全不可能再去修补自卑情结。因此，有些（外）祖父母先是寄生于自己孩子的身上，然后又寄生于孙辈身上，始终生活在对孩子的心理依赖中。原本期待从他们身上获得安全感的父母会感到失望，他们收获的只有不满足和不安全。

未能解决的俄狄浦斯情结

如果在孩提时代，（外）祖父母没能够解决俄狄浦斯情结，那么现在这个问题将会被双重激活。首先是与孩子的父母，其次是与孙辈。这就能够解释岳母爱上女婿、公公爱上儿媳妇的现象。（儿童俄狄浦斯情结的特点是爱上异性。）随之而来的还有一种无力感和自卑感，因为他们不愿意了解这种感情，或者他们从来没有真正地意识到自己之前有过这种本能。不过，如果（外）祖父母之前在自己的家庭中过得非常幸福，那么这种感情就会被非常友好地接受。俄狄浦斯情结是孩子进入社会生活中的首次表现，也是他未来所有社会关系的核心。当孙辈进入俄狄浦斯阶段时，（外）祖父母会与孙辈一起，再次感受父亲或母亲的爱，也会感受来自另一方的敌意。在这个过程中，孙辈就成了他们未能解决的俄狄浦斯情结的支撑。有时候，由此而产生的情感问题是那么的复杂，以至于我们可以把它们归入真正的家庭神经症。

负罪感

如果（外）祖父母对父母有负罪感，尤其是因为在自己的孩子结婚的时候，他们对"外人"或夺走孩子的人产生过嫉妒心，他们就会尝试向孙辈证明自己的反应是对的。如果他们当年曾经认为孩子不再喜欢自己，因而不能够把女儿或儿子留在身边，他们由此感受到了深痛的失望，那么他们就会想法取悦于孙辈，把他们拴在自己身边。

不满足

如果（外）祖父母过去在感情上没得到满足，也就是说，如果他们认为自己比别人受过更多的苦，他们就会希望在做（外）祖父母的时候得到补偿。他们希望得到传统文化中他们应有的尊重，认为这是他们应有的权利。但是，这种要求不一定总是基于合理的事实，而且不管怎样，小孩子无法理解这种尊重的概念。这样就会产生多种冲突，只要三代同堂，冲突就会在日常生活中以多种形式爆发。

不安全感

（外）祖父母已经老了，而且感觉到自己在一天天变老。他们有最原始的安全需求，他们的父母一直到去世都在满足他们，然而现在已经无人给予他们满足了。这些（外）祖父母根本不能为自己的孩子带去安全感，相反，他们惧怕岁月，惧怕苍老、疾病、日益接近的死亡。这种不安全感的存在的确有它的原因，再加上前面说过的自卑感，造成的结果就是他们不但不能提供帮助，反而会成为孩子的精神负担。问题是，与此同时，他们也的确在经济上帮助过自己的孩子。这就造成了一种充满矛盾的处境。

于是，心有不甘、得不到满足的（外）祖父母就会使用过分夸张的方式，去表达他们对爱的需求。而这种需求是一种负担，因为他们会表现得嫉妒、严苛，面对朋友、孩子以及孩子的朋友时，他们还会感觉到失落。这些情形充满张力，再加上有些（外）祖父母本身就因为性格的原因爱制造麻烦，这样一来，情况就变得盘根错节。比如，我们会碰到这样的祖母，她特别喜欢小题大做，可又偏偏不能忍受她一手制造的混乱和情感的破裂。

孩子对（外）祖父母有什么期待？

三元关系中的第三极——孩子，他在（外）祖父母身上看到了什么？父母的父母。他对他们有什么期待？孩子期待的是父母的父母——尤其是父亲的父亲和母亲的母亲——能够按照由父母构成轴心的方式来给自己定位。他希望，不要因为（外）祖父母把父母当作孩子，不要因为父母遭到这种评价的伤害后变得焦虑、受伤或者失去平衡，而使自己对安全感的需要遭到否认或得不到满足。但是，一代人与另一代人对社会、伦理、美学的理解不可能完全一样，家庭也不可能总处在无瑕的、美好的、和谐的气氛中。出现这些分歧本身对孩子来说没有关系。但如果因此而引起争吵，造成情感关系紧张或者家庭悲剧，那就会有严重的后果。

应该让孩子知道，（外）祖父母与父母的想法不同，只有这样，他才能够明白自己也有和父母有不一样的想法的权利。这是他成长中非常重要的一个阶段。但不可取的是，让孩子感觉到（外）祖父母评价、打击甚至否定父母，而父母也以敌对的态度，以受到伤害的人的身份，甚至像遭到了侮辱或被击败那样去面对（外）祖父母。因为无论是孩子的焦虑还是父母的焦虑，对孩子的平衡发展都有非常严重的危害。

（外）祖父母会不会对母亲的权威造成威胁？

这个角度的家庭矛盾是最大的矛盾，而且像精神分析师看到的俄狄浦斯情结一样，这种矛盾通常也是被伪装起来的。如果这种情形长期存在，那它反映的就是（外）祖母和女儿（儿媳妇）都有的内心负罪感。这其中，有一个隐蔽的关键人物，就是夫妻中的另一方。

这种情况下该怎么做呢？母亲不需要回应，而应该在自己的权威范围内行事。如果（外）祖母反对，那她可以承认（外）祖母说得有理，承认可能是自己的错，但是不要跟（外）祖母说："你说的对，但是……"不要在外祖母面前给孩子更多的解释，如果有必要的话，顶多加上一句："你今天运气不好，不能跟

（外）祖母独处。"等她和孩子单独相处，并重提白天的争执的时候，她可以告诉孩子，双方意见有分歧是因为她们有代沟，是因为性格和经验不同而持有不同的观点。

（外）祖父太严厉还是太软弱？

不要当着孩子的面评价（外）祖父，但可以说，"祖父是另一代人"。一定要想办法让（外）祖父显得受到了尊重，哪怕有时（外）祖父的行为会让孩子觉得困扰。平静地接受观点的差异，告诉孩子怎样去解释这种差异："年纪不同。在他那个年代，人们就是那么想的……"但不要寻求在唇枪舌剑中获胜，不要让孩子说谁对谁错。这种张力，孩子没有办法承受。其实，如果孩子可以毫无焦虑地与父母探讨观点的分歧，这就不成为问题。而且他还能从中学习怎样在社会生活中面对他人、面对不同年龄的人：可以不同，但无须对立。不要对孩子说："你（外）祖母错了"。告诉他："你觉得怎么做是对的就怎么做吧。做你认为正确的事。"

（外）祖父母真正的角色

（外）祖父母真正的社会角色是他们的重要性之所在，因为他们是家庭基因的根基。希望（外）祖父母能更好地理解这一点。没有他们，就什么都没有。因为世上最不可或缺、最珍贵的财物——生命——正是通过他们才被赠予的。"是因为爷爷和奶奶给了我生命，我才能够给你生命。""我们因此而爱他们，因此才应该爱他们。"孩子应该有繁殖的概念，一开始通过直觉，之后有意识地理解。这样，他们才能够理解(外)祖父母在基因亲缘上的价值。①

这种角色超越所有的道德说教和社会角色。不管(外)祖父母怎么想，不管这种角色在孩子眼里显得多么奇怪，它始终存在。这就是他们应该受到尊重和爱戴的原因。"他是给了我生命的那个人，所以你也一样，是他给了你生命。现在他老了。我们到了祖父现在的年纪的时候，我们会是什么样的呢?"如果不告诉孩子(外)祖父母应该受到尊重，如果孩子觉得给予这个人尊重不是那么"说得通"，那么孩子就不会爱(外)祖父母。但如果告诉孩子生命是他们给的，孩子就会懂得，需要给予(外)祖父母的爱与他们现在的样子没有关系。"他们养活了我们，现在他们老了，应该由我们来养活他们，供他们吃穿，给他们爱。"(外)祖父母需要很多的爱，需要行动的自由。孩子需要从自己对真实的(外)祖父母或想象的(外)祖父母的爱当中获得安全感，这与(外)祖父母和父母是否相像无关。

(外)祖父母的象征角色

不管(外)祖父母依然健在还是已经去世，他们承担的象征角色对孩子无比重要。孩子通过谈论(外)祖父母，讲述在自己幼年有记忆之前发生的事情。因为我们在心理治疗的问诊过程中发现，4~5 岁的孩子会经常谈论(外)祖父母。这里谈到的

---

① 弗朗索瓦兹·多尔多认为，孩子很有必要在很小的时候就知道，在他出生之前，父母有过肉体关系，而正是因为有了这种关系他才诞生。

（外）祖父母与依然健在或已故的（外）祖父母毫不相干。他谈论的是他们和他自己，而这个自己，他毫无意识也毫无印象，其实这是他在有最初的记忆之前、对与父母的关系产生意识之前的童年往事。在这个过程中，他会表达并重新体验在婴幼儿时期经历过的痛苦。

因此，如果一个孩子编造了一些有关（外）祖父母的事情，"有个人告诉我，奶奶做了这样一件事情……"，或者像某个小孩对我们说的那样，"我小时候掉进湖里了"，而这实际上描述的是导致他祖父死亡的不幸事故，那么不要去核实，也不要强迫孩子承认这一切是谎言。通过这些故事和神话，孩子讲述的是他亲身经历的事情，但是他不能用其他的方法去表达，因为他当时还没有有意识的记忆。

通过这些故事，孩子讲述的是他与父母的关系，这些关系在记忆中是不存在的。他在此描述母亲、父亲和其他任何占着这个位置的人的形象，而他对这个位置上的人的印象和记忆完全是别样的。比如，有个孩子讲了一个和外祖母有关系的故事，其实，他描述的是他在婴儿时期因被保姆抛弃而感到的那种焦虑。因为外祖父是和母亲有着基因联系的那个人，他是母亲的父亲，是被母亲所爱且爱着母亲的那个人，母亲是外祖父的骨肉；同样，祖母也是与父亲有着基因联系的那个人。在有关父亲的所有形象形成之前，祖父代表着父亲；同样，在有关母亲的所有形象形成之前，外祖母代表着母亲。在对父母形成真正的画面和有意识的记忆之前，孩子就是通过这样的编出来的故事来讲述他对父母的感受的。

此外，孩子也是与父母有着基因联系的人。母亲爱儿子，而儿子也爱着母亲，他是母亲的骨肉，就像女儿与父亲有着基因联系一样。能看出来，通过这些无意识的故事，孩子能够把自己认同为（外）祖父母，从而来讲述自己。

血缘关系和俄狄浦斯情结

外祖父和母亲的基因关系与儿子和母亲的情人关系是一样的。这就能解释为什么有的时候，外祖父和外孙之间会有性格的冲突，或者是其他表现在社会关系上的身心冲突。因为在父母分离的时候，如母亲和小男孩一起回到母亲的娘家生活，小男孩就有用母亲的父亲来替代缺失的家长的趋势，并且会觉得自己也是外祖父的儿子。然而在这种情况下，由于外祖父和母亲之间是一种贞洁的性关系——父亲和女儿，小男孩生命最初几年经历的俄狄浦斯情结——未来所有社会关系的核心——无法在此得到解决。俄狄浦斯情结的特点是孩子爱恋父母当中的那一位异性，从而将同性父母放置到竞争对手的位置上。但这种竞争关系、这种对立，一般来讲，能通过升华，通过超越人与人之间的冲突，通过孩子对父亲身上能够吸引母亲的那个特点，也就是男人的阳刚之气产生认同得到解决。但是，如果小男孩用外祖父来替代父亲，他就不能够把自己与外祖父相等同，因为外祖父的阳刚之气不能使他拥有母亲，孩子的社会化会因此而遭到干扰，最终有可能造成无可挽回的偏离。

已故的(外)祖父母

(外)祖父母去世，不会在孩子身上留下任何的创伤，不管他是否感觉到了巨大的悲痛。相反，可以说，如果在此之前，父亲和母亲一直是他生命中的主要人物，那么这种哀悼会有助于他的个人发展。怎么理解呢？

对孩子而言，(外)祖父母的去世不会将他与(外)祖父母分离开来，因为他们就活在他身上，他们与他的整个童年时光相等同。他们的死亡，就像是在表达对未来生活的承诺，仿佛在向孩子承诺，孩子终于可以从没有记忆的幼年时光走向拥有真实的父母的童年。这就是为什么孩子不一定会像父母一样痛彻心扉。因为父母的悲伤表达的是负罪感，而孩子不会。孩子喜欢去墓地。他会把各种祭品带到(外)祖父母的墓地上，就像原始人一样无意识地把祭品送给自己，送给与(外)祖父母紧密相连的童年。而且，由于(外)祖父母经常扮演一种幻想出来的角色，他们去世之后，孩子就能更加自由地幻想。即便不对孩子进行说教，也就是说，不告诉他应该在这种时候看上去很悲伤，他看到悲痛的父母，也会因为对父母的感情而感到悲痛。但他会平静地接受这次考验，把它当作一个事实来接受，而不会感到焦虑，就好像他接受春夏秋冬自然流转一样。

我们甚至还可以说，7 岁以前的孩子与祖父母并没有亲密的关系，他们的死亡，对他来说，只是一件有着深刻意义的事情，让他能够懂得人的存在有一个时间维度。因此，将(外)祖父母去世的事情瞒着孩子，是极其不正确的。当然，在这里要补充说明的是，如果让孩子看到他深爱的（外）祖父母的尸体，甚至强迫孩子亲吻这具尸体，那就有可能给孩子造成极大的创伤。

应该让孩子懂得的是，人会经历一些社会事件，如参加葬礼和服丧，这些能让孩子成为家庭这个社会中的一员。

另外，除非孩子自己提出来（12岁以前可能性很小），否则，在其青春期还没有结束之前，最好不要和孩子谈论家族中的某一位如传说人物般的著名祖先。关于他的优点和缺点，都不要加以评论。因为在这个年龄之前，孩子会被这样的杰出人物压垮，他会把自己真正的祖父和自己的童年混为一谈。但相反，就算知道的东西不多，也应该从这个年龄开始和孩子谈论（外）祖父母。不是谈论他们在步入老年之后是什么样子的，而是谈论他们在生活中，如何影响了家庭的命运。

（外）祖父母应该做些什么？

（外）祖父母应多多谈论他们记得的个人历史和家族史。因为，一个家扎根于历史中，当前的家庭与过去的家庭之间是有联系的。他们应该把这些传统的故事讲出来，让过去的传统、祖辈的习俗或不同时代的习俗一代又一代地传承下去。尤其要向孩子讲述他们当年如何生活——孩子总是对此充满兴趣。"我小的时候……我父亲……我们是这样穿衣服的……我们是这样去旅行的……"要强调过去和现在的习俗差异，要承认在伦理情感和美学品位上各有各的偏好。（外）祖父母要控制自己，不要去纠正或驯服孙辈。无论对父母还是对孩子，他们都不应该批评、评价、责备。之所以这么说，是因为孩子得到的最好的教育，不是（外）祖父母的责备和教训，而是他们带给孩子的爱；同时，孩子也能通过（外）祖父母表现出来的克制，看到学习的榜样。

最重要的是，（外）祖父母不要因他们的角色超越了他们的行为而让孩子感到害怕。如果他们让孩子感到害怕，那么这种害怕就会与古老而原始的、强大的恐惧结合在一起。

（外）祖父母不要以教育孩子为借口，把他们对一些有风险的行为的惧怕告诉孩子，因为他们的焦虑和不安会转移给孩子。这时应该说："我老了……我可不能像你这么做……我连看都不能看……我走了……你想干什么都行……"听了这些之后，为了不让（外）祖父母害怕，孩子往往就会放弃冒险的行为。

所以，他们要做的如下。

——讲述事实。拥有想象力的孩子最喜欢的就是这一点。

——倾听孩子（父母往往没有时间做这件事）。在孩子倾诉时，不要去责备孩子或评判孩子说的话。如果做到了这一点，他们就是在帮助孩子去适应社会。

——在孩子告父母的状的时候，向孩子表示同情，但不要评价父母。"能跟我说一说，你还是很幸运的。"这样，他就能感受到有人懂他经历的挫折，但同时不会感觉到父母因让自己伤心而遭到贬低。这样，孩子才能在（外）祖父母身上找到一种不同于父母的安全感。这种安全感同样重要，而且更加原始。

父母应该做些什么？

——若父母与（外）祖父母之间意见不一致，首先要平静地接纳。不要让对立的阴影笼罩家庭，避免制造紧张的气氛，这种气氛的唯一受害人就是孩子。不管出了什么样的问题，最后告诉孩子的结论一定是：（外）祖父母是最重要的，因为我们的生命是他们给的。"我们自己变老的时候会是什么样的呢？孩子，你也会有做父母的那一天，你到时候又会是什么样的呢？"

——若孩子在讲述故事的时候用（外）祖父母来替代各种人物，不管其是否是我们认识的、是否可怕、是否凶残，都不要责怪孩子。

——孩子需要经常总结，才能在他和父母以及他和祖父母的关系中准确地定位自己。要让他明白，对长者的尊重与不评判长者的行为都是风俗习惯的要求。他会明白，要尊重长者的年龄，尊重他们那一代，尊重代际差异。因为，如果说孩子定位自己很有必要，那么他应该在心灵和家庭双重平衡的环境中去定位自己。

任何意见上的分歧都不能也不应该让人偏离轴心。无论各自的社会地位如何，（外）祖父母为父母、父母为孩子打造的基因安全轴心不可偏离。因此，为了孩子，也为了自己的父母，父母需要把（外）祖父母重新放回人类的谱系中来。

21　采访《多米尼克案例》的作者
弗朗索瓦兹·多尔多①

　　《老年学》记者：感谢您与我们见面。希望能和您谈谈老年和幼年之间的关系。

　　弗朗索瓦兹·多尔多：老年人和孩子一样，他们对时间和空间的理解与成年人不一样。对成年人来说，时间就是金钱，空间是职业和家庭生活必需的。生活在这个空间里，因可及程度和友好程度不同，可以是很舒服的，也有可能很不愉快。这个空间可能太小或太大、太拥挤或空无一人。对孩子来说，空间就是他自己，他不在之处，就不存在空间，那是未知的世界。对他不在的那个时间，对自己存在之前的那段过去，他其实有一肚子火。孩子不愿意承认父母在他存在之前就已经彼此

_____

　　① 《老年学》，1974 年 3 月 4 日。

认识，而且所有的孩子都坚信他们参加过父母的婚礼。从象征意义上来讲，这也没有错，因为对一个孩子来说，父母就是因为他、被他联结到一起的。

然而，老年人希望自己年轻时代的生活方式能够得以延续。他们看到生活习惯的变化，看到被他们理想化的美好往昔已经被现在糟糕的新时光代替，这一切都刺激了他们。我认为，如果孩子能够听到（外）祖父母谈论父母在孩童时期的生活，感受到时间的相对性，那么这能够拓宽孩子的视野。这些是孩子自身无法想象的。翻看家庭相册是不错的，但如果旁边没有那个年代的人解释，就还不如听（外）祖父母讲述孩子未曾经历过的那个时代的点点滴滴，讲述空间，讲述生活。

孩子需要听到父母讲述自己的童年，这样才能产生相对化的时间概念。他们会意识到，在自己的生命之前还有别的生命。然后，他们还会把（外）祖父母的回忆与父母的回忆进行比较，会发现其中有很多的不同。这是一种很好的教育方法，能够让孩子懂得一个人随着年龄和角色的变化，其想象也是会有变化的。

《老年学》记者：那谁来给孩子安全感呢？

弗朗索瓦兹·多尔多：对，他们会发现人性的弱点和人性的矛盾。（外）祖父母可以帮助他们来理解这一点。一个家庭中，（外）祖父母（我说的是没有神经症的情况）总是会和自己的孩子有这样或那样的冲突。孩子会发现，一个人完全可以在和对方争吵的同时还爱着对方。这对他来讲，原本是不可能的。

比如，一个从来不和人发生冲突的妈妈，却（只）会跟"她男人"发生争执。孩子会发现，如果他们还生活在一起，那么父母的关系就是可以弥补的。同时他会发现，他的父母会因（外）祖父母在他们家生活或对他们说的话而对其有所埋怨，但也或多或少能够容忍。这对他而言是学习矛盾的好机会。教育孩子就应该让他理解人是矛盾体，要让他学会接受矛盾、带着矛盾生活，不管是别人的矛盾还是他自己身上的矛盾。

家庭争执中，孰对孰错？他会发现，一般来讲，这并不是争执的关键，也不是真正的根源，真正的根源在于欲望。他会发现其实父母和（外）祖父母都有各自的性格，这样他也会允许自己拥有个人的想法和判断。

《老年学》记者：邻居是不是也会参与到这种教育中来？

弗朗索瓦兹·多尔多：肯定的，但有个前提。邻居中应该有不同年龄段的人，而且父母允许孩子与他们交往，不批评邻居的生活方式，也不干涉孩子与邻居之间的关系。

《老年学》记者：时间和空间概念的突然变化，是不是退休引起的？

弗朗索瓦兹·多尔多：不是，这是与身体灵敏程度的降低伴随发生的。身体灵敏程度是生命力的表现之一。老年人的生命力相比其壮年时期肯定会弱许多。年轻的时候，出一趟门对他来讲毫不费力；但是，年纪大了以后，这却成了一种会让他感到疲倦的长途旅行。他会说，"是啊，我年轻时候经常去，但是现在可不行了"。这会让孩子明白空间的相对性。对孩子来讲，过马路、买面包、回家，这些都很简单；对（外）祖母来讲，穿上外套、下楼梯、出门，有时候天气不好，回来并重新爬楼梯，这就已经是一次小小的远征了。然而，在日常生活中，跟不上节奏、眼花耳聋的老年人往往被忽视，不再有人理会他们。必须要改变这一点。在没有神经症的家庭中，父母是这样向孩子解释的。"祖母累了，年纪大了。祖父年纪大了，他不能像以前那么健步如飞了。但你没见过他当年开车加速时的那个劲儿，那可真是冲劲十足啊。""你可没领略过祖母跳舞时的风采，她跳得真是太美了。"

对孩子来说，了解一个亲人一生走过的路，是很有意义的。他会根据自己的亲眼所见去做出评价，他会由此明白生活的意义。从幼年到成年，再到老年，这是生物意义上的生命，但此外还有心灵的生命，以及完全不同的精神世界的生命。人如果没有神经症，就会拥有精神生活，而这种生活是不受年龄影响的。年龄只会影响生物层面的生命，甚至相反，从短期来看，死亡的接近能够让人们将价值沉淀下来，并看到哪些价值是真正超越时间的。不影响家庭生活节奏、受到尊重和爱戴的老年人，会给家庭生活带来真正的精神层面的影响。他们可以倾听心声、带去安抚，他们宽容、善解人意。他们会带来心中的热情，让家人获得平静。（外）祖父母能够理解子辈与孙辈之间产生的问题，他们会说，"你在你女儿、儿子这个年龄，你也一样给我添了很多麻烦。你可能不记得了，但我想告诉你，别太担心"。孩子有的时候因给父母添了堵而感到内疚。当然，有神经症的老年人说出来的话可能和那些濒临崩溃的家长一模一样，"你是要逼死你父母吗？"。但孩子面对（外）祖母，就可以说出不敢对自己父母说的话，"我妈妈、我爸爸也没把你逼死啊"。（外）祖父母就可以这样回答。"我当年和他说过这种话，现在也有人跟你这么说。孩子有时候真是不好养，所以大人才会对他们说这些话……反正呢，你尽量不要故意这么干吧。但话说回来，你这个年龄的孩子可不就是这样嘛。"说一说，就会轻松点儿。

《老年学》记者：有时候，（外）祖母和孙辈之间有一种默契，甚至是一种背着成人的默契。是不是就出于上面这个原因？

弗朗索瓦兹·多尔多：的确，健康的家庭会对孩子说"你祖母在这儿算你运气好"。（外）祖父母在家，能够带来更多的宽容气氛。不同年龄的人，相互间的情感关系会有细微的差异。感知这些对孩子来说很有必要。这样才能够让他智慧地面对矛盾的、不同的主体性。

《老年学》记者：您说的这番话，为我们反对隔离、抛弃老年人运动提供了强有力的论据。

弗朗索瓦兹·多尔多：的确，隔离老年人，这对老年人来讲惨无人道，其实对年青一代也一样。可能乍一看，这方便了成年人，但是这对家庭精神极为有害。因为真正的家庭精神，能够让家庭中每一个成员都可以在家庭环境中安全地发展自己的个性。从年轻人的角度出发，我认为把年轻人和其父母的长辈分开，对年轻人极为不利。

《老年学》记者：您有没有见过这样一些年轻的孩子，如果没有(外)祖父母，他们永远都不可能获得现在的能量？

弗朗索瓦兹·多尔多：当然有。拥有强大能量的(外)祖父母当然是存在的。但我也见过一些孩子，他们要不是因为近距离地和(外)祖父母接触，就不会有这么严重的神经症。因为，很遗憾的是，(外)祖父母经常会借助孙辈来补偿心中的失落感。我在一篇文章中写过，有些家长把孩子寄养在(外)祖父母家里，一分钱也不给。我觉得，(外)祖父母向孩子提供这种服务，而获得的回报却如此微薄，就好像是欠孩子的，这简直让人愤怒。如果(外)祖父母收到这笔钱，也许可以以孙辈的名义开一个储蓄账户存起来。这是他们自己的事。但是，如果父母像使唤佣人一样地使唤自己的父母，这会对孩子产生一辈子的影响。

《老年学》记者：孩子是有感觉的……

弗朗索瓦兹·多尔多：对。他听到祖母抱怨，"我很累，但我女儿都没感觉。她真应该有感觉的呀"。哪怕是最甘愿付出的(外)祖父母也需要放松，然而他们不仅一刻都不得清闲，而且还遭到自己孩子的嫉妒。父母连花钱请的保姆、奶妈都会嫉妒，更不用说完全免费的(外)祖父母了。问题迟早会爆发。孩子在成长的过程中会对某些人产生依恋，会对他成长的家产生依恋。本来孩子与父母就形同路人，而父母又常常不认同孩子的行为方式，并怪罪于(外)祖父母；这样一来，无论孩子跟谁在一起，都不会再有安全感了。

《老年学》记者：当今生活中，职业女性在扮演母亲角色上承担的职责以及在教育孩子上花费的时间比以前少。在这种新的家庭语境下，（外）祖父母的形象会变得更加重要。如果母亲偶尔或定期夺回教育权，会不会对（外）祖父母和父母都造成伤害？

弗朗索瓦兹·多尔多：受伤害最深的可能是孩子。（外）祖父母当然会受伤害，再加上他们提供的服务只得到了心理和情感上的承认，伤得就更深了。有太多的东西模糊不清，承认没有办法得到彻底的表达。

《老年学》记者：这样做不是能够解放父母吗？

弗朗索瓦兹·多尔多：不能。父母如果让（外）祖父母看孩子，却不给任何报酬的话，那他们自己是得不到真正的解放的。我认识这样的一对老年夫妇，他们在周中和父母不放假的时候负责看孩子。作为交换，这对老夫妇每年都可以用他们挣得的钱美美地出去旅行一次。这就很公平。反正要是把孩子托付给别人，父母也必然是要给报酬的。亲情无价没错，但是（外）祖父母付出了劳动和时间，供孩子吃穿，应该得到报酬。提供的服务意味着一种责任，也是一种应该得到报酬的劳动，然而很多（外）祖母经常不要报酬。结果就是她们当中有很多人会对孩子产生毁灭性的占有欲，她们总得通过某种方法给自己以回报。出于此原因，我认为应该禁止父母给（外）祖父母低于普通雇工的报酬。

《老年学》记者：（外）祖父母自己也要对这种剥削负责。

弗朗索瓦兹·多尔多：是。但这会使亲生父母在两个层面变得幼稚化。一方面，父母觉得自己必须要无条件地感恩（外）祖父母。结果就是，在情绪低落时，（外）祖父母可以对父母提出无节制的要求。另一方面，父母会习惯性地不把孩子的抚养看护费纳入预算。其实，如果哪天（外）祖母把孩子送回来了，不养他了，那么父母肯定是要掏这笔钱的。所以，既然（外）祖母在说自己累了的时候没人理会她，她就只能"躯体化"，如生病或摔断腿，这样她的孩子就会对她付出的一切产生意识。如温水煮青蛙一样，相互间的攻击性使人在情感上没有退路，只能折磨身体。

《老年学》记者：（外）祖母会不会担心一旦她开始索要这笔钱，就不会再有人爱她了？另外还有一些（外）祖父母，他们可能根本不需要这笔钱。

弗朗索瓦兹·多尔多：也许吧。但孩子还是需要感受并知道他的父母虽然不能抚养他，但至少承担了责任。父母的爱、（外）祖父母的爱，这和义务不是一回事儿，和慷慨或者帮助他人的欲望也不是一回事儿。如果我的女儿需要我，我当然会帮助她；但是，如果她往我身上推卸自己的责任的话，那就不是尊重，也不是爱。别人为我们付出爱，反过来，我们的爱也一样，这与习惯或义务都无关。（外）祖母可能会出于爱而帮忙，她以为自己付出爱而不会索要任何回报。但有时候她并不知道，盲目做出的承诺会给自己带来长远、沉重的负担。她以为她可以做到。但是，如果有一天，她不愿意再这么做了，那么把孩子托付给她抚养的那些父母一定会怪她。到了那一天，那些父母不但会失去自己的自由，而且还会如梦初醒般地发现，原来养育孩子的费用如此高昂。面对孩子和长辈，父母要学会承担责任，这是他们应尽的责任。对长辈的孝敬和精神上的关怀是一种责任，而对下一代的支持和教育也是一种责任。把这两种责任混为一谈，其实就是一种既甩掉孩子这个包袱，又从孩子那里获益的不负责任的做法。这两种责任不能够混为一谈。

《老年学》记者：既然说到了金钱关系，那么社会保障制度的设立是不是削弱了家庭内部团结互助的关系呢？

弗朗索瓦兹·多尔多：不，不能这么说。这个制度仅仅从金钱上提供了保障，它是不得不设立的。但自然法则中，感恩老人，让他们感受光荣和获得帮助向来是人类核心的价值。社会保障制度有它的益处，但是，它也的确对一部分人造成了伤害。因为，它给成人提供了借口，让他们可以弃自然法则于不顾。自然法则要求人们成年之后，在父母不再能够照料自己的时候去赡养父母，这是一项义务，因为他们在我们尚未成年的时候养育了我们。自从有了"老年人可以领取退休金"这个借口，我们看到社会上对老年人的情感日渐淡漠。其实，退休金只是为了满足老年人对生活的物质需求而向其提供的最低保障，但这却让很多老年人陷入情感荒漠之中。这其中的原因更多在于教育的缺失，而不在于社会保障制度的设立。随着工业文明的发展，随着农村人口涌向城市，过去的大家庭渐渐分崩离析。过去，孩子会在几世同堂的生活中受到教育。然而现在，人们口口声声说孩子需要学习知识，却彻底忘了把学校不能给予的教育补上；国家在教给孩子知识的时候，完全让基因法则消失得无影无踪。其实，无论在人类生活中还是在动物生活中，这都是一种自然法则；但在人类生活中，它还具有象征意义。现在，大部分孩子甚至连叔叔、婶婶、表哥、舅爷爷、姨奶奶是什么都不知道。如今，教育大纲里安排了性教育，我希望至少能让孩子明白什么是基因血缘的联系，不然这种教育毫无意义。

爱不能被混同于依赖。当一个人不再需要他人帮他维系生命的时候，爱会慢慢产生。要不然，人类和哺乳动物又有什么区别呢？哺乳动物也会悉心照料自己的后代，但等到后代能够独立满足自身需要的时候，它们就不再担负这种责任了。人类则不同。象征法则超越人体的需求，通过思想、情感、愿望的表达，以及家庭和社会责任的束缚，把人类一代一代维系在一起。可是，要做到这一切，还需要让人明白家庭这个词的意义，明白家庭意味着父系的家庭和母系的家庭代代相传。然而，亲缘关系的相关词汇对大部分孩子来说已经不再有任何意义了。

《老年学》记者：过去的（外）祖母，满头银发，坐在沙发上，具有家长的威望，又照料、关爱着整个世界；今天的（外）祖母，活力四射、忙碌、年轻。对孩子来说，这两种形象的差异会不会太大呢？

弗朗索瓦兹·多尔多：（外）祖父母的新形象与他们当年劳

动到生命最后一天的形象并无二致。"美好年代"①中的资产阶级女性无所事事、百无聊赖。实际上，那种日子是很蠢的日子，幸好这些人只是极少的一部分。今天，所有人都会保持着各种活动。医学领域取得了巨大进步，假牙、义眼、助听器纷纷出现。有了医疗保险，逐渐走向衰老的人们可以接受更好的治疗，他们可以将自己的青春和活力保留得更久。当然，无论外表多么年轻，也无法抹去上下代之间的亲缘关系。

《老年学》记者：曾（外）祖母呢？

弗朗索瓦兹·多尔多：今天，曾（外）祖母的形象对应的才是过去（外）祖母年老力衰的形象。她完全属于另外一个时代，但于我们而言，这极为宝贵，因为她会向人们讲述她那个时代的生活。说到这儿，现在五六十岁的（外）祖父母虽然身强体壮、事务繁忙，但他们毕竟有过和自己的孩子不一样的经历，他们完全可以向孙辈讲述他们那个年代的生活。对于孩子来说，当年的生活足够遥远且充满趣闻。

《老年学》记者：对今天的孩子来说，他们的（外）祖母年纪并不大，是年轻的人。

弗朗索瓦兹·多尔多：没错，但她毕竟是经历过另一个时

---

① "美好年代"（la belle époque）是欧洲社会史上的一段时期，从19世纪末至第一次世界大战爆发，因科技进步和经济腾飞，人们摆脱了之前萧条带来的悲惨、痛苦，拥有一段繁荣、快乐的幸福时光（特别是1896—1914年）。这一时期被认为是一个"黄金时代"，此时的欧洲相对和平，随着资本主义及工业革命的发展，科学技术日新月异，欧洲的文化、艺术及生活方式等都在这一时期得到发展。——译者注

代、看到过不同生活方式的人。过去的故事总是能够吸引孩子，让他们入迷。

《老年学》记者：《小红帽》里面的外婆盘着发髻，满头白发。说到底，那其实是曾祖母的形象。

弗朗索瓦兹·多尔多：对，是一个曾祖母，没准还是一个曾曾祖母。这种变化是医学和老年学进步的结果。比如说，过去的女性生育之后，不可能像现在这样恢复得这么好。那个时候什么都不方便。劳动特别苦，损害着健康。

《老年学》记者：所以，现在的孙辈看待他们的（外）祖母和当年我们看待自己的（外）祖母，不能同日而语。

弗朗索瓦兹·多尔多：每一位（外）祖母都是孙辈心中父母的家庭历史的代表人物。我就见过我的曾外祖母。她出生于1840年。在我的印象中，她十分年迈，但仍然健康、矍铄。对我来讲，关于她的种种记忆都闪着光环。她是一个多子家庭中最小的孩子。那时候，她会给我们讲她兄长、她姑妈的故事。曾外祖父生活的19世纪有美洲的发展、最早的铁路和拿破仑三世。整个19世纪都因他告诉了我们他当年做的事情而变得具体。我的外祖母，也就是这位曾外祖父的女儿，出生于1858年，经历了普法战争、巴黎公社运动、第三共和国的建立、印象派的诞生、瓦格纳和李斯特的辉煌。而我的祖母，就是我父亲的母亲，也经历了那个年代，但她讲述的方式却是不一样的。所以，她们经历的方式也应该是不同的。两边家庭的焦虑和争吵往往与她们聊天时提到的某些历史事件相联系。她们提到了德雷福斯事件、巴黎公社、共和国、殖民地、社会主义思潮、不正经或不入流的人、思想太自由或太狭隘的人。这些激情在她们身上从未真正熄灭，反而时时迸发于她们与友人的谈话之中。那个时候我经常想，她们怎么可能也有过年轻时代呢？但是，当我现在重新翻看她们的照片，看到在我孩提时代的她们时，就发现她们在那个时候还没有我现在这么老呢。

来说一说我自己。我现在还没当上外祖母，因为我自己很晚才结婚。我的母亲，是一个生养了7个孩子的女人。孩子们出生于1902—1923年。她在我现在这个年纪的时候，已经是好几个孩子的（外）祖母了。我比她忙碌，因为我有一份职业，她没有。当她的孩子长大成家之后，而她也不可能再有别的孩子时，她备感失落。但她还是会让自己很忙碌，每天她都会接待自己的这个孙子、那个孙女，或者去她自己的孩子的家。对我的孩子们来说，他们已故的外祖母——我的母亲——给他们留下的是一个光芒四射的形象。有关她的所有回忆，都能把她准确定格于历史中的某个时间。关于外祖母，孩子们回忆起来的往往是一些趣事，并且已经离他很遥远了。但是对我来说，我不能说在我的回忆中，母亲的形象都是那么的光辉，因为我处在不同代际传统更迭的地方。母亲害怕我的各种欲望，尤其是学医这个念头。她嫉妒我的自由。"你能挣钱，真是太幸运了，至少，你可以给家里带来收入，不需要总向你的丈夫要钱。而对我来讲，这却很难，我总是觉得自己处在你父亲的监管之下，而他对此还毫无知觉。"的确，在我的童年和青年时代，男人根本都意识不到女人在家里也付出了劳动，他们意识不到生活的费用会随着孩子的成长而不停增多。

这就是母亲留给我的回忆。她成天生活在焦虑中，她担心接二连三的货币贬值会给自己的生活带来冲击。我的父母尽管相处融洽，但也会有关系紧张的时候。那时，家庭负担很重，有7个上学的孩子！过去，哪怕是资产阶级的夫妇，一般也都会因母亲不挣钱而有金钱方面的压力。现在，一般夫妻两人都挣钱，共同为家庭的经济生活分担压力。如今，一方面，住房面积小；另一方面，如果大家庭共同生活在一个屋檐下，矛盾会与日俱增。因此，家庭细胞迅速变小了。到了星期天，大家根本不会想去探望叔叔、婶婶等亲戚，也不会有时间。他们住得很远，而且探望一次花费也很大。自己家里也没有足够的空间让大家庭聚集在一起。人们不像以往那么了解亲戚了，只有不定期地在操办婚礼、丧礼时见个面。现在，谁还能随意留宿路过本地的亲戚？我们都会觉得对方变得苍老了，而且彼此也不再相互熟识了。年老的相继离世，时光也随之流逝了。

《老年学》记者：不过现在，大人都小心翼翼地向孩子隐瞒死亡。

弗朗索瓦兹·多尔多：很可惜，的确是这样的。我们的社会惧怕衰老，这就是一种表现。孩子只是偶然才会听说和接触死亡。我们美化或隐瞒死亡，这就是现在整个社会患有神经症的一种表现，这和我小时候生活的社会大不一样。我们小时候，有时候要服丧或半服丧，由此，我们就会听大人谈到某位舅爷爷或姨奶奶……总之就是说有过这么个人。家里会谈起他们，这样就能让人想起多年不曾联系的亲戚以及之间存在的亲戚关系。孩子就在这一过程中听大人谈论家里的事，找到自己在基因血缘中的位置，建立起亲缘关系。

《老年学》记者：您能感觉到现在的孩子缺少这些东西？

弗朗索瓦兹·多尔多：对。死亡的这种建构作用似乎消失了。不仅仅是因为服丧的传统不再，我想更是因为我们竭力否认死亡。现在，医疗手段高超，死亡不像以往那样不可躲避。

有些家庭将祖母或外祖母去世的消息隐瞒下来，不告诉孩子，结果孩子得了神经症。我就帮助过几位这样的孩子。我记得有一个上小学五年级的孩子，原先学习成绩很好，忽然成绩下滑，第二年也没有好转，甚至一落千丈。他被带来就诊的时候，我看到的是一个学业落下许多、苍白阴郁、几乎面无表情的孩子。医生没发现他有任何身体上的疾病。到底发生了什么？我马上就询问其父母家里到底发生了什么变故。"哦对，外祖母去世了。但他并不常见她，最多三周或一个月见一次吧。外祖母是在复活节假期去世的，我当时把孩子留在乡下了。""孩子爱外祖母吗？""嗯，他很爱她。""那您告诉他了吗？""什么都没说，那会儿是假期……但他也只字未提。""他没有问过你们？""有一天问来着。我们就说她在医院。"

我很确定这就是孩子忽然患上神经症的症结所在。怎么补救呢？必须要告诉他外祖母去世的事。于是，我就在诊所当着他父母的面告诉了他。我问他知不知道死亡是怎么一回事。

"人生病或者遭遇了事故就可能会死。""没错，但不仅仅是这样。生命结束的时候也会死。当有人去世的时候，应该怎么做?"他没有回答。于是我问父母，外祖母去世的时候家里是怎么做的。"举行了葬礼。""为什么孩子没有参加? 不是就在你们街区举行的吗?""我们想着这对孩子不好，会对他造成创伤。"没有告别就突然失踪，母亲(或父亲)悲痛欲绝却没人向孩子解释原因，这难道不是把孩子当成了小狗或外人吗? 只有知道死亡的存在，生命才有意义。于是，我对父母说，"那么周四请带着孩子去参加一次葬礼。请你们告诉他，外祖母的葬礼就是这样的，但当时觉得孩子太小了，不能告诉他。然后，再带他去给外祖母扫墓、献花"。

就诊过程中，我明显看到孩子的脸随着我的话语渐渐有了血色，他黯淡的眼神开始有了光。因为我把他的外婆还给了他。三周以后，他父母给我打了电话。"难以置信，这孩子现在又是班里的好学生了。在您那里就诊的那个晚上，他一整晚都在说外祖母的事，问了我们好多问题。他特别高兴能够带着鲜花去给外祖母扫墓。我们真没想到他的问题出在这儿。"可其实这没什么奇怪的，对孩子来说那么重要的事情，大家却一齐对他保持沉默，这说明大人不尊重他，说明他不是家庭的一员。有关生老病死等家庭大事、所有提过的问题和说过的话，都是人类智慧的基石。然而现在，谈论生死却变得有罪，成为一大忌讳!

《老年学》记者：老年人说到底同时意味着死亡和生命。

弗朗索瓦兹·多尔多：对。他意味着生命。不是指生命的繁衍，而是指情感交流和沟通。而他的死亡则会为他人乃至他自己的生命赋予意义。（外）祖父母必须得懂得这一点。每一个孩子都会问老年人"你是快要死了吗？"。听到这样的问题，老人往往会很生气，家长就会训斥孩子。如果是一位充满爱心的祖母，她就会很自然地回答，"是啊，肯定的，我希望是在你之前呢"。但我们听到的往往相反，"快别说了！这孩子太没礼貌了！一点都不懂事，没心没肺！"。当然，最理想的是直到死亡的那一刻老人都健健康康，但孩子可不傻。只有直面死亡、谈论死亡，生命才会充满意义。如果孩子问一个他深爱的老人是不是即将死去，那么这不是因为他铁石心肠，而是因为他很聪明。

《老年学》记者：不过，也有孩子在面对死亡时会遭到创伤。

弗朗索瓦兹·多尔多：对。因为我们彼此需要，因为我们将自己认同于他人，我们都会被死亡伤害，尤其在不能谈论这个话题的时候。所有的情感和心理创伤都能通过谈论而得到治愈。至于与死亡有关的仪式，不管是私密的还是社会的仪式，都是一种帮助我们面对死亡的语言，是与亡者的告别。

《老年学》记者：有时候我们把退休视作一种"社会死亡"。孩子也这么看吗？他们的（外）祖父母退休时，他们也会有这样的感觉吗？

弗朗索瓦兹·多尔多：孙辈肯定不这么觉得。但得看（外）

祖父母自己怎么面对。如果他们提早计划好怎么过，那么退休就可能是重生。有些人退休的方式充满智慧。他们在有偿工作以外还有其他的兴趣爱好。有很多退休的老年人会选择进行一种真正的劳动，没有任何对必须要干什么的强迫，对他们来说，相比于之前的工作，这更有意义、更加丰富。他们甚至感觉退休生活很幸福，因为做好了准备。他们能够享受自由，往日的爱好或新的兴趣，过去也许因为工作关系没时间尝试，但现在他们可以全身心投入。面对孙辈，他们也会有更多的时间去陪伴他们。

《老年学》记者：他们是社会中最幸运的那一小部分。

弗朗索瓦兹·多尔多：您是说因为有钱所以幸运吗？我不这么想；因为有爱所以幸运，这也许是的。我想，老年人并不知道他们受人爱戴，不知道自己有价值。如果他们真的全部被爱包围，那么他们就会平静地接受退休。无论年龄多大，退休老人都有巨大的社会价值，然而这部分潜在价值却被白白地浪费了。（外）祖父母可以帮助很多年轻人避免犯错误或弥补错误。社区、村镇、城市可以组织老年人将25％～50％的时间花费在提供服务上，有偿或无偿都可以。他们可以在社会互助领域里发挥作用。比如，如果过去是手工劳动者，那就可以尝试不太重的手工零活或维修等工作。

一个家里的成年人之所以相互不关心，不能真正地生活，是因为家庭内部的张力过大。孩子没有与别的大人、在别的场所交谈的机会，父母就会受困于此，孩子也是。很多家庭因此而成为所有人的囚室，大人下班后、孩子放学后都不愿意回来。每个人心中梦想的、能带来慰藉的家究竟在何处？孩子盼望着长大后逃离家庭，而家长却只为孩子而生活。他们会让孩子感到尴尬，会阻拦孩子按自己的想法行事，因为他们希望把孩子留在身边的时间越长越好。如果孩子不在，父母之间就无话可说。他们不给孩子空间，自己也被有关工作和孩子的各种琐事所困。有一天，他们会发现自己忘了结交朋友，忘了自我成长，忘了结识同龄人或同路人。在这些夫妇的生活中，工作关系让他们暂时忘了孤独；但一旦退休，这种孤独的苦涩滋味就会重返。他们不接受老去，感到孤独无助，感到自己一夜之间变得不再有用，没有人能够与自己一起谈笑交流。

《老年学》记者：那些啰里啰唆的（外）祖父母呢？

弗朗索瓦兹·多尔多：变成这种老年人的，正是我刚刚说到的这些成年人。他们长期感到失落，因为没有人与他们交流，他们自我封闭，他们感到失望，他们的诉求得不到满足，他们身心都感觉不适。他们是情感垂死的动物。他们对孩子是有害的，因为他们会使孩子无法感受生命中的快乐。这种老年人真是太可怕了。为孩子所爱的（外）祖父母，他们知道怎么和还没进入青春期的孩子一起玩桌游，怎么从中获取乐趣。（外）祖父母陪孩子一起耍赖，他们会生气，会争吵，会怒不可遏，但是这多么美妙啊！然而，在家长眼里，任何闹脾气的行为都十分严重。很多家长在读我的文章时会想起自己和外祖母一起玩的情景。他们一起玩象棋、扑克、跳棋。这样的外祖母童心大发，特别可爱，输了就六亲不认，赢了就得意扬扬。老年人和孩子都因输带来的鸡毛蒜皮和赢带来的荣誉感而互相紧盯不放。

《老年学》记者：您一直对我们说老年人对孩子很有价值，那反过来是不是也成立呢？

弗朗索瓦兹·多尔多：我想是的。从象征的角度来看，孩子会给老年生活带来快乐和活力。孩子天真自然，不会有死亡的焦虑，他代表着未来。孩子是老年人焦虑时的安慰。对于深爱孩子的老年人来说，孩子就是未来，他们知道自己会永远活在孩子的心中，不会完全死去，因为有关他们的记忆会变成孩子心中的温情，即开心、快乐、争吵、慈爱、惊喜、馋嘴的时刻留下的柔情。这些孩子是生命延续的保证。历史让人类具有象征的生命，历史因有年龄、有记忆而永远具有生命力。老年人如果被爱，那么就算他们在走向生命尽头时变得有些啰唆，已经长大的孩子还是愿意来看望他们。因为他们在三四年之前还是那样的充满生命力，现在虽然老了，但是没有因老而感觉痛苦。这样的老年人对于孩子来说，是与他们的幸福童年时光联系在一起的，是与他们的童年时代联系在一起的。（外）祖父母的宽容、陪伴会给孩子留下美好的回忆。孩子经常会在自己父母去世的时候深感内疚，然而（外）祖父母这里如期到来的死亡却不会让他们留下负罪感。

老年人退休应该被提前告知，如此，对于未来将要扮演什么样的角色，他们才能做好准备。让他们感觉自己是被期待的。应该遭到质疑的不是退休制度，而是成年人。他们在自己的孩子长成青少年之后，没有爱好，没有社会、政治、文化生活。在孩子到了独立的年龄，能够时不时地离开他们时，父母就应该重新找回丰富的生活，去结识他人，去发展其他的娱乐活动，和别的夫妇、和同龄人一起，从事文化活动以及充满乐趣、创意的社会和政治活动。

《老年学》记者：父母只有解放孩子，才能真正地解放自己。

弗朗索瓦兹·多尔多：是的。可是我们经常看到的是父母抓住最小的孩子不放，甚至抓住所有的孩子迟迟不肯放手。他们阻碍孩子的发展。看到孩子逃离自己的过度管教时，他们会焦虑，进而让孩子产生负罪感。这样就会制造家庭的神经症。

《老年学》记者：您想退休吗？

弗朗索瓦兹·多尔多：想呀，我希望能够有时间画画、参观博物馆、看展览、读书、听音乐会、出去散步、旅游或者看望朋友，这些我从来都没有时间去做。我很乐意等待这个年龄的到来，这样我就可以有充裕的时间，而不用算着时间紧紧巴巴地生活。

《老年学》记者：所以，如果有充分的准备的话，退休是一件很好的事情。

弗朗索瓦兹·多尔多：对，如果准备充分，对其他人、其他事物保持好奇心的话，退休就是一件很好的事情。我想，老年人有一件事情可以做，那就是把年轻人领进门，培养年轻人对他们以前从事过的职业的兴趣，不管是什么职业。学校里——未来会消失的、孩子天天去的这些学校，尤其是幼儿园——应该有一些退休的老年人，学校应与他们签合同。老年人可以以半工的形式去幼儿园、小学，尤其是托儿所帮忙，因为他们的节奏和孩子是一样的。他们可以教小孩子说话、唱歌。有些学校的旁边有供退休的老年人玩地滚球的场地，于是，学校就拆掉了中间的隔墙。这样，孩子和老年人能互相看见对方，还能交谈。大家一起说话，创造出另一种生活。用这种方式拉近不同代人之间的距离，大家都能生活得更好。

这些老年人没有特别的资质，他们会和孩子边玩边说，会给孩子找事情干，给他们讲故事，这样老师就能真正地把知识教给孩子了。要想教好知识，就应该以小班为单位，一次教授10~20分钟。因为这是孩子保持精神集中并且不感到疲倦的最长时间。有了老年人，老师就能把班级拆分成小班，让孩子轮流上课。上完课后，安排教育性休息时间。这段时间由老年人来负责。他们既不是学监，又不是老师，他们是孩子的朋友。他们知道怎么爱孩子，怎么激发他们的兴趣。我知道，让托儿所和幼儿园面向社会招聘有爱、有时间的老年人，这是一种革命。但我觉得这样才能让学校里的生活有质量，才能让托儿所提供因人而异的情感和语言教育。

《老年学》记者：不过，（外）祖父母和青少年之间的关系似乎更麻烦。

弗朗索瓦兹·多尔多：我觉得应该给青少年创造机会，创建一些类似青年旅馆俱乐部的机构，让他们有可能离开家庭，按自己的想法去生活，像他们希望的那样，不再依赖父母和（外）祖父母。针对大一点的青少年，也可以设置一些放松性质的工作坊、非学校性质的手工坊。这些工作坊无须固定的教学大纲，也可以由退休的老年人主持，他们可以给孩子的创作提供指引。这些孩子虽然还没到进行正式的职业教育的年龄，但是他们非常希望通过双手来劳动。可以由他们自己选择手工劳动的类型，老年人给予示例和建议，并与他们交流。所有这些都与正式教育无关，与各种制度无关。

《老年学》记者：隔代之间代际关系的改善，会不会对隔在中间的成年人有所影响？

弗朗索瓦兹·多尔多：您是说孩子的父母会感到很失落？有资质的正式教师会失去他们的威信？不会的，恰恰相反。年轻的成年人下班回家后更需要与配偶共处，而不是被迫时刻与孩子在一起。孩子需要知道自己的父亲会管自己，但应该以一种相对规律的节奏进行，而不需要随时随地地跟着。母亲也是一样。8岁以上的孩子，如果放了学只能和兄弟姐妹以及父母在一起的话，那是很不好的。很多孩子的确非常需要关爱，需要有人回答他提出的各方面的问题，需要活动，需要玩耍、动手、说话。而除了父母之外，并没有其他的成年人可以和他们对话。如此一来，尤其在城市中住房面积狭小的家庭里，父母得不到任何休息，平衡的关系也很难建构起来。一个家庭中的成员如果感到压抑，就会反过来让别人感到压抑。他们要不就爆发，要不就撑压自己。张力或者表现为毫无益处的脾气爆发，或者表现为情感上的自我封闭，而这又会引起自我分裂和其他身心问题，不分年龄。家庭的张力，尤其在城市当中，主要来自过分拥挤的生活。大家都生活在狭小的房屋中，孩子成长得很快，父母疲于奔命，各年龄段的家庭成员都无法通过真正的交流缓解自己的焦虑。

（外）祖父母若可以交心，退休之后就可以扮演平静地聆听心声的角色。他们会倾听，会带来平静，会安抚。家庭成员知道他们一定会保密，会向他们倾诉自己的失败、错误或酝酿中的计划，（外）祖父母会给家庭成员带来信心。初恋中的年轻人可以向（外）祖父母诉说，并且可以跟他们说"不要告诉爸爸妈妈"。他们知道（外）祖父母会保密。听完之后，（外）祖父母会帮助年轻人在未来的路上走得更顺。反过来也是，（外）祖父母可以向自己的孙辈说心里话，不用担心会伤害到孙辈，而他们面对自己的孩子的时候是什么都不能说的，因为他们担心会给自己的孩子增添烦恼，会让成年人的生活变得更加困难。如果（外）祖父母知道自己扮演着如此重要的角色的话，那么我想他们一定可以帮助年轻人。

住得比较远的（外）祖父母，他们知不知道从孙子、孙女会认字的那一天开始就应该常常给每个孩子写信？就算孩子不回信，也不用太计较，要继续写。有一天，（外）祖父母会惊喜地发现，孩子感到有需要的时候，知道应该向谁去诉说，知道应该写一封洋洋洒洒的信。也许孩子的这封信里错字连篇，但是这意味着他需要一个朋友。收到这样一封信，（外）祖父母应该立刻回复，充满关爱，不要带任何教训的口吻，这样就会与孩子牢牢地建立起友谊。孩子长大后，如果他需要说心里话、寻求建议或仅仅是找人倾诉，这样的友谊就会发挥巨大的作用。最让孩子感觉痛苦的就是被迫写信，不管写给谁，尤其是写给（外）祖父母。在父母的逼迫与监视下写信，或给（外）祖父母写回信，而其实（外）祖父母的来信内容乏味，自己也根本没有什么可说的，永远都在说学校中发生的那点事情，这些都会让孩子感觉痛苦。但是，最美妙的事情是知道在遥远的地方有个人纯粹地爱着你，只因为你是他的孙子或孙女，只因为你是他的老朋友而已。

我们常常听到有（外）祖父母抱怨，孙子、孙女从来不给他们写信。这是谁的错呢？孙辈知道（外）祖父母在想着他们吗？保罗还是让娜？也许保罗和让娜只是隐隐有些内疚，因为在元旦的那一天没有写那封无聊的、仪式感十足的新年贺信，他们根本都不认识他们的祖父母。他们只是在一些乱哄哄的家庭聚会中见过祖父母，有时候在假期可能见得稍多一点，但是在这种情形下初步建立的联系却没能得到更进一步的发展。（外）祖父母如果爱孙辈，那就应该自己动笔，给这些孩子中的每一个写信。不然，孩子怎么才能知道（外）祖父母爱他们呢？

《老年学》记者：您今年65岁了。您如何看待年龄这个问题？

弗朗索瓦兹·多尔多：每天早上我醒来的时候，也会感觉到老毛病带来的各种疼痛。我会泡一个澡，然后忙碌起来，之后就会感觉好一些。这就是年龄。但我总觉得自己身上有着儿童的精气神，有着对文化的渴望，总希望结识年轻人、同龄人或者比我大的人，总希望去发现值得爱的人、值得仰慕的人。我对一切始终充满兴趣，我觉得我永远都不会感到麻木、厌倦。我知道痛苦和焦虑的存在。过去的问题会变成负罪感，当下的问题会表现为无力感，而未来的问题是我会感受到要去经历的考验以及终将到来的死亡。但是，不管这样做是不是很傻，我总是充满希望，对别人充满信任，尤其是对年轻人。

《老年学》记者：换句话说，人不可能返老还童。

弗朗索瓦兹·多尔多：不可能，不过可以有童心。保持童心就是期待还会有探险，还会有惊喜，每一天都会有新的事物。正因为我从事这个职业，我每天都会发现新的事物、新的人，这让我对人类充满信任和希望。我希望别人始终会帮助我去生活，直到最后一刻。

《老年学》记者：弗朗索瓦兹·多尔多，谢谢您。

22　父母分离①

　　今天我要和你们谈的是父母分离的家庭中的孩子。我会以自己作为医生和精神分析师积累的经验为基础，与大家分享一下我个人的思考。我接触过很多离异家庭孩子的案例，不管是困难儿童还是神经症患儿，其中有几点我感触特别深但最不引人注意。有些结论乍一看似乎很特殊或很矛盾，但我想，如果带着客观的态度和诚意去试着理解，就能从中学习到应该怎样教育父母分离的孩子。

　　为了让大家更好地理解我的这些想法，我们先来讨论一下对"父母分离"的理解。一般来讲，这指的是离了婚或者分开生活的父母。不过，难道这其中不应该包括虽然没有离开彼此但貌合神离的父母吗？简单地说，人基本由心灵、思想和身体三

---

　　①　《父母学校》，1950 年 3 月。

部分组成。在这其中任何一方面或多方面上，如果有根本的分歧，就会使夫妻之间造成事实上的分离，其对孩子的影响可能比简单、干脆的离婚更大。有些人，虽然生活在一起，但彼此并不相爱，我想说的是，他们不爱彼此身上的缺点。因为如果真正爱一个人，就一定会连对方的缺点都一并爱上，甚至有可能爱的正是对方的缺点。由于懦弱、自私，或者缺乏活力和具有畏难心理，有些夫妇宁可看着当年坚信必然幸福的共同生活变得索然无味。他们变得无力让婚姻成功，也没有勇气分手来承认婚姻的失败。

这种家庭是"失败"的。他们事实上已经分离，却依然共同生活在谎言中。在患神经症的孩子中，来自这样的家庭的众多。为什么？他们比别人更难找到自己的道路，建构自己作为男人或女人的人格。因为他们生活在虚假的家庭生活中，他们看到的成人、父母、夫妻都只是虚假的伪装。

上一次我们说起过意象，也就是孩子对父母的内化于心的形象。那是孩子自然地、无意识地、日复一日地建构起来的。他以自己的父母为榜样，以父母作为夫妻营造的气氛为样板。父母不知不觉地通过"身教"而非"言传"使孩子在心中有了"男性"和"女性"的概念。一个家庭中，如果父母放弃扮演自己的角色，放弃为共同目标而互补，这些形象就不再完整，这些成人在孩子眼里就是不够强大、没有得到足够的爱的个体。可孩子又会将自己认同于成人的形象，那他又怎么可能不感受到自己的完整人格和生命力受到威胁？

从这个意义上来说，这样还不如父母正式离婚分开过日子来得简单。

离婚的确会给孩子造成心理阴影。比方说，如果父母轮流看护孩子，那么孩子可能会遭遇由此而来的周而复始的对两个家庭重新适应的问题等。但同样是父母关系出现了问题，如果在情况明朗化的家庭中，其成员不需要时刻伪装，大家知道问题出在哪里，知道哪些地方依然坚固，那么在这样的家庭中，孩子患神经症的情况较少，或至少可以说患严重神经症的孩子较少。

不过，虽说真正的坦诚是直面人生，但并不是说一定要选取最简单的解决办法，通过离婚或通过一成不变的日常轨迹来逃避，都是懦弱的行为。真正的目的是看清实际情况，了解自己的责任，对自己的人生负责，不让悲欢离合左右自己的人生。在共同生活中，有些困难在被合力征服之后反而会加固夫妻关系，验证彼此的爱情……不过，这不是我们今天的主题，我们要谈的是分手的父母。

因此，我们还是应该停留在这个主题的惯常范围内。面对这个基本事实，我们需要探讨的是其对孩子的性格和健康的影响。因此，我们要从问题的基本特征出发，也就是从父母分离这一特征出发，探讨应该怎样教育这些家庭的孩子，才能避免可能出现的心理问题，以及怎样解决已经出现的问题。

父母分离时孩子的年龄至关重要

在不同的成长阶段，孩子对父母会有不同的需求。如果分离发生在某些阶段，那么会对孩子造成较大的影响。孩子年龄越小，父母关系恶化对孩子的影响就越深。孩子越小，父母分离就越会对孩子造成真正的创伤，也就是说，越会造成严重的心理冲击。孩子全身心都会感受到，心理和身体的不同方面都会有所感受。5岁或7岁以上的孩子当然也需要克服重重困难，但他不一定会遭到刚刚所说的那种心理创伤。为什么呢？

因为0~3岁的孩子是从夹在父母中间的生活中获得平衡的。有些情况下，这种平衡获得的过程可能会久些。但他只有成功地度过危机，才能进入下一个成长阶段。如果不给他提供保证这种成功的必要条件，那么他就有可能困在某些阶段中走不出来。

7岁以下的孩子成长过程中的需要

幼童最需要的就是安全感，他们需要在母亲身上找到安全感，不管母亲是谁。他们时时刻刻都需要这种永不改变、永不缺失的安全感。孩子只有感受到这样的安全感，才能进行自我建构。不管家庭情况如何，5岁之前的孩子可以在母亲身上找到安全、温柔、稳定的气氛。这种气氛能让他正常成长。

5岁之前，男孩、女孩都一样，都只需要母亲；5岁之后，他们就需要家里有一个男性存在。对于男孩来讲，他需要家里有一个被母亲所爱、对自己负责的男人，这样他才能够认同于父亲的形象，从而自己也长大成人，并且逐渐放弃生命之初对母亲的认同。女孩之所以需要父亲，是因为若要安全地将自己认同于女性，她不仅需要母亲以母亲的形象出现，更需要母亲作为女人、作为她所爱的男人的孩子的母亲出现在她面前。在女孩模仿母亲的过程中，父亲会起到引导她成长的作用。父亲作为男人，对于女孩的成长来讲，体现的是一种动态吸引原则。

来看一下这些互动的具体细节。女孩过了四五岁之后，需要家里有一个受母亲或保姆尊重的男性。这样，她就能够感觉到既可以接近父亲，又不需要担心会失去养育她的母亲的爱和尊重，更不用担心会失去母亲带来的安全感，以及由此为她的成长而创造的安稳。她需要同时拥有各种自由，需要父亲的吸引力和母亲的安全感，还需要在这个男人身上感受到完全的生殖安全。也就是说，不能让她产生一种感觉，即不能让她感觉到这个男人是被她身上感性的东西打动的。一旦这样，她就会认为父亲的存在是一种危险，而不会再把父亲当作获取安慰与帮助的源泉。

男孩也会感受到异性的吸引力。但是，一方面，他需要这种吸引力得到"父亲"的准许，需要有个男人带着他去仰慕爱他的母亲；另一方面，他需要在此过程中学习怎么做男人。因此，他会同时感受到母亲以及理想男性形象的吸引力。他需要感觉到一直以来让她有安全感的母亲会继续爱他，不管他是否正在变得更像男孩。有些话母亲不应该说，如"现在他跟所有的男人都一样""他现在不乖了"。他向往的理想男性的形象必须要被母亲接受。

所以，孩子不能失去养育他长大的那个人的爱和信任，但同时，他也需要能够走向吸引着他的异性。

在这个年龄，如果有一对心连心的男女存在，孩子就能在这对夫妇面前建构自己（哪怕这个男人并非他的生父）。而一旦自己的内心形象得以建构，它就会为孩子走向俄狄浦斯情结的十字路口创造极为有利的条件。

相反，如果孩子是由父母中的一方抚养长大的，那么到了这些矛盾的力量在他身上开始对峙的时候，父母中获得抚养权的一方和他的性别是否相同，将决定他感受到的是失去了一切还是大获全胜。

如果男孩有幸被母亲抚养，或女孩有幸被父亲抚养，他们就会觉得自己大获全胜。因为他们既有安全感，又可以完全拥有此刻他们最喜欢的母亲或父亲，他们战胜了对手。

但这只呈现了问题的一面。这种运气只是表面上的，它很快就会变成一种无力感，因为俄狄浦斯情结需要双重解决方法。在父子之间或母女之间的对立关系之外，与对手之间产生认同也是一种需要，这是塑造孩子人格的基础。

因此，只和父母中的一方生活的孩子很快就会感受到另一方的缺失，而另一方对他自身的建构是至关重要的。他曾以为自己不依恋另一方，因为他被剩下的那一方吸引，但其实，他始终需要离去的那一方。

从这个意义上来说，如果父母在孩子经历这种内心冲突的时候分离，那么对于孩子而言，这是一件具有阉割性质的事。

因为他的成长没有能够完成，反而遭到了阻滞。就算孩子当时觉得获得了一切，未来还是会证明其实他失去了很多。

他唯一的弥补方式是把未来遇到的适应困难——在最好的时期未能处理好俄狄浦斯情结而引起的困难——都归咎于父母分离。主体会把自己的所有需要克服的困难都归咎于离去的那一方，以保全自己的骄傲。如果能够向某个人发泄自己的攻击性乃至仇恨，那么对他来说，走出这一个死结会相对容易。哀悼不一样，哀悼也是阉割性事件，但在这种情况下，攻击性或者对各种事情的愤怒只能表达在自己身上。

所以，如果父母分离发生在孩子走出俄狄浦斯情结之前，那就可以预见孩子将会遇到极大的困难。能够解决这些困难的孩子仅仅是个例。

如果父母分离在此阶段之后发生

7岁以上的孩子如果有困难，就会比较容易且快速地解决，尤其是当有心理师或精神分析师帮助的话。因为，从这个年龄段开始，孩子会更快地变得独立，会更好地不让自己从中受到伤害。而且，父母虽然分手，但双方都很希望看见孩子健康成长，他们都会付出努力，引导孩子往这个方向成长。

因此，负责治疗孩子的医生想见到父母双方也较容易实现。监护人带着孩子来找医生，总会说："哦，我可不知道他爸爸（妈妈）愿不愿意过来。"但医生需要见到父母双方，才能更好地了解他们的孩子。其实，只要对方懂了这一点，就一定愿意配合。如果孩子得到这样的对待，如果他知道父母愿意并一致努力让他接受治疗，他就更容易克服对同龄儿童的生活环境不适应的困难。

还要补充一点，困难儿童并不一定是神经症儿童，差别很大。"神经症"意味着什么？意味着自己感觉无力，感觉真的没有能力走出不幸陷入的泥沼。然而在很多情况下，很多被带来看医生或精神分析师的孩子都能够靠自己的能力走出让他们奋力挣扎的乱局，有时甚至都不一定需要治疗，但他们会为此浪费许多时间；而有时候，正是因为在这个问题上浪费了时间，他们在人格发展上才会出现相对于同龄孩子而言的滞缓。这些当然是他们的特殊家庭产生的特殊困难，但这些困难与任何个体在建构人格时遇到的困难属于同一种性质。

父母分离的孩子特有的困难

第一，"停滞"的孩子。

父母分离的孩子稍稍长大一点以后，往往会出现智力和情感上的不适应。在此之前，孩子一直很正常，但忽然有一天就开始"停滞"：没有反应能力，行为不正常，上课时也不再努力；看上去很痛苦，但没有生病……为什么？

这是因为，处在微妙环境中的孩子尽其所能试图走出困境，但父母却竭力阻止他，而且还不自知。

这种家庭的孩子的症结在于，父母分离之后，究竟是什么把他们继续维系在一起？孩子是父母结合的证明，他很难理解现在父母之间只剩下怨恨了（他们共同的感情只剩下这个了）。如果相反，父母都还爱孩子，孩子就会被夹在双方中间。双方都想要留住孩子的爱，都担心孩子会被对方影响而逐渐淡忘自己。于是，孩子永远都会有一种撕扯感，父母都想探听对方说了自己什么坏话，或者总想在孩子身上看到对方的影响。比如，父亲会这样说："他现在会用他母亲的眼神看我，我受不了了。"

能够想见，掺杂了担忧与怨恨的爱很难让孩子感觉放心和积极，他从中找不到成长必需的安全感。相反，他被永无休止地撕扯、威胁着……他既是被撕扯的对象又是受害者。

心理学家或精神分析师能给予的帮助就是让孩子找回自主和自尊（遭到双方争抢的孩子不知道把尊严交给哪个自己）。其实，他自己也可以慢慢重塑这些。但心理学家不会偏倚父母中的任何一位，他只为孩子着想——他从孩子的痛苦出发，目的是让痛苦的源头消失，孩子能向他自由地倾诉，他能让孩子看清大人分手的原因。孩子能隐约感受到父母为何分手，但他总是忍不住去想："要是我听话一点，要是我乖一点，也许爸爸妈妈就不会分开了……"

因此，需要做的是消除孩子心中的负罪感，"如果父母不幸福，那么一定是我的错"；也要打消他"如果知道怎么做就能让父母重修旧好就好了"的念头……怎么做？让他客观地意识到，分离可能是由于性生活出了问题——至少这是大人生活中导致婚姻失败的原因之一；要让他明白自己不是促使父母分离的原因，虽然婚姻多多少少失败了，但他还可以继续尊重父母；要让他重新找回独立的人格。负罪感的消除会为适应社会创造条件。之后他就会很快地成长，他会很幸福地看到，父母虽然已经分手，但当他们看到孩子在同龄人中获得成功时，依然会有发自内心的欣喜之情。

第二，少年犯罪问题。

有些孩子恰恰就在适应社会的过程中遭遇了障碍，因为他们的感觉是，父母通过离婚，以这种"罪行"为代价买到了生活的权利。对他们而言，这是个过错。他们不敢告诉别人父母已经分手，害怕遭到朋友的嫌弃，预支着假想的嫌弃带来的痛苦。

此外，如果他们能知道父母就算分手也依然爱着自己，他们的痛苦就会是一种社会性的痛苦，不会伤及太深，不会伤及他们的生命内核。

这些孩子可能会在青少年时期变成少年罪犯。这其实是一种过渡性的现象，是孩子尝试认同的结果，因为他们把父母的离婚理解成了一种犯罪。

因此，这些孩子是"假性"少年罪犯，他们只是在对父母"犯罪"意象的认同的无意识推动下，做出了必须受惩戒的行为。分析他们的情况时我们有一种感觉：为了原谅给自己带来痛苦的"过错"，他们就得犯下同样的过错。他们把离婚理解为犯罪，因此，要想再次走近父母，他们就必须同样犯下过错。一切似乎都在告诉我们，要像父母一样成为成人，他们需要经历一次与父母的成人生活有类似特点的考验。

因此，某个父母分离的少年如果犯罪，那么有可能是做了一次为了接近父母、认同父母的尝试。因为，孩子之所以做了"很坏的事情"，是因为他要用自身的资源——而且自己并无意识——参与到父母做出的这种对他来说"很坏"的离婚行为中。我们要让孩子明白他的行为的性质是认同。父母的行为在他眼中是犯罪，具有成人生活的特点，因此，做出类似的行为也是他自己长大成人的必经之路。我们还应该知道，在孩子理解了这一切之后，这段经历的最终结果会是正面、积极的。因为孩子虽不明说，但他有意愿用另一种方式加入父母经历的考验中去，而这种意愿中有一种黏合力。只要能够顺利度过这段危机时期，孩子对父母的感情就会更加有意识、更加深厚。

我曾经长期给一位获得抚养权的父亲提供建议。他的孩子听说，母亲再婚时嫁给了一个有钱的男人，就以为是那个人用财富拐走了母亲。于是，他去母亲家时，偷了那个人将近 10 万法郎，并将这些钱藏在了屋顶瓦片下。他的想法是把那个人偷穷，这样母亲就可以回家了。

第三，不适应社会。

在各种处境中，如果个体没能及时解决自己的问题，就会出现一些不适应社会的表现。这一点刚才我们提到了。父母的分离让生活变得动荡，孩子面临的挑战更加严峻，他会因此出现适应困难。但只要能让他更快、更早地依靠自己的力量，也就是说，更早地获得不依赖家庭的自立能力，一旦家庭问题带来的困扰得以解决，有时候他就会比别的孩子更快、更自由地发展，更快地适应新环境。比如，他会比长时间纠结于家庭情结的孩子更加适应自己的新婚生活。

这里需要强调的是，虽然困难切实存在，但大多数情况下，对孩子而言，真正的悲剧在于身处分离中的父母出现了神经症的表现。如果要寻找神经症，那么应该在父母身上找，而不应该在孩子身上找。幸好如此，因为这样孩子好歹保留了不依赖父母而独立成长的可能。但不管怎样，如果父母的神经症对孩子产生了影响，那么肯定有碍于孩子的成长。

分离后父母生活中的态度具有重大教育意义

父母分离时，我们听到最多的就是"错在他""她没有过错"。如果好好直面事实的话，那么这些说法都会变得毫无意义。因为我们一般都会发现，夫妻关系出现裂痕，这一问题往往早在婚姻最初就有征兆，在结合之初就埋下了伏笔。

很多情况下，这是因为夫妇一方——有时候是双方——在结婚之时尚未解决俄狄浦斯情结。比如，女性未能走出与母亲的敌对关系（有些母女一辈子也无法和睦相处），父亲在她心中永远是理想的男性。于是，她就会在婚姻中寻找一个能给予她孩子、让她从此能与母亲平起平坐的男人。她往往会找一个比自己年长许多的男人。

男性如果在婚前未能做到与父亲的认同，而是停滞在了与母亲的认同上，他要么会选择一个充满"母性"的女人，而非一个爱他的妻子，要么迟早会断了婚姻的联系回到母亲身边……当然还有另一种可能，即借这次婚姻彻底解决自己的问题，从恋母情结中走出，通过这次考验彻底长大成人。男性如果真遇到了这种情况，那么最理想的做法就是在专业医生的帮助和指导下，借机一次清算所有的问题，使自己不再遭受种种麻烦的困扰。

在以上这些的基础上，我们就可以说，这种境遇中的孩子的问题取决于神经症父母的问题。比方说，有些关系出现裂痕的夫妇中的一方离开，另外组建一个平衡的家庭（在新家庭中找到了失败婚姻中未能找到的平衡），相比于第一段婚姻关系中的孩子，诞生于新婚姻关系中的孩子成长得要好得多。为什么？因为后者看到的是平衡稳定的夫妻关系。

有一位母亲，失败的婚姻并未伤她太深，反倒成了她终于解决俄狄浦斯情结的契机，从而重建人生。她的女儿就愿意早日走向婚姻，哪怕比同学们都早许多。从情感发展上来看，她的女儿比别的孩子更加成熟，因为其成长中没有阻碍（如果新家庭中扮演父亲角色的那一位真的能起到父亲的作用的话）。同时，看到母亲的经历，看到母亲在孩子面前解决了种种问题，她通常会建立一个更为牢固的家庭。同样，男孩的成长与否也取决于父亲是否能够承担起面对孩子的全部责任。

反过来，如果父母走不出分离的阴影，保留神经症的态度，就会制造真正的悲剧。

比如，获得孩子抚养权的那一方如果缺乏生命力，就会对孩子构成威胁。比方说，有一位父亲，他将所有的困难都归咎于离婚，不为改变做出任何努力，毫无韧性，没有生命力，每天回到家就躺在床上，把女儿当成护工。这种面对生活毫无勇气的态度会令孩子极度沮丧。孩子被判给留守于婚姻关系中的这一位，也许这种态度就是他"留守"的原因吧。

如果婚姻失败的深层原因来自女方的性无能和性冷淡，那么苦涩的母亲往往会阻碍女儿的正常成长，给她制造种种麻烦。性冷淡的女性往往自卑，但她毕竟有个孩子，因此她的生命中并非一无所有。问题在于，孩子诞生之后，她就成了母亲，不再是丈夫的妻子了。这样婚姻往往会走向破裂。然而，如果女儿被判给了母亲，她会将全身心封闭于女儿身上，呈现给孩子的形象是一个不完整的、受到伤害的女人。她在女儿全面走向成人的道路上竖立了屏障。等女儿到了十七八岁，就会走进死胡同。这个案例中，正是母亲的神经症阻碍了女儿成长。

最后，如果被离弃的那一方以受害者自居，那么他会想尽一切办法告诉全天下自己有多么不幸，生活是多么让人无望（"一切都完了""我不是那种能够重新来过的人""我付出了全部却失去了一切""我将在不幸中度过余生"），他展示的是自己的无能。如果孩子的抚养权判给了他，那么他树立的榜样对孩子的成长极其不利。

我们不是要讨论再婚究竟是好是坏，我们关心的是如何帮助父母真诚地面对自己、改变态度。因为唯有如此，才能够使孩子拥有正常成长的机会。

一个女人，丈夫离她而去，或者干脆离了婚，她之所以以受害者自居（人生被一个坏丈夫毁掉，但却谨守妇道不再婚，但她又明显让人感觉到这段失败的婚姻把她害得有多惨），是因为她面对生活、面对自己时无力承担责任。如果她还以再婚是禁忌为说辞，但同时又因这一禁忌而深感不如意，她的"谨守妇道"仅仅是出于对"别人会怎么说"和社会传统的顾忌，那么她既不够成熟又不够虔诚。

"受害者"拒绝抗争，也不会接受那些让他因无力而生活，而不是为忠于婚姻而生活的条件。

父母中被离弃的一方的态度证明他既不够成熟又不够虔诚——他成长中存在缺陷，做不到这两点中的任何一点，更不可能同时达到两种要求。这种神经症的态度极其危险，因为它会带给孩子一种缺失的、没有独立能力的形象。

上文论述的是分离的父母在孩子面前的行为方式的重要性。其中要记住的是，不管是否再婚，都不要以受害者自居，要充满建设性的力量，要勇担责任，要有生活的勇气（而不是放任自流）。父亲面对儿子时尤其应该承担责任，因为儿子需要他，只有这样，儿子才能成为男人。母亲要注意，不要因自己"失败者"的态度而阻碍孩子的充分成长（尤其在情感和性方面）。

最后一个至关重要的教育问题是，永远不要在孩子面前贬低配偶。司空见惯的是，失望的妻子抓住一切机会借题发挥，滔滔不绝地发泄对负心人的怨气（尤其是如果她没能重建人生和自我，就会责怪对方抚养费给得太少，哪怕实际上对方给的数目完全符合法律根据父亲的能力做出的裁定）。

从根本上来说，最重要的是孩子能够认同父母，从而变为成年人。孩子需要明确知道这一点：父母虽然现在已分手，但他们在他出生时是相爱的，他们当年是非常期待他诞生的。这样，孩子才不会因处在争抢他的双方之间而感到为难和痛苦。

此外，如果孩子总是挣扎于假装的生活中，如果他总得因父母假装相爱而假装相信这一点（自己有时都真假不分），他就很难正常成长。父母与其出于各种原因（如社会或经济原因），维持表面的和谐，把孩子拉进骗局，不如向孩子解释清楚，因为敏感的孩子迟早都会发现问题。一旦如此，孩子就会出现心理问题。

在团结、和睦的家庭中，孩子健康成长的秘诀在于父母双方给予的安全感、爱心和信任。在父母分离的家庭中，成长条件当然要差得多，但还是应尽一切努力为孩子创造同样的条件，尽量为他减少困难的阻碍，让他活出自我。

23　离婚时对孩子说什么?[①]

　　约赛特·阿丽雅:我发现很有意思的一点,就是您在广播采访中总是以传统家庭为框架去谈孩子的一切。父亲、母亲和孩子三位一体。但如果这种三元关系破裂了,该怎么办? 如果孩子成了离婚父母的孩子,该怎么办?

　　弗朗索瓦兹·多尔多:不管父母有没有离婚,对孩子来说,父亲—母亲—孩子的三元关系始终存在。父亲和母亲可以分开生活,可以分别再婚、远离彼此。孩子的整体感来自他的父亲和母亲。离婚是一种社会事件。如果父母处理得好,如果他们知道怎么向孩子解释,孩子自己也就能承受。

　　约赛特·阿丽雅:给孩子解释父母要离婚,这很难⋯⋯

　　弗朗索瓦兹·多尔多:一点都不难。要非常简单地告诉他

---

①　《新观察家》,1977 年 10 月 17 日。

事实。"我和你爸爸不能再继续生活在一起了。我们无法再和睦相处。我们不想再要孩子了，这就是证据。但我们的婚姻并不失败，因为有了你，因为你来到了我们的生活中。当时，我和你爸爸也期待你诞生。你永远是我们的儿子（或女儿）。但现在，我们将会分开生活。你很幸运，爸爸会有一个新的妻子，妈妈也会有一个新的丈夫，这样你就会有两个家。"

约赛特·阿丽雅：这样对孩子的创伤不会太深吗？

弗朗索瓦兹·多尔多：不会。最伤孩子的是如下这种说法。"我离婚是为了你。我们分手是为你好。"这会给孩子带去深重的痛苦，因为他会认为自己需要对父母的分开负责。这是最糟糕的。

约赛特·阿丽雅：可是最常见的态度还是尽可能地向孩子隐瞒夫妻不和——有时的确夸张到极致。

弗朗索瓦兹·多尔多：这样的话，孩子就无法理解父母为什么要分开。而且，孩子对家庭气氛是十分敏感的，他完全能够感受到。如果不用词语去向他解释这些隐藏的问题，他的痛苦就会是双重的。一方面，他自责；另一方面，他又不知道为什么。

约赛特·阿丽雅：孩子到了一定的年龄就能够理解了，那时，倒还能向他们解释。但如果孩子还小，该怎么办？

弗朗索瓦兹·多尔多：无论孩子多大，都可以和他谈。您知道，在出生前还是胎儿时，孩子就能清晰地听到父母的声音。出生以后，他需要很快地从突然包围他的嘈杂世界中找出这些声音。婴儿和母亲的第一次交流非常重要。有些孩子甚至记得别人最早在他们身边说过的话。人完全可以让婴儿听到我们的话。条件是不要用婴儿的语言，不要特意为他们编故事，要说真实的事情，总之要尊重他们身上的未来男性或女性。

约赛特·阿丽雅：父母在经历情感危机的时候，还能保持足够的冷静，用这种方法去处理吗？

弗朗索瓦兹·多尔多：的确不是总能做得到。这就是为什么最好还是由第三个人向孩子解释。

约赛特·阿丽雅：（外）祖母？

弗朗索瓦兹·多尔多：千万不要！（外）祖母永远都不可能保持中立。最理想的是一个做过精神分析的第三人，这样他就不会把自己的个人问题投射到这件事上。

约赛特·阿丽雅：这样一切都会好一些吗？

弗朗索瓦兹·多尔多：如果有个成年人能在家庭之外，把这件事情告诉孩子，并消除他的负罪感，孩子就能用言语去表达他的痛苦。这种时候，他感受到的放松是我们无法想象的。可惜，通常这些解释都来得太晚。等我们发现孩子情况不对，如出现了倒退或学习成绩下滑时，才会想到找一个心理医生。而其实，如果从一开始就让心理医生介入，甚至用制度规定下来，就会好办得多，就会更有效。比如，在法官宣布离婚时，应该由已经做过分析的"父母关系顾问"和孩子谈话，告诉孩子为什么离婚需要司法介入，为什么效果还这么差。

约赛特·阿丽雅：可离婚并不是法官造成的。

弗朗索瓦兹·多尔多：的确不是。但司法的介入使得离婚总是一场噩梦。首先，程序漫长。几个月甚至几年过去了，还是什么都没得到解决，气氛变得更加糟糕，所有人都无比焦虑，孩子会全数吸收这种情绪。这会带来无数危险。如果孩子还小，那么更是如此。其次，也是最主要的，有关离婚的法律完全与孩子的身心保护背道而驰。比如，法官会以书面形式写下双方的过错。但父母离婚永远是不幸的事，在这种不幸中，父亲或母亲谁都不应被指责。这件事情应该只与父母有关。离婚只是一件必要的事，仅此而已。应该让孩子能够绝对保留对父母的尊重，这样孩子才能有自尊，因为他是父母在某一时空结合的产物。"谁对谁错"这种思路会带来许多后患。抚养权也是如此。法律对这个问题的处理非常糟糕。孩子的抚养权应该给谁？通常应该给经济能力较强、时间较多的那一方，但更重要的应该是看谁能够独自生活下去而不需要对方。一方出轨或与第三者长期同居可能会使他被剥夺抚养权。然而这种视角是完全错误的。应该反过来，优先考虑重新开始生活、再婚或与另一个有孩子的成年人一起生活的那一方……总之就是稳妥地"包扎好伤口"的那一方。

约赛特·阿丽雅：为什么？

弗朗索瓦兹·多尔多：因为对孩子来说，最糟糕的就是感觉父亲（或母亲）将全身心投在自己身上，只为自己而活——哦！那些到了周日与女儿一起去餐馆吃饭时找不到话题的父亲！要想让孩子健康发展，就要让他知道自己不是属于别人的事物，不受人操控，不被人拥有。他需要知道，不管父母是否生活在一起，都不应由他给一方带去慰藉，他也不应成为另一方的敌人，不应成为替罪羊，不是双方的使节，更不应替其中一方监视另一方。他需要知道并接受的是，他的父母有属于他们的感情和性生活，这与孩子无关。如果孩子懂了这一点，也就是说，如果他懂了什么是乱伦禁忌，过了成长中这个重要关口，他就能面对父母的分离，哪怕分离让他痛苦。其实在这个问题上，离异家庭的孩子比普通家庭的孩子要好过些，因为父母的关系给他们带来的负担会略微轻一些。

约赛特·阿丽雅：用什么样的词语才能让他懂呢？

弗朗索瓦兹·多尔多：最简单的话如"你在我心中是不可替代的。你是我的儿子（女儿），但这还不够。我需要和另一个成年人一起生活，一起睡觉"。不管多大的孩子都能清楚地听懂这种话。成年人的性生活总是能被孩子接受的。

约赛特·阿丽雅：不一定吧！继父或继母有可能遭到孩子长期的、毁灭性的憎恨……

弗朗索瓦兹·多尔多：没错。但那牵扯到另外一个问题，即俄狄浦斯阉割尚未被接受。这种情况下，最好是把事情说清楚。"我很爱你，但我的生活不是你的生活。我需要和另一个人生活在一起。我不会为你放弃一个我爱的人。如果你因此而不幸，那么我会考虑让你住到别处，这样你会舒服一些。"这样说绝对有好处，孩子会感到如释重负。他会停止将自己同时视作母亲的孩子和她的配偶，配偶这个角色由另一个男人来扮演。他跨越了一条重要的鸿沟，这之后各种问题往往都会迎刃而解。

约赛特·阿丽雅：万一没那么顺利呢？

弗朗索瓦兹·多尔多：那就得有和孩子分离的勇气，哪怕是短暂的分离也可以。不论离婚与否，永远都不要让孩子制造夫妻不和（很多夫妻都因此而离婚），否则他一辈子都会背负这个隐匿的责任。

约赛特·阿丽雅：怎样让孩子接受他将会有一个同父异母的弟弟？

弗朗索瓦兹·多尔多：孩子总是很愿意看到母亲有孕，能生育的成人对他而言是一个极好的模仿榜样。虽然一开始孩子会嫉妒，但也是好的，而且这样更好。有必要让孩子体验嫉妒，因为这有助于塑造人格。

约赛特·阿丽雅：听完您的阐述，可以说，其实父母离婚不一定会对孩子造成毁灭性的打击。如果父母处理得当，那么对孩子甚至都可能有一定的益处。但父母不一定都能做到这一点。对于很多父母来说，离婚是一场撕裂，其中孩子会成为工具；离婚就是走进地狱，而且他们还会把身边的人一起拽进地狱。

弗朗索瓦兹·多尔多：对。我们看到有的孩子被父母离婚毁掉，有的孩子出现严重的倒退，还有的孩子停滞在对父亲或母亲的认同中而无法建构起自己的身份认同，早早埋葬未来的幸福生活。这就是为什么我主张如果家庭遭遇严重的危机，就应该采取一些极端的措施，如把孩子安置到临时家庭中去。当然，这种情况也需要跟孩子解释，"这里的气氛不适合你，你现在不需要你的妈妈或爸爸，你需要一个可以生活的家。虽然这样做需要花更多的钱，但是我们需要做出牺牲，你应该去别处待几天"。这个"别处"，显然不应该是（外）祖父母家。可以是叔叔、姑姑家或其他有孩子的家庭。其实，理想的办法是设立一些儿童之家，家有不幸的孩子都可以把那里当成避风港。这会发挥多大的作用啊！当然条件是，白天孩子得继续上学（除非他真心不想上学）……但无论如何，都不要指责父母。

约赛特·阿丽雅：可是，孩子相互之间是很残忍的。同学会嘲笑他，"为什么你不姓你父亲的姓？"。孩子毕竟是很从众的。

弗朗索瓦兹·多尔多：我碰到过一个女孩，心理问题严重，上不下去学，只能去一所特殊的医疗教育机构。有一天，她对父母说，"你们究竟什么时候离婚？什么时候？"。父母很吃惊，"我们不想离婚。我们相处得很好啊"。他们说的是实话。于是女孩说，"啊？我以为父母总是这样的呀——一段日子之后，他们就会离婚，再找人结婚，然后就有了新家，他们的孩子也就有了小弟弟、小妹妹"。在她的生活环境中，大部分家庭都是离异和再婚家庭。她就告诉自己，"我父母肯定有问题，他们到底什么时候才做这些应该做的事情啊？"。大家告诉她离婚不是一件必然的事，她的父母相处得很好。三周之后，她的智商测验成绩猛增 20 分，一切都理顺了……

约赛特·阿丽雅：这毕竟是个例吧？

弗朗索瓦兹·多尔多：没错。不过这证明了一点，重要的并不是离婚本身，引起问题的是焦虑。焦虑有可能来自离婚的气氛，也有可能源自"不同于他人"的感觉或其他事物……怎么才能驱散焦虑？把情况说清楚，用词语准确地说出，这样就不会造成严重的创伤。困难肯定是不可避免的，但孩子会去面对，他也一样会运用语言去面对。重要的是保持沟通、表达痛苦。

约赛特·阿丽雅：总结一下，可以说在您有关离异家庭的孩子的理念中，关键词就是说出一切？

弗朗索瓦兹·多尔多：是的。这种情况的实质和向孩子隐瞒家人去世是一模一样的。他缺失了某种东西。究竟是什么未曾言明，却导致他陷入困境，导致他的家庭陷入困境？也没有人用语言向他解释，将他从中解放出来。我见过一个小男孩彻底乱了阵脚，就因为在整整 18 个月的时间内，家里人向他隐瞒了外祖母去世这件事。她是在孩子放假期间去世的。开学后孩子问大人，"我们哪天去外婆家？"。因为他们过去每两周都会去一次。"不去，她病了。"然后，父母就不停地告诉孩子"她病了，她病了"。小男孩——7 岁——什么都没说。可是那年，他的学习成绩一落千丈，并继续滑坡。我告诉孩子的父母，一定要告诉孩子外祖母已经去世，告诉他去世的时间、地点以及为什么没敢和他说真相。然后，要尽快带他去参加一次葬礼，让他看到哀悼的仪式，让他到外祖母的墓地献上一枝花。几周之后，孩子不需要做任何心理治疗，他的成绩就提了上来……这个案例中的父母和离婚又不敢告诉孩子的父母持有的态度是基本一样的，他们都怕"让孩子难受"。这是一种有害的态度，它把孩子当作物件，当作被宠爱的动物。面对离婚、死亡或其他任何不幸，我们都应该说真话，可以用词语、呈现场景或画面的方式。过去的人其实就是这样的。在大家族中，孩子了解一切，他们的社会化开始得很早，他们有明确的家嗣感，对出生或下葬、生命的降生或死亡了解得一清二楚。他们亲眼看见母亲在床上分娩。他们目送（外）祖母离世，大家族的成员都会去墓地。今天的孩子连自己是谁都不清楚，也不知道自己身在何处。他们管邻居叫"阿姨"。人们也会对小狗说，"过来，到妈妈这儿来"。怎样与这种情况抗争？很难。可以恢复一些仪式，如清明节扫墓。我有一天表达了这个想法，之后就收到了很多来信。"能谈论亡者、谈论整个家族的那个年代多好啊！谈完之后就会觉得活着真好。然后，我们就喝了下午茶，孩子都很开心……"但现在的家庭以三元关系——父亲、母亲和孩子——为核心缩小，在我看来，会不可避免地缩小到以孩子为中心。对孩子来说，感情负担得多重啊！多么沉重的负担！这就是为什么相比于过去，今天我们要更加为孩子着想，要和他们谈话。但凡事情与他们有关，我们就必须始终和他们说实话，从而帮助他们。然而，和他们紧密相关的，不过是父母之间的行为方式以及父母对待孩子的方式。离婚如果处理得合适，那么可以成为一种契机，让孩子发生蜕变，让他获得内在的统一，并让他保留对父母的爱，不受正在经历的考验的影响。问题就在于，大多数情况下，成年人的自私和幼稚让他们把离婚变成一种不幸……

24　有关领养的思考①

　　《人的医学》记者：被领养的孩子面对养父母时该如何定位自己？在婴幼年时期被领养还是稍大些被领养，这当然会产生很大的差异，但可不可以说本质上情况是一样的？您能帮我们来回答一下这个问题吗？

　　弗朗索瓦兹·多尔多：孩子被领养时的年龄是个很重要的问题。20个月起，孩子就能够产生被领养的欲望，也或多或少有能力选择领养他的人。原则上来说，孩子和有领养愿望的父母有同样的选择能力。如果孩子已经具备独立的肢体运动能力并已经开始说话，那么一开始就应清楚地告诉他将会发生什么，应该由他自己决定是否同意被领养。大部分情况下，孤儿院里的孩子是有心理准备的。他看到在一个接一个的周日都有

---

　　①　《人的医学》，1978年8～9月。

小伙伴被领养，他也希望自己被人领养。

最初几次同养父母见面时，必须要当着孩子的面告诉他们，让他们不要给孩子改名字，让他们以后永远都不要向孩子隐瞒他被领养这件事，以及养父母和孩子遇见对方、选择对方的地点。即便领养家庭里的人际关系无法预测，这种关系在共同生活的前几周也会见分晓。养父母应该明确地告诉孩子他是亲生父母爱情的结晶，告诉他亲生父母由于未知的原因无法承担对他的教育和抚养责任。他们越是能够这样做，领养家庭里的人际互动对孩子的人格建构就越有积极的效果。

《人的医学》记者：您说过一段矛盾的话，我记忆犹新。"这些被领养的孩子肯定是因爱而生的孩子。"

弗朗索瓦兹·多尔多：是的，完全不可能想象一个人在不被期待也不被任何爱包围的情况下诞生。确实有可能母亲在受孕的那个时刻没有爱，但既然孩子活了下来，那就证明在妊娠期母亲对他产生了爱。既然母亲将他带到了人间，那就说明母亲接受将孩子交于他的命运，即一所孤儿院或一个领养家庭。但也有一些非常痛苦的过程。比方说，由于经济原因，母亲不能够承担抚养、教育孩子的责任。毕竟母子同体过，不可能不留痕迹。

胎儿获得生命的过程中，至少要有三种无意识的生命欲望到场，因为那是人的源初所在。这三种生命欲望是生父对受孕的女人的欲望；做好准备的女人的孕育欲望，这种欲望的产生可能与其母亲或父亲在其心目中的形象有关，也可能是因为与之共同孕育生命的男人的到来；还有将要到来的生命的欲望，对此欲望我们一无所知，唯一确定的是它与母体共呼吸，共同走完妊娠全程，新生儿在与母体羊水分离的过程中幸而存活，在剪断脐带、脱离胎盘后开始了自己的呼吸。

《人的医学》记者：似乎您说的这些欲望最终会集中体现在名字上。据说不应该换名字。我能讲一个小故事吗？一家人带着一个小男孩在餐馆吃饭。老板问他叫什么名字。孩子很自豪地说出了一个很普通的名字。老板回答说"这个名字不好听"。孩子的脸色当场就变了，他当时就扑到母亲怀里抽泣起来。

弗朗索瓦兹·多尔多：这个故事一点都不好笑，故事里的老板太不友善了。这一恶意攻击对孩子来说猝不及防。他可能想逗孩子，可是手段低劣；也可能想把对自己名字的不满投射到孩子身上。这是个很好的例子，可以让我们看到一个孩子的自信是如何被毁掉的。问题的原因往往就是成人在孩子身上的投射——往往就是养父母的投射。他们重新给孩子起名字，让他用养父母的姓氏，仿佛要由此彻底抹去孩子的过去。其实，他们完全可以在保留孩子本名的基础上加上一个名字，加上一个按照传统他们会给自己的亲生孩子起的名字。孩子被领养后，一方面，孩子是被合法领养的孩子；另一方面，他也成了养父母两个家族延续的象征。养父母给他起的第二个或第三个名字会把这两种身份连接在一起。但未来需要向孩子解释，告诉他这个名字就像一种符号，意味着领养家庭中的（外）祖父母通过养父母、通过这个新的名字，从他找到接纳他的家庭那天起，也出现在了孩子的生命中。孩子永远也不应该被改名字，因为我们不知道这种做法会带来什么样的恶果，但我们知道这触及原初自恋结构的根本，也就是身体/语音之间的象征性统一，触及真正的"被说的人"，从他出生那天起，直到他被领养、通过领养接受领养家庭和规则秩序。

这一象征性统一永远都不应遭到更改。保护它的最好的办法就是保留孩子的名字，告诉他养父母对其亲生父母的感激之情。亲生父母的欲望带来了孩子，但他们无法养育，所以孩子才获得了寻找养育家庭的权利。领养本身证明了人类拥有互助的情感，证明了社会从孩子出生那一刻起就赋予他重要性，赋予他爱一个男人和一个女人这种欲望的重要性。他的这种欲望会得到法律的承认。他所爱的这两个人，会通过教育再反过来让孩子成为拥有家庭的男人或女人，这个家庭将他视如己出。

《人的医学》记者：有一个观点让我很震撼，因为它象征着许多东西，那就是不管是通过言语还是感觉，永远都不要让孩子感觉自己是从别人那里偷来的东西。

弗朗索瓦兹·多尔多：一点儿都没错。养父母如果不愿意提及相遇之前的往事，不愿意提及孩子被托付给他们时的地点，那么孩子总会无意识地——有时甚至是有意识地——感觉到自己是被偷来的东西。如果养父母不提及孩子的身世，不提及其亲生父母或其中任何一方的家庭都未能给予他照料与呵护的童年，那么领养实际上就是合法的拐骗。其实，养父母唯有明确将自己定位为接力者，明确是亲生父母通过某个机构直接或间接将抚养责任传递给他们的，这样他们才能成为合格的父母。

《人的医学》记者：你说的话中，在我看来，有一种思想贯穿始终，即养父母应该安心地和孩子谈论他的亲生父母。但这就让我们回到了刚才所说的一点上，即承认孕育就是多种欲望的碰撞和相遇，承认生母的孕育欲望，承认生母，突出生母的价值。所有被孕育并在亲生父母家中被养育的孩子和所有被领养的孩子一样，都需要解决了解自己身世的问题。那是不是可以说这个问题在被领养的孩子那里更复杂一些呢？

弗朗索瓦兹·多尔多：不知道是不是更复杂……情况不一样。有些亲生父母会把几个月或几岁大的孩子托付给保姆。相比于没见过生母而无奈由多方出资运营的收养机构抚养的孩子而言，前面那种情况下孩子的人格建构制造的问题更为复杂。有些家庭中的孩子被不同的人爱、被不同的人抚养，父母把孩子托付给一个接一个的保姆，然后有时又从她们身边夺回孩子，这可能出于嫉妒或其他说不清道不明的动机。"这个人偷走了孩子对我们的感情……孩子跟着她不好……她不'干净'……"而父母自己却做不到像保姆那样，他们从不在场，不陪孩子说话，不舍得付出爱。我想这些孩子在无意识中会受到被父母遗弃的创伤。父母虽然始终是孩子监护人，但他们付费让保姆看护孩子，而且在孩子前 18 个月的生命中，屡屡让孩子和保姆分离。要知道，这些保姆是孩子的"教育母亲"，是孩子与世界的语言媒介，她们还能让孩子填饱肚子。成为孩子"父母"的，不仅有生父和生母，而且有带给孩子个人化的呵护、陪伴、关注和关爱的那些人。

孤儿院里长大的孩子未曾有过这种私人关系，但他们至少有幸和其他小朋友一起被安置在同一个地方。他们没见过自己的亲生父母，但如果有人爱他们，如果他们能被收养到一个充满活力的温暖家庭里，并且这个家庭完全接受他们、尊重他们的过去，那么他们也是愿意去付出感情的。

养父母，顾名思义，并非孩子的亲生父母。对于养父母来说，这一切听上去会显得十分矛盾。他们会觉得这样很矛盾，而且与孩子的幸福背道而驰。他们希望孩子遗忘，希望孩子对自己的过去一无所知。他们以为，孩子只了解别人告诉他的那些关于自己的过去或自己记得起来的那部分。其实无意识什么都知道。但如果不用话语把孩子真实的过去说出来，那么孩子的象征生活就会建立在不安全之上。有些养父母之所以选择避而不谈，是因为他们认为自己是在替孩子着想，他们觉得跟孩子谈论温柔的生母、谈论孩子刚来到人间的那几个月，这些都会伤害到他。因为养父母自己也并不确定是否被自己的父母所爱，或者他们是父母深爱的孩子，但他们长大后却没能生育。他们替孩子思考的时候，唤醒了自己身上携带的孩童的痛苦。在他们的想象中，如果别人告诉他们自己不是父母的亲生孩子，那么他们会痛苦万分。但是在这种情况下，之所以他们会痛苦，是因为这种话是谎言。

孩子对自己的过去是有直觉的。如果把真相告诉他，那么真相就会有助于建构人格。当真相由因领养孩子而收获了巨大快乐的养父母来讲述时，这些真实的词句表达的就是人与人之间的爱带来的支持，就是非乱伦的欲望——孩子与养父母相互的欲望。在温柔的爱意里，孩子和养父母清楚地知道他们相互选择了对方，他们因在某一天相遇而给彼此带去了快乐。他们不避讳相遇那天的日期和地点，不避讳合法关系成立的那天的日期和地点。两个纪念日，或者说三个（因为还有孩子的生日）都值得被纪念，因为它们象征着孩子的人格意义。

《人的医学》记者：说清楚孩子的身世真是太重要了！不应该让孩子为此感到不安或担惊受怕，相反，应该坦然接受。

弗朗索瓦兹·多尔多：没错，应该坦然接受。心怀对生母的爱和尊重。是她把孩子带到世上的，这样，养父母才有了结识孩子、爱孩子的快乐。如果不向养父母解释清楚这些，那么他们很有可能不懂原来的名字的象征意义，不懂尊重孩子原来的名字是多么的重要。在刚才那个案例中，老板说"这个名字不好听"的时候，深层次上发生了什么？孩子与亲生父母之间有亲缘关系，他与亲生父母孕育、生育并命名的自己也有归属关系。老板这么说，是在否定这些关系中的伦理价值。领养孩子时，改换他出生时登记身份的名字，其性质与此完全相同，只不过没有像老板那样大声说出来而已。养父母隐瞒领养的事，或养父母说了实话，但提及孩子自己和他们都未曾谋面的生母时没有爱，那是因为他们觉得这些话会伤到孩子（反正他们自己会受伤）。但他们自己的成长环境和孩子不一样，他们是有父母的。必须让养父母理解这一点。他们越是时刻记得这种差异，就越能够强化象征性亲属关系，由此也就越能增强孩子的安全感。

《人的医学》记者：我一边听您说，一边产生了一个矛盾的想法。能不能说，如果养父母能够与他们领养的孩子有一定的"外部感"，那么他们就能让您所说的真正的领养——由领养而培育出亲缘关系——得以实现？

弗朗索瓦兹·多尔多：您是说象征性子嗣关系吧？肯定的。很多婚生子女并不是因父母的欲望而盼来的，亦非真正的爱情的结晶。怀了孩子后，父母为自己生活的环境所迫，任其来到人间。但从某种意义上来说，他们并非欢迎孩子的到来，而是仅仅承受了孩子的到来而已。有时候，象征性子嗣关系无法缔结。有时候我会说，有些家长不是孩子的"同类"。有人把孩子当成恋物的对象，不让孩子独立。更有甚者，他们接受孩子纯粹是为了把他变成家中供其使唤的人、被驯服的人，他们"需要"他，却不爱他。

《人的医学》记者：你说的"象征性子嗣关系"这个概念，我想它指的是让孩子能够获得语言的那种关系，对吗？

弗朗索瓦兹·多尔多：不仅是获得他们期待孩子用来与他们说话的语言，而且是获得自由的人特有的语言，也就是说，对自己与监护人的认同，保留什么、舍弃什么，孩子能够选择。对父母和其他家人的认同对孩子的心理建构起着至关重要的作用，从生命之初开始，直到六七岁都是如此；但如果想让孩子形成明确的自我认同，那么对父母的认同就应该被辩证地对待，从三岁这个性别问题清晰显现的年龄开始，直到可以讲道理的年龄，尤其是俄狄浦斯情结开始化解的年龄。被领养的孩子，和所有婚生子女一样，会参照同性别的父母，并以其为榜样，对不同于自己性别的父母产生固恋和欲望。

俄狄浦斯情结发生在情感和思想结构层面。它的对象是两名监护人——他们被爱且是成人，他们在孩子最初的想象生殖欲望开始建构时在场。与付费教育者生活在一起的孩子身上也会产生这种情结。那时，生殖器官在感官层面和想象层面初次登场。生殖器官在孩子成熟后才具有生殖能力，但这种能力在孩子五六岁时就开始对其有所控制，表现为乱伦欲望通过肢体和言语得以表达。在他与他人的关系中，这种能力借助语言和情感变为象征能力，在爱与生育中发挥作用。孩子有时会见到成人温存的场面，这一情结在孩子身上正是借助成人的画面（有时是一闪而过的场景，有时是持久不退的画面）而逐步产生的——当然，这其中也有嫉妒的贡献。俄狄浦斯情结不可避免，它存在于人的内在。这种欲望，是爱恋，是乱伦，是对立关系。当孩子在外部世界找到示范，懂得人类最根本的法则就是禁止乱伦的实现时，他就会从这种欲望中解脱出来。

因此，面对让他焦虑的想象欲望，孩子总会想办法找到堤坝。监护人对这一法则的解释和他们贞洁的行为会将孩子的生殖欲望从乱伦欲望中解放出来，让孩子在家庭之外选择朋友和兴趣爱好。有时候，如果他所在的是一个占有欲很强、令人窒息的家庭，那么家庭的榜样会让他生殖心理的自发结构发生倒错。这正是造成神经症的原因，不经过精神分析就无法消减。无意识伦理在阉割情结发生和了结（或未了结）的时候形成。了结应发生在所谓潜伏期之前，而潜伏期是指从孩子七八岁到十二三岁。十二三岁是身体成熟的年龄，生殖冲动被唤醒后，会激活乱伦禁忌中尚未被无意识接受的东西，监护人或青少年都是如此。

《人的医学》记者：被领养的孩子和其他孩子一样会经历俄狄浦斯情结。您觉得他们被领养这件事会不会改变这一过程？会不会有可能让这一过程变得稍微简单一些呢？

弗朗索瓦兹·多尔多：是，会变简单，但也有可能变复杂。这取决于养父母，取决于他们的榜样力量，以及他们向孩子传递的有关性的信息。如果这两个成人不受孩子出现在他们生活里的影响，继续是彼此欲望的对象，他们就会有助于这个过程的顺利度过，让孩子从中得到解放。其实，这个道理也同样适用于亲生父母。对被领养的孩子而言，如果养父母中任何一方忽然产生有孩子的欲望，而这种欲望又并不是通过与对方一起努力，让自己成为母亲的真正的欲望，这对孩子而言就会是一种危险。有可能在母亲那里，她只是想要自己欲望的客体成为自己的一部分，她想要仅由她来疼爱的孩子，并不在乎配偶是谁。母性成分多于女性成分，很多女性还引以为荣呢！同样，在父亲那里，他的欲望客体也有可能是适合他自己的部分客体，目标是一个儿子或女儿，他想要从中找到工作的动力或家业的继承人，配偶是谁对他而言也同样无关紧要。

不管是曾经被寄养在乳母处的孩子回到自己家中的情况，还是领养的情况，孩子的到来有可能改变夫妻间的感情，有可能让他们跌入与这个第三人的敌对（或爱恋）关系陷阱中。这取决于诸多因素，如孩子的性别、外貌、性格、健康情况、天赋，以及父母儿时迎接弟弟妹妹到来的经历。在处理和孩子的关系问题上，养父母会有意识或无意识地复制自己的生活经验，如复制自己和自己父母的关系，或复制父母教育弟弟妹妹的方式方法，这一点表现得比亲生父母更甚。

还有一种情况，父母极度渴望的孩子不幸夭折或流产，而他们并未真正地完成哀悼。在这种情况下，领养的孩子就有可能成为替代品。也就是说，他们没有接受孩子的亡故，相反，想看到他重生，以重新找回因深爱的孩子死亡而被困住的情感。有时，这会成为被领养的孩子的负担。但还不仅如此。之后再降生的亲生孩子，尤其是当与亡孩同一性别时，也会有同样的命运。精神分析师清楚地知道这种负担有多么沉重。

还有些父母，面对自己的父母时未曾获得成年人的位置。他们在自己的父母去世之时，忽然产生要孩子的欲望——自己生或领养。这个孩子进入这样的未了关系中，他的作用是填补空缺。父母在无意识中拒绝承认老人去世，因为他们不能放弃自己在与老人的亲子关系中的孩童地位。您看，情况多复杂。话说回来，也有亲生孩子成为父母的安慰，成为他们焦虑孤独、空洞寂寥的解药的情况。那样的话，领养也并不比亲生更复杂。

《人的医学》记者：您肯定不是要说一切都很简单。不过说到底，您的意思是，这些问题并不会因领养或亲生而造成很大的区别。

弗朗索瓦兹·多尔多：这就是为什么我始终批评有关领养的法律。它规定领养必须要走长达几个月的程序，它操纵、控制申请人领养的欲望，故意让申请面试的时间过长。我认识一些家长，他们原先非常迫切希望领养孩子，但在经历了一系列的心理面试之后，在他们心中，孩子就变得可有可无了。而恰恰在这个时候，他们被批准可以领养孩子，而他们此时已经不再有兴趣了，原因可能是等的时间太长，也可能是他们有太长的时间去衡量这将带来的责任。我觉得应该重新制定一部领养法，使某些人从得知孩子生母不愿意抚养孩子的那一天起——哪怕这种想法只存在于想象层面——就能够彻底接管孩子。

《人的医学》记者：我听说，在有些妇产医院，只要产妇表达了抛弃孩子的想法，医护人员就会想尽办法培养母亲与孩子之间的关系，让她能够回归正道，不抛弃孩子。我感觉这种做法并不好。

弗朗索瓦兹·多尔多：您都不知道，当有些产妇在产前、产后流露出不想留孩子在身边的念头时，有些医护人员说的话有多难听！尤其是孩子长得好看的话。产妇要顶住压力坚持决定得有多大的勇气！这个时候，要是有一对领养夫妇出现，领养夫妇会感觉无比幸福，会对她充满感激。这样多好！这些责备、这些说教是为了让母亲留住孩子。医护人员提供物质帮助，却不能给予理解和支持，他们产生了对"放弃孩子"这个念头的"放弃"（这个字眼非常贬义！）。确切地说，他们在产妇对助产士产生的移情①中产生了这一"放弃"。分娩时产妇特别脆弱，她完全游离于现实之外，整个人都处于重构中，容易被别人的建议影响。然而大部分情况下，这样的产妇孤单一人，她尚未成为自己的主宰者就已经成为人母。虽然她承认和孩子的关系，但不能给予孩子很好的照料。她的情况有别于一对真正能够负起责任的夫妇。

如果这名女性在一段时间内留孩子在身边，做个单亲妈妈（不排除此后结婚的可能），母子间的关系依旧是短暂、脆弱的。一边是女人自己，另一边是助产士或社工，他们扮演起外祖母的角色，或热衷说教的父母的角色。但不管怎样，这些都逃离不了扭曲的关系。我认为，如果一个女人想要把孩子"给予"一对欢迎孩子的夫妇，那么应该成全她，这样才能让这个女人继续成长，才能让领养对孩子来说在最好的条件下完成。因为从呱呱坠地的那一刻起，孩子就需要听到一对迎接他的幸福男女的声音，他们不会向他隐瞒养母和生母、养父和生父不

---

① 移情是精神分析中的一个用语，一般指来访者将自己过去对生活中某些重要人物的情感投射到咨询师身上，对其产生的一种强烈的正面（获得爱恋情感的欲望）或负面（厌恶、憎恨、敌意）情感。此处指的是产妇在分娩过程中对助产士产生的依赖。——译者注

是同一个人。这才是领养最好的条件。这其中当然有风险，不过，孩子自生出来的第一天就会有各种风险。如果父母爱他，那么不管他孱弱多病还是充满活力，对父母来说，他都是不可取代的。

为什么孩子得基本健康才能被领养？当父母都是有风险的。养父母必须得知道，领养孩子也是有风险的，和他们自己生养孩子是一样的。这很重要。给领养者提供一个贴有健康保障标识的孩子，这给他们创造的心理条件并非是良好的。我不知道这是出于什么原因，从人类母性和父性的角度来看，这是无比荒唐的。因为如果是负责任、想要孩子的成年人，那么无论孩子什么样，他们都会接受，他们会让孩子尽可能地发挥潜力，成长为尽可能优秀的人。

《人的医学》记者：的确，我感觉现在大家对残疾儿童的领养问题谈得越来越多。但关于领养者，我有一个问题。您刚才提到有些夫妇想要领养孩子，但经历一系列面试后，渐渐感觉无所谓了，这种无所谓相当消极，他们不想领养了！我在想，问题的症结是不是在于这对夫妇之间关系的质量？是不是这一质量才是创造一切的本源？

弗朗索瓦兹·多尔多：您说的特别对。不仅包括他们相互间的关系质量，而且包括他们各自的家庭关系、各自与原生家庭的关系、各自的社会关系等的质量。很有必要让他们保证，一旦出现情况，就要尽快与做过精神分析的人交流，因为这样的人能帮他们清楚地理解其处境。一方面，和孩子出生前就在一起生活的夫妇一样，一想到能够为人父母，他们就欢欣鼓舞，然而这只是一种想象的喜悦；另一方面，等他们真正升级为父母，他们会感受到独一无二、无可预知的孩子的到来给生活带来的变化及相应的困难。这就是他们陷入的困境。

的确应该告诉他们种种情况都有可能发生在他们的家庭中。这和亲生父母会面临的情况无二。后者在热切期盼、焦灼等待孩子的降临之后，其生活中也会出现各种各样的情况。

《人的医学》记者：所以我感觉，养父母也好，亲生父母也好，问题基本相似。当然前者还需面对的是，他们是否能够接受自己不育的事实，是否能够翻过想要亲自生养的这一页。

弗朗索瓦兹·多尔多：您是说对他们的生育能力的某种哀悼？但要知道，有些不育的夫妇，如果没有生理上的问题，如不排卵或患有严重的疾病，那么养子来到家庭中之后往往会引发夫妇中的妻子怀孕，而其中一方很可能早就被认为不孕不育且无药可救。这种情况并不少见。为什么不呢？这有什么？为什么非得过了生殖期、等到不再年轻时才领养？为什么我们不希望已经领养孩子的夫妇有再生养孩子的可能？这对夫妇很可能还很年轻，还会再领养或生养其他孩子，为什么不让？是不是领养法中隐含着一种有关继承问题上的金钱方面的考虑？我觉得领养法的真正渊源就在于此，在这方面的考量远远多于对彼此相爱的、希望领养孩子的夫妇的教育。为什么领养程序需要那么长时间？因为立法者可能想到，来到领养家庭的这个小家伙会拿走原本应该归有血缘关系的亲生孩子所有的钱财。我觉得这种思路现在已经完全过时了。这是法国陈旧、过时的社会学的产物。

《人的医学》记者：把代际传承和财产问题放在一起，这种视角很有意思……我感觉很多事情都是如此。

弗朗索瓦兹·多尔多：有的人从情感角度出发，认为确认不育的要求是合理的。他们的理由是，一旦夫妇在领养后有了亲生儿女，他们会立刻减少对领养的长子的爱。这纯属无稽之谈。每个长子都会感觉自己获得的爱比弟弟妹妹少一点。这是嫉妒的组成部分，它对长子有塑造作用。人永远不可能以同样的方式去爱不同的个体。如果真的在亲自生养后，感觉与之前领养的孩子之间有了情感上的嫌隙，那么养父母可以寻求专家的帮助，同时，专家也会帮助长子更好地接受养父母的亲生孩子，让他明白他作为长子，虽然养父母在抚养自己长大后，以不同的方式爱自己，这种爱也许比自己想象的少一些，但这也是一种幸运，因为这会帮助他建构自我。在长子那里，弟弟妹妹的到来以及对后来者的嫉妒能够塑造他的人格，如果他的心理能得到理解并且他不会被怪罪，那么这会是一件积极的事情。无论对于领养的孩子还是对于亲生的长子来说，道理都是一样的。这是自我认同与认同父母之间的冲突，是兄弟姐妹间的爱和对立之间的冲突。只要说出来并经过讨论，这种冲突就能被解决。

《人的医学》记者：听您谈了领养问题、被领养的孩子的成长轨迹、养父母的困难，我感觉当我们思考这些问题时，这些内容会帮助我们更好地理解……怎么说呢……姑且称之为自然家庭吧，自然家庭里发生的一切。

弗朗索瓦兹·多尔多：在我的心理治疗工作中，亲生的孩子可是要多过被领养的孩子的。但是，家庭中的矛盾冲突对任何家庭中的任何孩子来说绝对都是相似的。竞争会带来冲突，但因为知道其中一个孩子是被领养的，有人就会说问题是领养带来的。这种说法不对。竞争冲突对人的情感是有塑造作用的，能够促使儿童成长为主体。不管在亲生家庭中还是在领养家庭中，这些冲突都应该得到承认。

《人的医学》记者：您刚才提到一个有意思的问题，即被领养的孩子能唤醒父母的生育能力，如果可以这样用词的话。这显然是躯体化层面的问题。但有一个接待过不少领养儿童的儿科医生给我讲了这样一件事。有一天，有个父亲带着养子来问诊，因为孩子身上过敏了。父亲对医生说，自己的父亲有过这种过敏症状，自己也是，然后他忽然想起孩子是被领养的。所以，用"基因"来解释这个问题显然是说不通的……

弗朗索瓦兹·多尔多：我们不了解人体基因研究进展到了哪一步。建构人格的、无意识的相互认同里面，家庭成员相互间的爱里面有哪些所指，我们也不清楚。对世界的适应有不同的方式，习惯、无意识的性格、无意识的语言都会对人产生影响。我想说，这些都是无意识伦理的表现。

而且这里还提出了有机论者会在过敏和其他任何机体障碍

中看到的问题。但我见过一些被领养的男孩有沾染养父某些"强迫症"的欲望，也见过一些被领养的女孩有沿袭养母一些微妙的行为方式的欲望，似乎这样他们就能比亲生孩子更像父母的孩子。在女孩中，我多次见过以下这种情况。由于缺乏有关生母的谈论（就是我刚才提到的有关生母的好的描述），我们无从知晓这些女孩对父母的认同强度和限度。她们的认同对象是一个无法生育又不愿说出此事的母亲，这个母亲多次流产，最终拥有了领养资格。这种情况给女孩带来了无法生育的阴影。其中，有些女孩知道养母在领养自己之前曾多次流产，尽管医生诊断这些女孩的生育能力完全正常，但她们还是不停地复制不孕或流产。唯有经过精神分析之后，通过基因遗传到她们身上完好的生育能力才能击败她们对不孕的养母的反复认同。在我曾经接手的案例中，有些年轻女孩到了 18 岁甚至到了结婚时才被告知自己是被领养的。这和刚才"祖父遗传的过敏症状"如出一辙。

《人的医学》记者：重复认同，多次认同。这其中有很多强迫性神经症的因素，对不对？

弗朗索瓦兹·多尔多：不是强迫性的，因为没有强迫性的特征。它不是有意识的，似乎是先天带来的。我记得有个年轻女子，每到胎儿三个月时就会习惯性流产；还有个女子，流产时胎儿的月份越来越大，直到最后一次生下来的是死胎。前者，她自己就是在三个月大时被领养的，之前一直由生母喂养，但这些她都是在接受精神分析时才从养父母那里了解到的；后者，她倒是爱情的结晶，但未婚又没有经济来源的母亲抛弃了她，想要男孩的父亲看到生出来的是女孩后也销声匿迹了，而她的养父母等到她接受精神分析问起此事时才告诉了她真相。所以，沉默会带来严重的后果，而且不仅限于领养家庭中！

25 　与弗洛里·梅洛吉斯监狱中的母亲们的对话[①]

　　弗朗索瓦兹·多尔多：我这次来是要和大家谈一谈，但我不知道说些什么，因为我想说一些你们感兴趣的话题。这就需要由你们向我提问，我来回答。不然，如果让我给大家做个报告的话，那么我完全不知道跟你们说什么好。我只能告诉各位，我已经参观过这个地方了。这是我第一次参观监狱。和我原先想象的出入非常大。我必须得说，母亲们——带着婴儿一起的女士们——所在的那一部分设施条件都不错，虽然空间肯定是十分狭小的。我觉得组织的方式也不错。要知道，在很长的一段时间内，孩子将与自己的家庭分开。在这种前提下，目前的组织方式已经最大程度地有利于母子关系的建立以及孩子的社会化。我觉得，如此被抚养大的孩子与母亲长期在一起，

---

　　① 《神经学》，1989 年 3 月。

他们与母亲的关系，可能较之很多生活在自己家里的孩子更加亲密。在这儿，母亲真的有时间给孩子，遇到困难的时候，她也绝对不会独自面对，因为会有工作人员帮她。在正常家庭里，母亲和婴儿可以有很好的关系，但是在遇到困难的时候，没有人和她一起去讨论，也没有其他人会了解情况，从而帮助她、帮助孩子。而这些问题在这儿倒是解决得很好。我也看到了为孩子新建的区域，感觉应该比之前更好。现在呢，各位就可以向我提问了，我会回答你们提出的所有问题。

奥蒂乐·道慕瓦：我就不给大家介绍弗朗索瓦·多尔多女士了，你们都认识她。她非常有爱心，接受了我们的邀请，在百忙之中抽出时间来与大家交流。三年来，地方精神卫生服务中心为我们女子监狱的新生区做了许多工作，今天的交流也同样是由这个中心组织的。

弗朗索瓦兹·多尔多女士来访的消息一经宣布，就引起了很大的兴趣。于是，我们就把其他的监禁人员以及希望参加这次讨论的工作人员也纳入了工作小组中。

大家刚刚看到的是贝尔纳·毕佛先生采访弗朗索瓦兹·多尔多女士的录像重播。

弗朗索瓦兹·多尔多：是的！请大胆提问。第一个发言的人将会对大家有很大的帮助。

一名女士：我觉得我可以试试。您刚才说，因为母亲在这里有更多的时间给孩子，所以在这里比在外面更好。

弗朗索瓦兹·多尔多：对婴儿来说，是的。

该女士：的确，母亲和孩子在一起，这样母亲更有时间照顾孩子。

弗朗索瓦兹·多尔多：相比于母子分离的情况，这样更好。对婴儿来说，能够在母亲身边的确更好。

该女士：也许是挺好的。但要说在墙内比在墙外好，我没法赞同。

弗朗索瓦兹·多尔多：您觉得呢？

该女士：您不觉得婴儿能感受到监狱的生活环境吗？

弗朗索瓦兹·多尔多：当然，肯定能。一定要向孩子解释这一点。要想让孩子成人，就一定要毫无隐瞒。大家知道，所有说过的话都会使内容合乎人性；而有些话，虽然因未说出而使过程不那么难，但会因未说出而意味着恶。所有没有告诉孩子的话，本身都意味着需要被隐瞒，意味着那件事不是好事。所以，要把你们和孩子各自的情况解释给孩子听。

该女士：可我说的是婴儿，很小的婴儿。

另一名女士：正好我想问，和那么小的婴儿怎么沟通？他那么小，既不会画画，又不会写字，也不会……

弗朗索瓦兹·多尔多：要和孩子说话。像你们和我一样，他听得懂。你们去试一下。第一次尝试的时候，你们会很吃惊，你们会说"太神奇了"。有人告诉过我，就是这样的。你们试一下，就会发现孩子能听懂，而且还会有回应，很惊人。从出生那一刻开始，他就能听懂。

如果等到18个月再和孩子说话，就的确不行了。如果不是一开始就和他交流，那么等到孩子 18 个月时，他就不明白为什么开始有人和他真实地说话。所以到那时，你们还是得用儿童式的语言和他交谈。但如果你们像和平起平坐的人说话时那样和婴儿说话，你们就会得到一个"同类"。孩子的智力是很奇妙的。我不是指需要随着年龄而发展的逻辑思维能力，我说的是与人际关系相关的那一部分智力。这部分智力，孩子从出生那一刻起就完全拥有。

一名女士：但怎么才能听懂孩子想说什么呢？

弗朗索瓦兹·多尔多：对，这个更难。这得靠母亲的直觉。如果有人提醒，"注意，仔细听，您将会得到孩子的回应"，很多母亲就会听懂孩子。

该女士：但如果这个母亲并没有从孩子出生起就对他说话呢？

弗朗索瓦兹·多尔多：也一样。但你们知道吗？有一些母亲会在沉默中与孩子对话，还是会有与孩子的交流的。

该女士：那孩子不会在之后出现问题吗？

弗朗索瓦兹·多尔多：有些人的确会写出长篇大论，但内容空洞。

该女士：比方说，如果一个孩子出生在监狱里，如果母亲没有从他出生起就跟他说话，不跟他解释，那他会不会在成长过程中出现问题？

弗朗索瓦兹·多尔多：如果真的没人跟他说话，那也许的确会有问题。但他身边还有这么多工作人员跟他说话呢。

该女士：分离呢？

弗朗索瓦兹·多尔多：要知道和家长一起生活的孩子总有一天会经历分离。我不好说是在孩子 17 个月还是 18 个月时，但孩子是有准备的。如果有准备，那这就和毫无准备地被夺走、永远回不到母亲身边是两回事。

该女士：您觉得被监禁的母亲能为分离做好准备吗？

弗朗索瓦兹·多尔多：独自一人当然不行。但若得到孩子认识的人们的帮助，那就可以。

该女士：但极为重要的是孩子和母亲之间发生的一切。

弗朗索瓦兹·多尔多：家长总会为孩子的社会生活做准备，那是因为一家有三口人。家庭中需要有三元关系。这样的情况才能对整个儿童期孩子创造力和塑造力的发展起作用。这种发展永远不可能是在二元关系中进行。

该女士：如果分离给母亲带来太多痛苦，那孩子会感觉到的。

弗朗索瓦兹·多尔多：孩子会感觉到的，成人也应该告诉他。一个妈妈如果因孩子被送到托儿所而痛苦，那么孩子也会痛苦。要在分离到来前的好几周内，帮母亲和孩子做好准备。要告诉他们，"分离会让你们双方都很痛苦，你会去托儿所，你妈妈要回去上班了，她因为这样或那样的原因必须去上班"。原因可能是需要金钱，也有可能是为了防止抑郁。有些母亲接触自己孩子时会抑郁，她们需要见到其他成人。退一万步说，也许她们可以不去挣钱，因为她们也需要花钱请人照顾孩子；但是出于精神平衡的需要，她们却不能不去工作。这些要解释给孩子听，他能听懂。孩子还是会很难受，但是这种情感是很人性的，因为它已经通过言语得到了表达。孩子需要通过言语去表达自己经历的一切，他也需要通过言语被预先告知将会到来的体验。

正是如此，当预先告知他的事情发生的时候，言语就获得了意义。他会懂得言语代表着他的经历。所以，当妈妈说"我给你热一下奶瓶"时，虽然孩子不懂什么是"热一下"，也不懂什么是"奶瓶"，但听这句始终由相同的单词构成的话"我给你热一下奶瓶"听了五个月之后，他就会慢慢地明白"热一下""奶瓶不热，它是凉的"，就会参透很久以前听到的这些话是什么意思。任何话题都是这样的。当一个人要经历一些新的事情的时候，我们需要提前告诉他，这样他从身体上、经验上去经历这些事情的时候，就能够用一些言语来讲述让他感到很困难、很痛苦、很艰难或者很快乐的经历。如果不用词语去表达快乐，这种快乐就会流于动物的快乐。

所有人类的事物都是"被说"、被表达、被教化的。时间之所以有意义，是因为其有节奏、有乐感，否则时间就会在无聊和空虚中溜走。不空虚的时间，是被教化了的时间，即用言语去表述的时间。如果时间被放置在音乐语言中，那么时间就不再空虚。

一名女士：您认为，就算之后会分开，母亲还是应该和孩子相处到两岁，是吗？

弗朗索瓦兹·多尔多：绝对。

该女士：比在（外）祖父母家里要好？

弗朗索瓦兹·多尔多：绝对。我觉得谈谈（外）祖父母对孩子也是有好处的。不要让他只见得到母亲一个人，要让他见到包括母亲在内的一些人。我认为最不可取的就是母亲带着一个或两个孩子封闭地生活，哪怕是行动自由的母亲也不行，更不用说这里情况更特殊了。母亲应该与其他成年人有交往，得让孩子看到母亲和别的成人在一起。咱们这里给婴儿提供的条件是很好的。首先，这里有好几个孩子在一起，不像家里的婴儿房中或宾馆的房间里那样。

该女士：抱歉，我不同意。白天还好。但晚上，囚室的房门应该被打开。可在女子监狱里，到了晚上，每个母亲都会和孩子一起被关在囚室里。

弗朗索瓦兹·多尔多：晚上的确不容易。我完全同意您的意见。但要知道，有很多孩子是和母亲生活在一个房间里的。为了不影响邻居，母亲都不允许孩子哭喊叫嚷。这种情况跟这里的情况是一样的。

该女士：不一样。这里的母亲们遇到的问题是，白天还好，可是到了晚上就一片寂静。白天很吵闹，晚上忽然声息全无，这对孩子而言是很难接受的。有些早上，我们能感觉到这种变化对孩子产生了一定的影响。

弗朗索瓦兹·多尔多：可是，声音，他自己就会制造，他会哭啊。

一名教育者：我觉得母亲还是会制造一点声音的吧。她要吃饭、洗碗、看电视呀。

弗朗索瓦兹·多尔多：母亲的气息，孩子总能感受到。他总能感受到母亲或在他身边睡觉的那个人的气息。这会制造节奏，会让时间更具人性。

一名女士：我觉得，哪怕是在外面，如果孩子只跟母亲生活，那么也会特别难。我女儿就是，她死于婴儿猝死。

诚实一点地说，我不觉得婴儿猝死是她真正的死亡原因。我觉得她死于悲哀，或类似的原因，因为我觉得母亲单独抚养孩子的日子特别艰难。她很小，才一个月大。他们告诉我她死于婴儿猝死综合征。可我觉得这不是真正的死因。

弗朗索瓦兹·多尔多：事情发生在哪里？

该女士：一栋房子的六层，在保姆房里。

弗朗索瓦兹·多尔多：您在场吗？

该女士：对，在场。

弗朗索瓦兹·多尔多：我还不知道这是怎么回事。现在各国这种情况都越来越多。死于婴儿猝死综合征的孩子越来越多，还有罹患精神分裂、诵读困难等病症的孩子人数也在增加。这些问题似乎与家庭的经济、文化水平没太大关系，富裕家庭和拮据家庭里都会发生这种情况。不知道是怎么回事，但统计数据显示，人数的确在不停地增加。

一名女士：对。可是，如果没有真正和当事人一起体会过，就没有办法真的知道。并没有人做过和当事人、和母亲相关的统计调查。

弗朗索瓦兹·多尔多：不，有。有些国家正在做类似的调查。

一名女士：有钱人家里也会发生这种事情？

弗朗索瓦兹·多尔多：当然。有钱人家的孩子身上，保姆等不离身的孩子身上。

该女士：我这么问是因为我很自责。

弗朗索瓦兹·多尔多：每一名家长都会自责，因为我们深信孩子的一切都是由我们引起的。我们给了他来到人间的幸运，但我们也坚信是我们"制造"了他，然而事实并非如此。首先是胎儿想要存活。然后，不管怎样，生命到某一天都会终止，没人知道为什么有一天某个人会停止呼吸。你们知道吗？有件事很神奇，所有的医生都会告诉你，在对交通事故死亡人员做尸体解剖时，医生往往会相互问"这人怎么可能活到了现在？"。死者五年前就患上了绝症，根本没人知道这事，而他偏偏死于无故降临到他头上的交通事故。有些人看上去已经一无所有，已经毫无出路，然而他们却活着，活得很好，他们根本不知道自己已经病入膏肓；还有一些人，他们看上去充满活力，没人知道他们为什么撒手人寰。真的很神秘。活下去的条件和活不下去的理由，没人知道，但我们却会有负罪感。我们是把负罪感和责任感混同了吧。

一名女士：对，是这样的。

弗朗索瓦兹·多尔多：总是这样。而且，我们还坚信自己要为孩子的一生负责，不给他对自己生命负责的重任。我们要让他负起责任。对婴儿说话时，要告诉他，"你选的并不是一条好走的路，但你这样是在帮助我。感谢你来到我身边，因为你在帮助我"。

这句话一定要说给婴儿听。告诉他你们所处的环境，尤其是您自己的处境。母亲遭遇困境后，如果她能把这些讲给孩子听，或者其他人能讲给孩子听，那么会帮到母子双方，因为孩子真的是在帮助母亲。尤其是在度秒如年的夜晚，有些婴儿特别需要母亲照料，他们往往是为了帮助母亲才这样做的。当然，这样可能是在帮倒忙，因为母亲需要休息。那就需要解释给孩子听，不然他们自己没法想通这一点。对孩子而言，他们想要把母亲拥入怀里（孩子不知道自己很小抱不住妈妈），因为孩子觉得自己和母亲是平等的。如果他感到母亲萎靡忧郁，他就会想要安慰她。如果能开口说话，他就会说，"我的小妈妈，过来让我抱抱你、安慰你"。他运气不好，最后总是妈妈把他抱在怀里，累的是妈妈。你们抱着他时，给他看你们的胳膊，告诉他，"你看妈妈的胳膊，很粗壮，对吧？你的胳膊还很细小，你的身体也很小，虽然你的心那么那么大，你想帮妈妈，但这样会让妈妈很累。你爱你的母亲对不对？那么今天晚上吃完晚饭你就马上睡觉，这样她也就能睡觉了"。

我们在做一项工作，也许你们都听说过，这项工作在"绿房子"工作室里面进行。孩子来到这儿，可以见到别的孩子，母亲可以在这儿单纯地休息。有一位母亲跟我们说，"你们跟他说话来着吧？我不记得你们说了些什么，但到了晚上，天呐，吃下最后一口饭他就睡着了。四个月了，这是我头一次真正地睡觉啊！"。孩子是因为明白了一件事。他想帮助母亲，但他用的方法适得其反，母亲精疲力竭。不能再这样下去了。我们就是给他解释了这件事而已。

孩子对自己身体的理解和我们想象的完全不一样。孩子第一次照镜子时，他在镜子里看见的根本不是他自己。他会兴高采烈。比如，一个名叫"多多"的孩子，他说到自己的时候，根本不会说"多多"，他会说"宝宝"。这和他说"别人"是一样的意思。他一点点走近镜子，碰到了"宝宝"，发现"宝宝"不是"宝宝"而是冰凉的镜子，他会很受刺激。这时就要解释给他听，"多多"的形象是一个宝宝的形象。听完他会很吃惊。

你们有没有过全家一起看家庭录像的经历？我和我的孩子一起看过。一岁半、两岁半、三岁的孩子——我也不知道一直到多大——与父母一起看家庭录像时，他会很开心。我观察过一个三岁半的小孩儿，他说，"看，我在浇花，弟弟和外公在玩皮球"。大家告诉他，"不对。浇花的是你舅舅，和你外公玩皮球的是你"。他气疯了。他理解中的自己是年轻人，完全没想到自己是宝宝的样子。这个孩子就是我家老大，你们肯定都听说过这个叫卡洛斯的孩子。他把头拧成麻花一般，怎么都不再看屏幕，然后气冲冲地跑回自己的房间，摔了房门。后来，每次看家庭录像时，他都会走掉，就是不愿意看。直到有一天，他6岁左右，我们度假回来，他过来和我说了下面这番话——我当时都不知道他居然还记得3年前发生的那件事。

"妈妈,你还记得吗?我小时候,不愿意相信我就是我。"一个孩子,不相信自己是自己,他认为自己是成人。

孩子觉得自己就是和自己有关系的那个人,或者是对他来说十分美好的那个人。这也是为什么他愿意玩角色扮演游戏,用条件式①说"我是白雪公主""我是公主""我是强盗"等。他会用条件式,不过这种玩法得等到他们八九岁时才会有。在这个年龄段之前,他们希望自己能显得像某一种形象。在很小的时候,他们就是自己希望成为的那个人。我告诉大家这一点,是想提醒你们,对于跟着妈妈的小男孩来说,我们要时常让他离开母亲一阵,不要长时间黏在一起。

孩子时刻看到母亲,母亲也时刻看到孩子,他们有时会合二为一。他们不再是两个分离且独立的人,两个人都很难获得自主。孩子去外面散步,有时候母亲可以留在家里,这样孩子慢慢会懂得他有一个独立的身份,这个身份以名字(真名)为代表,这个身份不会改变。不管他和母亲在一起还是和别人在一起,虽然每个人对他的身份理解得不一样,但每个人都承认他有独立的身份。孩子和母亲是两个独立的人,一个是叫多多的那个人,另一个是多多的妈妈。最开始,不一定谁都能做到将其区分开来。人的本性就会让他觉得自己就是喜欢的那个人的延续,或者会让他觉得他喜欢的那个人是自己的延续。如果中间隔着一段距离,那么他会觉得自己就是自己所爱的那个人。

---

① 在法语中,一般使用条件式表达假设。——译者注

他不在自己的位置上，他在他所爱的那个人的位置上。人对自己的责任止于身体的界限，身体被皮肤所限，受制于我们自己的意志。理解这一点并不容易。

一名女士：对于和母亲单独生活的孩子来说，他的未来会受到影响吗？

弗朗索瓦兹·多尔多：受到影响？什么影响？别的孩子的确不是和母亲单过的，他没有同样的经历，但这并不意味着和母亲单独生活的孩子一定会因此而受到影响。他为什么会受到影响？他有可能和母亲的共生关系太强。没错，这就是为什么另外的那个人，即带着他来回跑的那个人的角色很重要。这种三元关系是一种良好的关系。干扰也可以来自太过对立的母子关系，但这也是可以通过文化手段得以克服的。孩子可以变得爱思索、热爱知识，我不确定他一定会以消极的方式受到影响，但他一定会成为一个与众不同的孩子。

初始教育对未来会有影响，这一点是肯定的。但影响不一定是不好的影响，这取决于后续如何衔接。很多情况对一个人来说是消极的，但它到了另一个人那里就有可能变得积极。这取决于对孩子说话的方式。这就是为什么一定要以最真实的方式对孩子说话。对孩子的教育主要来自大人对他说话的方式，以及大人的榜样作用——我们和孩子、和自己、和他人相处的榜样作用。

奥蒂乐·道慕瓦：对。要牢记一点，干扰孩子的不是各种情况本身，而是面对和谈论这些情况的方式。

弗朗索瓦兹·多尔多：是的。就看大人用哪种语言去谈论这些情况。是说一些让孩子泄气的话，把自己的消极思想投射到孩子身上，还是相反，支持孩子，激发孩子的力量。

一名女士：但即便母亲柔声细语，孩子还是很容易感受到她的焦虑。

弗朗索瓦兹·多尔多：所以就应该对孩子说，"你母亲很伤心。她可以给你唱歌，但她还是很难过，你知道的"。

该女士：这样不会干扰孩子吗？

弗朗索瓦兹·多尔多：恰恰相反。他什么都能感知到，所以，不跟他说实话对他造成干扰的风险更大。

一名女士：如果，举例说，一个母亲想让孩子离开这里，但又因舍不得而一次次地往后拖延，想等到最后一秒，也就是孩子满 18 个月的那一天；那么，孩子见到其他人的时候会不会有很大的适应困难？

弗朗索瓦兹·多尔多：人生之路上哪里没有荆棘？

该女士：确实。

弗朗索瓦兹·多尔多：最好还是告诉他，让他知道某件事情对自己来说很难，他对此也就有了这样或那样的反应。这样的做法比什么都不对他说要好。身体或心灵的痛苦，喊出来一定好过咬牙忍受。

该女士：那究竟该怎么做呢？

弗朗索瓦兹·多尔多：大家都爱他，认识他的人都会帮他渡过难关。自古以来都是如此。但是，懂得用言语和孩子交流的人并不多。我们懂得孩子需要被弥补，"唉，可怜的孩子，没有母亲照顾"。另一个女人会很善良地去照顾他，这当然很好。但如果有人能够这样告诉他会更好。"我替你母亲照顾你，她天天都在想你，可是却不能照顾你"。

一名女士：另外，有一些入狱的母亲，她们只能在探视室和年幼的孩子见面。有些场面让人撕心裂肺，双方都很难承受。

弗朗索瓦兹·多尔多：的确。但这总比见不到要强。我治疗的孩子中正好就有母亲入狱的，正是因为这种情况，那些孩子才被送到了育婴室。我发现，孩子之所以被"干扰"（正是因此，他们才被带去了心理医生那儿），是因为大人告诉他"你的母亲在医院。你的父亲要工作，所以走了"。这只能在思想层面蒙骗孩子，而其后果是抑制孩子成长。我们阻碍了孩子思维智力的正常发展，因为他没有权利知道他应知道的东西。那么理解了这一点之后，我们就应该和孩子谈，告诉他们以前从未说过的真相，哪怕对六七岁的孩子来说也一样。必须告诉他们真相。

一名女士：我有个两岁的女儿。我跟她说"我在医院"或"我进监狱了"，对她来说，这没有任何区别。

弗朗索瓦兹·多尔多：当然有区别，而且区别很大。因为您去了医院，表示您病了；您进了监狱，表示您身体无恙，这是另一种画面。您不和她在一起，这是让你们两个都很痛苦的根源。但对孩子来说，您进了监狱表示您不像在医院里那样生命受到威胁。让她难过的是见不到您。

该女士：但孩子对监狱的印象，相比于对电影院的印象，很……或者别人对监狱的看法……

弗朗索瓦兹·多尔多：我向您保证，等孩子知道了母亲或父亲身陷囹圄，以及为什么会受到法律的制裁（如不懂法或者明知故犯却未能逃出法律的铁网），他们会挺过来的。父母也不会因此而丢失自己的价值。而且，我们其实可以很简单地告诉孩子，"你母亲小时候，她的父亲应该教她小心，因为她总喜欢购买超出自己经济能力的东西，应该教她不能花的比挣的多"。有些人想通过损人的方法让自己的日子过得更宽舒。所有用来劝诫这些人的话，孩子都能听懂。

我记得有这么一个家庭。父亲是个很好的父亲，他有 4 个孩子。他受雇于一家水管公司，公司的事情他一清二楚。这些是孩子的母亲告诉我的。有一天，公司发现他 10 年间挪用了好几吨水管。每次重修房屋水管的时候，他并没有把拆下来的水管卖掉并将所得的钱入公司的账，而是偷偷地存放了起来。警方查找水管的踪影，最终在他们家的车库里找到了所有的赃物，而孩子正好目睹了这一切。父亲无话可说。10 年来，他一直借此改善家里的生活。

进了监狱后，这位父亲因见不到孩子而痛苦万分。而孩子也被带到了医院。因为他的成绩一落千丈，他也成了问题儿童。我听说这件事以后，就告诉孩子的母亲，让她把真相告诉孩子。"您丈夫同意把真相告诉老大吗?"出问题的是老大。他的反应很明显，其他几个小一点的孩子都还好。正是老大看到警察来家里，看到父亲在事实面前哑口无言，然后被警察带走了。可即便他的脑海里印下了整个事情的经过，他母亲对他说的还是"不不不，他生病了，警察送他去了医院，事情就是这样的"。

母亲告诉孩子真相之后，孩子不再做噩梦了，而且他每周都去探视。这很惊人。我就写信给那位父亲，说孩子在做心理治疗，请一定告诉他真相。自那以后，孩子就彻底痊愈了。

一名女士：孩子多大？

弗朗索瓦兹·多尔多：当时他8岁。

家长会干蠢事，会受到法律的制裁。可是，孩子对家长却有颗珍贵的宽容心。当然，家长的本意并不是要违法，他们经济水平有限，但又想过得更好。

该女士：这就看大人怎么跟孩子解释了。

弗朗索瓦兹·多尔多：对，没错，我就是这个意思。这取决于谈论这些事情的方式。一定要心怀尊重。任何人都应该受到尊重，任何人都不应该被等同于他的行为。

举个例子。偷东西的小孩不是小偷，偷东西的是他的双手，这并不能说明他是有意偷盗的小偷。永远都应该如此，所有人都应该如此。干了违法的事情的人，他们都会极力否认。他们希望自己没有干这件事，这证明主体并非时刻与被称作"自我"，即付诸行动的身体的步调一致。而孩子爱的正是家长身上最深处的这一部分。孩子与家长同根同心，而这一部分并非在社会上行事的那一部分。当然，如果父亲拥有更美好的社会形象，那么孩子会更加为之自豪。但爱可以超越每个人生活中的弱点。孩子与父母之间的联系在这种超越中只会被历练得更加牢固，让人为之赞叹。这些可能让大家很震惊，但我说的都来自亲身经历。

一名教育者：孩子来监狱探视母亲当然很好。不过，我在学校里还是会观察到问题。

弗朗索瓦兹·多尔多：我始终坚持要对孩子说真话。有必要的话，可以向他提供一个对学校同学讲述的版本。这个版本不是谎言。谎言是为了欺骗。我们这个情况呢，是为了挽救一个人。

该女士：还是具体情况具体对待吧。也许有些孩子太过敏感，告诉他们母亲进了监狱会对他们造成极大的创伤。如果说母亲去旅行了，有一天会回家，他们接受起来就会容易得多。

弗朗索瓦兹·多尔多：您说的是"有意识的创伤"，就是孩子能感受到的痛。但给未来留下创伤的并不是这个。对未来而言，真正留下创伤的是未言明的事情。孩子没有办法做出反应，因为他不清楚到底是怎么回事。这对他来说是磨耗。如果这在他自己身上不表现为身心疾病，那么一定会表现在下一代身上。

该女士：但没人能够预见孩子会做出什么样的反应。

弗朗索瓦兹·多尔多：这就是为什么一定要对孩子说真相。因为真正重要的不是他会怎样反应，而是他的人格结构是怎样的。结构和具体反应是两回事。一个孩子可以大闹一场，这不会留下什么伤痕。另一个孩子，他有可能当时什么都不说，但过了两年却罹患癌症或其他重病。他的病与此事有密切的关联，因为他没能及时表达自己的感受，也没人帮他表达情感或想法。

一名女士：假设我下决心告诉孩子真相，我怎样才能知道最终会是什么结果？我的意识可不会为我预测两年后我还在监狱里而孩子得了癌症。

另一名女士：不是这样的。说出真相永远是对的。

另一名女士：不，说出真相不一定永远都好。

弗朗索瓦兹·多尔多：如果孩子身处这件事中，那么就应该告诉他。孩子正在经历这件事，他是知道的。孩子有特别的"触角天线"，能够感知和父母有关的事情。如果不用准确的词汇把父母经历的事情告诉孩子，这就与动物的生活无二。孩子和父母之间有心灵感应，父母的生活中发生了什么，他都能感受到。

一名女士：带孩子来探视室是一件很痛苦的事。探视室的设计让人感觉很压抑，一方面让母亲感觉很压抑……

弗朗索瓦兹·多尔多：母亲当然有权不让孩子来探视，有时孩子的确还是不来为好。但一定要解释给孩子听，如写一张字条给孩子。

一名女士：但是，可以来探视，我们却拒绝。如果他们知道了这一点，该怎么办？

弗朗索瓦兹·多尔多：告诉孩子，"你母亲爱你，可是她不想见你，因为这个过程让人太痛苦"。他会想，"我很难过。因为就算痛苦，那也比不见面要强啊"。他会这么想。

一名女士：这种情况下怎么办呢？

弗朗索瓦兹·多尔多：尽力而为吧。

一名女士：要是孩子不说话呢？

弗朗索瓦兹·多尔多：这些正是我们说的受到真正创伤的孩子。

一名女士：我女儿来探视过我三次。前两次真的是经历了撕心裂肺的痛。当时，是别人把她从我身上硬拽下来的。

弗朗索瓦兹·多尔多：但您告诉她会再见面的，对吧？

该女士：说了，说了。后来，周三她又来了。但那次她一直绷着小脸。我应该怎么做呢？

弗朗索瓦兹·多尔多：要告诉她，"对，你生气，我知道。因为你希望我能永远和你在一起，希望我能永远抱着你"。要告诉她，她之所以这么做有她的理由。

您看，就像您说的，她还没有言语。可同时，她又有别的、比词语更有力的言语，证据就是您懂得了她在生气。

该女士：您认为我该怎么做呢？应该让她继续来吗？

弗朗索瓦兹·多尔多：告诉她痛苦有理，也告诉她您也很难受。至于您该怎么做……您自己更希望哪样？做您想做的，同时告诉她您为什么做出这样的选择。

该女士：是这样的，但这样做很自私。

另一名女士：在这种情况下，是不是自私可不好说。

弗朗索瓦兹·多尔多：人面对自己的孩子时总是自私的。如果我们为之做出牺牲，那就是在害他们。

一名女士：没错。但是不是应该以孩子的利益为先呢？

弗朗索瓦兹·多尔多：我们的利益和他们的利益是混合在一起的，以至于我们根本说不清自己的利益是什么。

一名女士：就是不知道该怎么做。

弗朗索瓦兹·多尔多：没有人能针对所有情况都给出建议。重要的是和孩子保持坦诚。对一个孩子来说，爱一个身陷囹圄的人，要好过爱一个病人。英语中有两个动词，其意义很接近但又不同。like，说的是不掺杂情欲的喜欢；love，是爱一个男人、一个女人，掺杂情欲的喜欢。I like 的意思是"我像我喜欢的人（物）一样"。like 意为就像。"我像妈妈一样"意思是"我喜欢妈妈"。英国人说"我喜欢你"的时候，其言下之意是"我和你这样相处是因为我想变得和你一样"。这里面的意思是，我喜欢你，但其中没有情欲成分。这是感情层面的，和孩子爱父母是一样的。所以，如果孩子说他喜欢因犯了错而进监狱的父亲或母亲，就应该取这层意思。这时候，父母要告诉他，"希望我被剥夺自由的时间不会太长。但现在这样我很痛苦。你也和我一样痛苦，我也因见不到你而伤心"。要告诉孩子。孩子能够感知得到，他会懂。他的耳朵会听到一些东西，但最主要的是他会感觉到母亲和他说了真话，说了和他们两人直接相关的内容。

能说的就是这些了。母亲要说真实的话。"你明白吗？我看到你时心都碎了。我觉得你最好还是别来，我会一直想着你的。"如果您真的更愿意这样选择，那么就告诉他这些。直到有一天您改变主意了，您可以写信给家人，"我太想孩子了，让他准备一下，来看看我吧"。然后您会再见到孩子。"你懂吗？我之前不想见你，也许你因此而伤透了心。但现在我又可以见你了，而你却绷着小脸。你做得对，因为很久以来你都需要见到我，而我却承受不了这种痛苦。"和孩子说真话时就应该这样。

奥蒂乐·道慕瓦：有个情况正好相反。有个男孩和外祖母一起来探视过他的母亲两次。第三次，他就不愿意再看到母亲了，他干脆就坐在车上和外祖父一起在外面等着。

弗朗索瓦兹·多尔多：他不想见母亲，很有可能就是母亲和外祖母没处理好的缘故。也许她们两个都没说过他给母亲带来了多少快乐。如果不把这个告诉孩子，那么他来这种地方看到母亲时当然会很难受，但见到总是令人高兴的。可是，他发现自己并没有让母亲像他预想的那样快乐，这就给他带来了困难。这样的话，为什么要来呢？他那么痛苦，却也没能让外祖母和母亲开心。探视，是诸多事情的合集。我敢肯定，如果母亲跟他说，"你都不知道你来我有多开心，我每天都在想你，就算只能两周见一次。你省下出去玩的时间来看我，真是好孩子，我真的很高兴"，那么孩子还会再来看她。现在这样，只不过是因为他不知道他的探视对母亲有多重要。那既然对他来说又受罪，又浪费时间，如不能和小朋友一起玩、不能在家看电视，也没有人告诉他必须得来探视，那为什么还要白费力气呢？他都没能让妈妈更高兴，反正没人告诉他。这一点必须得说出来。

一名女士：还有一个原因是监狱太远了。孩子过来得坐汽车、火车。

奥蒂乐·道慕瓦：坐公交很累，等候时也很累。而且，孩子常常要等很久。即便最近监狱管理部门改善了一些探视条件，如加建了遮雨篷、儿童推车通道等。

一名女士：探视时间只有半小时，您知道吗？

弗朗索瓦兹·多尔多：正出于此，如果母亲告诉孩子他的到来让妈妈很高兴（当然这得是实情），那么孩子肯定会来。但如果母亲反而太难受，那与其短暂团聚后遭受分离之痛，还不如就不见了。

一名女士：可是一个两岁的小孩怎么可能明白他过三天才可以再看到妈妈？

弗朗索瓦兹·多尔多：他什么都懂。您跟很多人都一样，不愿意相信孩子什么都懂。再小的孩子，哪怕只有 4 个月，他都听得懂所有的语言。这一点你们都知道。三四个月起，他只听得懂母亲的语言。如果有人用母亲的语言但操着浓重的口音，那么即便说得很好，他也不一定听得懂。6 个月起，他能听懂词汇。但语言习得是一件很奇怪的事。我自己就是个例子。这是我母亲告诉我的，她要是不说，我就不可能知道。照看我的那个人——是一位英国女士，我在毕佛先生的节目中提到过——在我 8 个月的时候离开了，自那之后，家里再也没有雇佣过英国人。我 14 个月时第一次开口说话，18 个月时开始真正能说点什么。但别人只有在和我说英语时我才听得懂，然而我生活在一个法语家庭里啊。这一切是因为，我最初的社会化就是和那位英国女士开始的。

一名女士：您家里是怎么发现需要跟您说英语的？

弗朗索瓦兹·多尔多：因为我母亲发现我什么都不懂，而且我说出来的只言片语都是英语，我母亲英语很好，所以她大吃一惊。

一名女士：我还有个问题，被送去社会医疗行动局①的孩子中也会有人来这里探视妈妈。

弗朗索瓦兹·多尔多：对。我比较了解的就是这些孩子。

该女士：这些孩子的问题是无法认出自己的母亲。也就是说，这些孩子往往认不出来谁是自己的母亲，或者即使认出来了也不愿意承认。

弗朗索瓦兹·多尔多：这种情况不可能。孩子在一千个女人当中都能瞬间闻出哪个是自己的母亲。他通过嗅觉来识别。

该女士：长期和母亲分开的孩子也可以吗？

弗朗索瓦兹·多尔多：这种情况就不一样了。如果孩子出生后的前两个月一直在暖箱里待着，那的确，对他来说，母亲的味道就像医院的味道一样，但这毕竟是个例。一般孩子和母

①　法国专门收留问题儿童的机构。——译者注

亲重逢时，孩子都不需要看，单凭嗅觉就能找到自己的母亲。

一名女士：他也能这样找到父亲吗？

弗朗索瓦兹·多尔多：当然。婴儿期他认得出父亲，因为父亲是母亲生活中的主要人物。最初几周或几天的生活对孩子的一生都有影响。

一名女士：那在这里，他不会想父亲吗？这里没有男士啊。

弗朗索瓦兹·多尔多：当然想，肯定的。女士会想，孩子也是。

一名女士：怎么才能重建一种关系？

弗朗索瓦兹·多尔多：但他们有时候还是能见到男士的。

一名女士：在探视时间，孩子也能见到同样来探视的父亲。

另一名女士：如果父亲没有被关进监狱的话。

奥蒂乐·道慕瓦：你们知道吗？监狱曾经为男犯人组织过探视，专门让跟着母亲在女监生活的孩子跟父亲见面。

弗朗索瓦兹·多尔多：我这阵子正在给两个孩子做治疗。他们就是社会医疗行动局中的孩子，父母双双入狱，不过在不同的监狱里。他们会去监狱里探视父母。

一名女士：为什么没有法律规定女犯人的孩子可以有每周一小时的探视时间呢？我觉得现在的规定真的不好。母亲见孩子只有半小时的时间，尤其对于社会医疗行动局中的孩子来说，这太残忍了。弗洛里·梅洛吉斯监狱的女犯人过去的探视时间是一小时，自圣诞节改革以后减到了半小时。

弗朗索瓦兹·多尔多：您研究下监狱史就知道了，过去的女犯人连半小时都没有。

一名女士：之前探视时还是隔着玻璃通电话呢。

上一名女士：不管以前怎样，我们只关心现在。

弗朗索瓦兹·多尔多：肯定得改变，但得慢慢来。

该女士：现在是 1987 年，我们不需要了解之前是什么样。

弗朗索瓦兹·多尔多：得了解，不可能有其他路径。

该女士：制度设立之初，女犯人有与孩子团聚一小时的权利。多年来一直这样。现在忽然之间，自圣诞节以后，就减到了半小时……这太残忍了。为什么没有人站出来反对？

弗朗索瓦兹·多尔多：您现在不就站出来了吗？

该女士：没错。可是我被关在了牢房里，我能上哪里去说？

弗朗索瓦兹·多尔多：您现在说了，就已经有人听到了。

该女士：如果监狱长在的话，他最好能听一下我们的想法，给一个立场。我自己没有孩子。但我依然感觉这种变化太残忍。我觉得制度没有权力把给出去的东西再收回来。

弗朗索瓦兹·多尔多：肯定是行政层面的问题。

奥蒂乐·道慕瓦：你们得了解一下探视时间缩短的原因。

该女士：我们都知道。但那不是真正的原因。

（场内哗然。）

一名女狱警：很久以前，一位来自意大利的监狱长向我们介绍了她那边的经验。我觉得那样的做法很不错。监狱里专门开辟了一间屋子，家人可以带孩子过来和母亲共度一整个下午。她那边的监狱应该是一直保持了这种制度的。很遗憾，咱们这里没有。

奥蒂乐·道慕瓦：不过，各种方法都是可以研究的。

提出诉求的那位女士：我知道这些建议已经提出来很久了。我有一位狱友，她有 3 个孩子。她申请和副监狱长谈这个问题，申请了多少次啊！还有很多人和她一样。

奥蒂乐·道慕瓦：我来弗洛里·梅洛吉斯监狱 5 年了。我可以告诉大家，这期间还是有很多积极的变化的。

提出诉求的那位女士：也许。但这种制度并不是落实不了，其他国家就可以，不是吗？

奥蒂乐·道慕瓦：这是组织层面的问题。目前因为监狱关押人数过多，所以事情有点搁置。

一名女士：现在的确哪儿都得花钱。但弗洛里·梅洛吉斯监狱的情况也是绝无仅有的。一共关押 523 人。一间屋子容纳 3 人，用来劳动、静心、上课或做其他事情。这不正常，这个问题必须优先解决。

奥蒂乐·道慕瓦：整个监狱系统关押人数过多的问题的确是目前需要解决的重点，所有人都很清楚。几年来，我们已经花了很大的力气去改善情况。由于女性中被监禁的人数远少于男性（4%），所以女子监狱平常不怎么受到关注，但其实它应该更加受到重视。话说回来，我看过很多别的监狱，我可以告诉大家，这里的生活条件比别处好多了。

（场内一阵骚动，评论纷纷。）

奥蒂乐·道慕瓦：今天在这里提这件事情，时机、地点都不对。创伤性事件本就是生活的一部分。关键是直面它，将它说出来。

弗朗索瓦兹·多尔多：听我说，大家应该好好利用我在这里的这点时间，暂时先把你们的诉求放一边，因为在这方面我帮不上忙。当然，我完全同意你们的想法。大家有别的问题吗？

一名女士：婴儿总是和妈妈一起睡，这对婴儿好吗？

弗朗索瓦兹·多尔多：我觉得不好。因为这样会导致二人的过度融合，仿佛孩子重回母亲腹中。这就是为什么我提出应该分开睡，用屏风隔开，这样孩子和母亲就不会时刻见到对方了。每个人都要有自己的生活，不应该时时有人盯着。孩子从不离开母亲的视线，或者二人皮肤贴皮肤、身体贴身体，这样不好。孩子如果成为母亲身体的一部分，总和母亲在一起，那他就没有可能将自己理解成与母亲分开存在的个体，也不会明白母亲是可以和他对话的人。我不会对我的手说话，否则我就是疯了。孩子如果成了母亲身体的一部分，他就不会再与母亲对话了。母亲也一样。

一名女士：有些国家的母亲就是从早到晚都守着孩子的。

弗朗索瓦兹·多尔多：那不一样。文化背景不同。来自不同文化的做法不能混到一起来比较。

该女士：为什么？不一定不好啊。接触母亲的身体挺好啊。

弗朗索瓦兹·多尔多：没有好坏之分，也不是说一定是消极、负面的。重要的是，母亲要对孩子说话，让孩子闻到母亲的味道，知道她就在附近，让他既能找到母亲，又保持各自的独立。孩子需要在有连续性的环境中感受到对母亲的感官体验的变化。也就是说，不要总是黏在母亲身上，不然孩子就会分不清个体的界限。母亲对孩子说话时不要喋喋不休，不然就没有了沉默，而沉默会让孩子期待母亲说话。要想让一个人变得聪明，就要让他感受到感官体验上的变化。

一名女士：不管怎样，还是需要有肌肤的接触，就像成人需要肌肤接触一样。

弗朗索瓦兹·多尔多：说对了！需要！这位女士刚刚说的就是"欲望"。有欲望，有必须要满足的最低量的需要，不然孩子就会生病，没准儿母亲也会病倒。但有些欲望需要说出来，而不是通过身体接触来满足。爱是可以说出来的，可以用关注、同情、交心来证明。身体亲近，却并不佐以心里话，这样不够人性。如果这样，那就是将欲望和纯洁的母子之爱混同了。谈论欲望，就是要说"你想让我抱，可是你看我很忙"。母亲要与孩子交谈，不能简单粗暴地说"别来烦我"。要给孩子积极的信息，但要以另一种方式。

一名女士：要说真话。可有时候"别来烦我"就是大实话呀。

弗朗索瓦兹·多尔多：没错。母亲有时候的确会希望孩子别来烦她。但如果好好地告诉孩子，而且让他明白母亲爱他，这就很好。她要是对孩子说"我无所谓，我对你没兴趣"，这完全就是两回事了！口吻充满母爱还是满是嫌弃，完全不同。

一名女士：怎样做才能确保孩子不变坏、不被带坏？

弗朗索瓦兹·多尔多：他们长大后，怎样做才能拦住他们不去跟不好的人交往？

一名女士：对，就是这个意思。

弗朗索瓦兹·多尔多：母亲很难拦得住这个。能拦得住的是父亲！相比于母亲，父亲才是在社会行为上引导孩子的那个人。当然，母亲也可以引导孩子，但她这么做的时候，她扮演的是父亲的角色。母亲需要做的是理解孩子需要通过伙伴在自己身上找到自信，她还需要给孩子提供一个温暖的家。如果孩子开始结交一些被母亲称作坏孩子的朋友，那就往往表示孩子需要能够一起叛逆的伙伴，而这正是因为母亲管得太严、占有欲太强或太过焦虑。

父亲是榜样。他当着孩子的面，与孩子的伙伴交谈，光这一点就能让孩子看到不同。他会看到，在这不同中胜出的是父亲。他会看到伙伴虽然牛气冲天，但其实就是个小屁孩儿。相反，父亲也牛气冲天，却不会因此指责伙伴。

您提的问题很重要。人就是在永无休止的小冲突中成长起来的。如果一味地让他高兴，他就会永远冒傻气、幼稚、没有阅历。

一名女士：您认为父亲和母亲各自的角色不同。两个人不应该相互帮助吗？

弗朗索瓦兹·多尔多：不应该。可有时母亲会扮演父亲的角色，反过来的情况也有。

一名女士：如果没有父亲呢？怎么办？

弗朗索瓦兹·多尔多：如果没有父亲，那么母亲的角色就是向孩子提议、帮他做好准备，在母亲认识的人中间，找到父亲形象的替代者。这一点至关重要。从孩子两岁半起，如果是男孩，就要告诉他，"你知道吗？我是个女人，是妈妈。你是男孩，有很多关于男孩的事情我帮不了你"。如果是女孩，当她给母亲制造麻烦时，母亲就应该说，"一个单身妈妈不能很好地把孩子抚养大，因为孩子不是她一个人生出来的，父亲很重要"。孩子会说，"是吗？我都不敢跟他说话"。您应该回答，"我会帮你的呀。你要和父亲说话"。

你们明白吗？孩子需要三元关系。男人、女人（父亲角色、母亲角色），还有他们自己。母亲肯定可以承担起引导孩子的角色，但那是父亲该做的事情；父亲也可以为孩子把屎把尿、换尿裤、喂饭，但那是母亲该做的事情。一般来讲，孩子对母亲的期待是在她身上找到身体的延续，找到维持生命的食物；对父亲的期待是得到在社会行为和欲望等方面的引导。欲望，可以想象，但是禁止实现。人生活在社会中，就是要按照规则行事。

一名女士：关于一夫多妻，您能解释一下吗？

弗朗索瓦兹·多尔多：父亲能博得好几个女人的欢心，孩子会为此感到自豪。当然，他们看到母亲举起锅向父亲扔过去时肯定高兴不起来，他们想，"父亲是个好人啊，为什么母亲不高兴呢？"。那样的话，母亲就需要解释给孩子听，告诉他，作为女人，她觉得这样一点都不好。这就是生活。一夫多妻历史上从来就有，现在也存在，我们一定要让孩子明白衡量的尺度不一样，"我因你父亲而伤心。但这不应该损害他在你心中的形象"。

一名女士：孩子到了 18 个月时得离开母亲。如果母亲刑期很长，而父亲也同样被判入狱，孩子就会被送到社会医疗行动局。

弗朗索瓦兹·多尔多：那您就写明信片给他。收养他的家庭要给他看，告诉他这是他的母亲寄来的明信片。社会医疗行动局会做出安排，让孩子和收养家庭一起来看望您。

该女士：是，可是孩子知道是怎么回事吗？

弗朗索瓦兹·多尔多：他清楚得很。

该女士：好，那之后他该怎么做呢？

弗朗索瓦兹·多尔多：看他自己，我无法预测。

一名女士：从几岁起，他可以问"爸爸在哪儿"这个问题？有一个合适的年龄吗？

弗朗索瓦兹·多尔多：当然，但其实他在很小的时候就已经在想这个问题了。现在就要告诉他真相，因为 18 个月的孩子已经提出了这个问题。

该女士：不可能，18 个月，他还不会说话呢。

弗朗索瓦兹·多尔多：为什么 18 个月的孩子不能提这个问题？您有孩子吗？

该女士：没有。

弗朗索瓦兹·多尔多：那不就是了！曾经有一位母亲跟我说，她女儿 14 个月了。她在女孩刚生下来两天时就领养了她，但孩子自己不知道。我跟这位母亲说得告诉孩子真相。因为孩子其实知道，只不过说不出来罢了。孩子已经 14 个月大了，她已经开始学说话了。后来，那位母亲都惊呆了，因为我昨天又见到了她，这次遇见距上次对话已过去了 8 天。她说，"您知道吗？发生了一件神奇的事情。我女儿问我她的妈妈在哪儿。她居然问我这个！我惊到差点喘不过气来"。我说，我跟她说过，孩子知道，只不过从来没问过她而已。女孩已经开始慢慢地学说话、提问题了。关于这个问题，她没能回答。她就待在那儿，孩子看着她，很诧异为什么这个问题把母亲问住了。我建议她可以找机会重提此事，"那天你问我你的妈妈在哪儿，我来说给你听"。

　　孩子对自己身上发生的事情完全有感受。尽早告诉他真相，而不是隐藏真相。尤其在这个案例中，孩子现在的母亲是养母。因为一般来说，领养孩子的母亲往往自己不孕，或者因为种种原因没有孩子。孩子对母亲产生认同，而母亲却不能生育，那么这个孩子未来就很难成为人母。

　　找我做精神分析的有几位年轻女人，她们不知道自己被领养的身世，她们总是生不出孩子，毫无原因就习惯性流产。其中有一位总是在胎儿三个月的时候流产。有一天，有位妇科医生对她说，"女士，一切都跟脑子里想的东西有关系。您如果想要孩子，就先去做个心理治疗或者心理分析"。就这样，这位女士找到了我。后来其他几位也来了。因为这个妇科医生会把病人往我这儿送。那位女士，19 岁时才知道自己是被领养的。整个童年她都对此毫不知情。但终于发生了一件事，真相藏不住了，所以才不得已让她知道了。那个时候，她非正式订婚已有三年，第二天要举行正式的订婚仪式。双方父母在最后一次就仪式进行商讨的时候，女方父母告诉了未婚夫女孩是被领养的。说完后，男方就再也不见女孩了。为了让儿子不再见对方，男方父母第二天就把儿子送往了国外。这要多傻有多傻。女孩失去了未婚夫，得了抑郁症。她觉得母亲这么长时间来一直在跟她说谎。母亲之前是这么说的，"你看，在你之前我流产了 7 次。幸亏你来到了我的生命中，慰藉了我的心"。

接受精神分析期间，她又问了她的父亲。母亲在说出秘密 6 周后，以闪电般的速度患了癌症并去世。她是因为说出了女儿非她亲生，情感过于激动而病倒的。之前她是不是已经患了癌症没人知道，但就算患了，她也是带病生活的，没有人觉察。所以，接受精神分析期间，年轻女人就和父亲谈。"跟我说说，母亲不停地流产，那是哪个时期？""我可怜的女儿，你母亲从来就没有流过产，一次都没有。她想这么跟你说，我就由着她了。"听到这儿，她就说了这样一句话，"那这样的话，我就没有必要流产了"。

如果没有言语，那么对母亲的认同就会一直是完全无意识的。案例中的年轻女人对不能生育的母亲产生认同。其实她的生育能力很强，但她却视复制母亲的人生为己任，而这个母亲让她相信自己是她的生母。在这种模式里，她会像她母亲那样流产 7 次，然后某一天就能生下孩子。你们看多有意思，这就是无意识。我们根本就不是靠大脑思维而生活的。大脑，只是小小的一片，我们只用它来说话。真正的生命则是在无意识里的。

一名女士：我想知道大家是怎么想到让孩子接受精神分析的。怎么做？

弗朗索瓦兹·多尔多：建议您读一下《多米尼克案例》。我写这本书，就是为了让大家了解什么是儿童精神分析。今天在这里我不可能简单地回答您的问题。

一名女士：因为孩子有非常不正常的表现？这样的决定由谁来做？

弗朗索瓦兹·多尔多：决定是慢慢做出的。往往是这样开始的。"我们去做一个言语能力恢复训练"，说的是对驱动力的恢复训练。孩子可能表现为情感上的麻木，也可能表现为行为上的多动。总之就是从发现孩子不对劲的时候开始。孩子到处碰壁没人搭理，或者出现消化困难，或者没完没了地患耳膜炎而医生却找不出原因。大家就会说"可能是心理疾病导致的吧"。这种时候，大家就会试着接触做过精神分析的人。有时会先找一名心理医生做一个评估。医生可能自己没做过精神分析，但通过给孩子做能力评估，也会发现一些迹象。比如，孩子 5 岁，在有些方面比 8 岁孩子还强，但在有些方面又连 3 岁孩子都不如。他的成长出现了混乱，不同步。一个孩子，如果评估考察的各方面，如注意力、专注力、逻辑思维、演绎、归纳等与心智能力不能同步发展，那确实是挺麻烦的。其中还包括记忆力。没有记忆力的孩子，即便他很聪明，也什么都记不住。他是从什么时候开始丧失记忆力的？应该是有一件对他造成极大创伤的事，他不愿把它留在记忆里。于是，从这个时候开始，他便丧失了记忆力。必须要经过精神分析，才能帮他找回记忆力。

决定接受精神分析的过程分几步。首先，这个人被诊断患有深度障碍。其次，初步的恢复治疗没有效果。做恢复治疗的人会说"不，这不是我的问题"。（言下之意是解决不了。）孩子口吃，可以通过正音治疗得到改善，但也可能根本不对症。比如，我遇到过一个做分析的口吃小孩。他的问题是，如果话是他自己想说的，他就说不出来；但如果让他背诵拉封丹的寓言，他就口齿清楚、流利，毫无问题。他重复别人说过的话时从来不口吃，他只在说自己想说的话的时候口吃。这是需要治疗的。

我想起一个我治疗过的男孩，他当时 10 岁。他专程来巴黎治口吃，寄宿在父母的朋友家。他的正音医生对他进行跟踪治疗，然而两年下来还是毫无起色。医生急坏了，就让病人来找我。我就问这个男孩"你有没有不口吃的时候"。后来他就说了，当然是很长时间以后才结结巴巴地告诉我的，他不口吃的时候是他背诵或朗诵诗歌的时候。我想亲眼看看，就给了他一本书，里面是文学选段，其中有一首诗，他像演员一样声情并茂地读完了诗，很出色。接下来重新谈到他自己，他就又开始口吃。他说还有一种情况，就是他在带着某种口音讲故事的时候也不口吃。"我现在给您讲个故事，用马里尤斯的口音。"他觉得当自己有口音时，就不口吃；但一旦以自己的名义说话，以主体的名义说话，他就立刻恢复口吃。后来，他因故回到自己的父母家，所以口吃就没被治好。"您从来没让他读过文章吗？"我问正音医生。"没有。""下回让他读诗，您会发现差别。两年了，您让他做口部肌肉的练习，可是一点起色都没有。"正音医生让小孩儿做的练习真是令人疯狂——锻炼气息，这样吸气，那样呼气。孩子很配合，因为口吃让他很烦恼。但他后来必须回家，正音医生也只能让他走，总在巴黎待着也不是个事儿。

在这个男孩 20 岁的时候，我又见到了他。他在巴黎找了一份工作，但口吃的问题仍然很干扰他。抱着治好口吃的愿望，他接受了精神分析。对梦的分析让他记忆中的一件十分奇怪的事情浮出水面。他说他在看到妹妹出生之后就开始口吃了。（他做了个梦，梦到口吃的前因后果。）"那您见到妹妹出生了？"（妹妹比他小三四岁。）"是啊，我们在上学。那是在乡下的路上，我看到妈妈的汽车有一个轮胎瘪了，老师和高年级学生就帮妈妈修轮胎。然后妈妈就走了，走时她说去医院找她的女儿。我下午回到家，妹妹已经出生了。""嗯，下午你的妹妹已经生下来了，她在哪里？""她很好看，穿着一条小裙子，明天就给她举行洗礼。"你们看，一个年轻人的记忆可以这么奇怪。

于是我说，各种记忆混在一起了，也许……"不，我向您保证，那一天，家里没有妹妹，妈妈生孩子当天就回家了。"瘪胎就是已经瘪掉的肚子的象征。不管怎样，我告诉他，我觉得这个故事很奇怪。我想他的妹妹可能在那之前就已经存在，只不过是他不想看到她吧。因为根据他的描绘，他的妹妹当时已经快学会走路了。"您的故事有点不对劲。"我就说了这么简单的一句。他很吃惊。"听着，您可以写信给父母，告诉他们您的这段记忆，'妈妈，你还记得你去医院的那天吗？'。"

于是，他就给他母亲写了信。后来他告诉我，他的母亲回信了。她说见面时会告诉他这段故事背后的实情。后来，两个月后，她的确来了，她的儿子还在接受精神分析。"您知道吗？和妈妈见面很痛苦。""为什么？""因为自从我写了那封信，我们之间一切都变了。""可您不是在巴黎吗？她不是在老家吗？""没错。可是她把真相告诉了我，我感觉说完后一切都变了。""是吗？那到底怎么回事？""真相是，我们都是被领养的……"而他却不知道。领养他妹妹的那一天，他的母亲的确是要去医院领孩子。但父母对此只字未提。母亲告诉他，见到家里多了个妹妹之后，他就开始口吃了。但她对正音医生或其他任何人都没说起过这个事儿。

这个孩子，如果在 4 岁的时候进行精神分析治疗，就不会口吃那么长时间。你们可能会问什么时候让孩子接受精神分析最好。这个孩子直到 20 岁才通过精神分析揭秘了自己的故事。就因为他不知道真相，所以他的人生这么艰难。他们家有 4 个领养的孩子，他是老大，他却一无所知。后来，我再次见到了他的母亲。上一次见她是孩子 10 岁时。我问她为什么 10 年前不告诉他真相。"我做不到。这件事情没那么容易说出来。对我来说，告诉孩子他们是被领养的，那简直太狠心了。大家都认为，'要是我父母这么告诉我的话，我会难受死的！'。"我说，那是因为她自己不是被收养的。但是对于被收养的孩子来说，正好相反，把他们隐隐有感觉的东西用该用的词说出来，这会让他们感到安全。

你们看，精神分析对有些情况是很有效果的。隐匿避讳的秘密会伤害一些人，会从内心最深处折磨他们。他们需要精神分析。

一名女士：可是您不觉得，人之所以无意识地抑制一些东西，正是因为它们就应该被埋在那里吗？

弗朗索瓦兹·多尔多：也许，为什么不呢？但是如果这些事情被埋在那里，但它们却让您没有办法好好生活……有些抑制对生活有积极作用，对生活有用；但也有些会妨碍您正常生活。

该女士：那一旦开始接受精神分析，会不会就掉进了一个无底深渊呢？

弗朗索瓦兹·多尔多：恰恰相反。正因为人处于地狱般的深渊中，才需要向精神分析求助。如果无须分析就可以生活，那当然不用接受分析。这个过程太苦、太漫长，需要太多的思考。它需要花费太多金钱、时间和能量。人们接受精神分析不是因为他们高兴，而是因为他们无其他道路可走。

该女士：也许他们没去找别的办法吧。

弗朗索瓦兹·多尔多：当然找了。他们都找遍了，他们是不得已才来的。

一名女士：没有人单纯为了了解自己来接受精神分析吗？

弗朗索瓦兹·多尔多：这部分人连两周都坚持不了。

该女士：我觉得了解一下自己挺好的。

弗朗索瓦兹·多尔多：为什么不呢？就好像跟着算命女巫转一圈似的。

奥蒂乐·道慕瓦：我们刚才谈了狱中的婴儿，谈了女犯人和在外面的子女的问题。但还有监狱中的工作人员，有些孩子接受不了父母在监狱里工作。

弗朗索瓦兹·多尔多：是。要跟他们解释。

奥蒂乐·道慕瓦：就这个方面的问题，我给大家讲一个故事。在我被任命到弗洛里·梅洛吉斯监狱工作一段时间后，我5岁儿子的老师跟我说她有些担忧，因为孩子常常画监狱。我就告诉了老师我的工作，然后我俩就笑了起来。

弗朗索瓦兹·多尔多：他想让别人知道。

一名女士：我们有很多问题。我是说，我们很少会想到工作人员的问题。

弗朗索瓦兹·多尔多：也许，如果工作人员有问题，那么你们（女犯人们）也会跟着有问题……我们跟什么人生活在一起，我们的态度就会受到什么人的影响……

一名女士：可是晚上她们回家呀。就像在……我不知道……在医院工作一样。

奥蒂乐·道慕瓦：孩子很容易受到父母职业的影响。同样，父母也会受到自己的工作性质的影响，而且这还会影响到他们的家庭关系。

弗朗索瓦兹·多尔多：但是你们看医生的孩子，他们也一样有自己的问题啊。

一名女士：我觉得孩子不会因为父母在监狱里工作就出现问题。

另一名女士：会的，正因如此，他们会羞于说出自己的父母在监狱里做看守。

弗朗索瓦兹·多尔多：还有些孩子羞于说出父亲是外科医生呢。

一名女士：我觉得相比于母亲在监狱里做看守，孩子更羞于说出的是母亲在监狱里坐牢。

弗朗索瓦兹·多尔多：不一定。

一名女士：有些孩子受到媒体、学校的影响，他们说起父母是警察的时候会感到骄傲、自豪。在监狱里做看守也是很让他们感到骄傲的。

弗朗索瓦兹·多尔多：我见过有些孩子很骄傲地说父亲干了一件什么大事并因此被判了八年有期徒刑。

一名女士：孩子会说"母亲坐牢了，我很自豪"，这……

弗朗索瓦兹·多尔多：看情况。对于一个深爱母亲的孩子来说，无论母亲身上发生了任何事情，孩子都会觉得自豪。

一名女士：反正我的女儿，她可不为我自豪。相反，她在高中对此一字不提。

弗朗索瓦兹·多尔多：她不说是对的，因为她足够聪明，知道别人会……但这并不表示她觉得这样不好。

该女士：不，她觉得我这样不好，这很显然。

弗朗索瓦兹·多尔多：她很伤心，因为这件事情把你们分开了。我敢肯定她不会评判您。

该女士：我不知道。我不是很相信。

弗朗索瓦兹·多尔多：如果从别人的角度去看，她会评判您；但当她完全做回自己的时候，她不会评判您。对孩子的梦做分析就能了解这一点。做精神分析，是要对梦做分析，也就是说，人最真实的一面往往是他说的话的反面。

一名女士：但我身上就发生了这样一件事。我的孩子被送去了社会医疗行动局。他对好朋友说过——他不知道向谁倾诉，所以就找到了好朋友——"我基本上都见不到我的母亲，因为她在监狱里"。他的好朋友就把这件事告诉了所有人。"对，李奥耐尔的母亲在坐牢。"集体散步时，全体同学都喊起来。"李奥耐尔的母亲在坐牢，她是小偷。"孩子遭到了极大的打击，后来集体散步时，他再也不去了。

弗朗索瓦兹·多尔多：所以就更得帮他们做好准备。和他们一起想一个可以告诉社会的版本。

该女士：该说什么呢？这不关任何人的事。

弗朗索瓦兹·多尔多：绝对的。这和私生活是一样的。

另一名女士：我想提一个难一点的问题，有关女犯人中的孕妇。她们因坐牢而相当焦虑，但又没法说。

弗朗索瓦兹·多尔多：为什么？可以和胎儿说。呱呱坠地之前，胎儿也身处监狱啊。他能感受到母亲的全部焦虑。

该女士：但这种情况真的没办法跟胎儿解释啊。

弗朗索瓦兹·多尔多：为什么？要知道，胎儿和30岁的人一样聪明。

奥蒂乐·道慕瓦：是，人被囚禁之后，负罪感会带来很多问题。母亲总是害怕对孩子造成负面的影响。

弗朗索瓦兹·多尔多：不管怎样，负面的东西会被孩子对母亲的爱和母亲对孩子的爱超越……

一名女士：我听说不少监狱里有不少孕妇堕胎，完全不是因为她们想这么做，而是因为留不住胎儿。我想是因为情感冲击太大吧。

弗朗索瓦兹·多尔多：她们是流产了。是这样的，这是事实。谁知道如果还是自由身的话，她们会不会流产呢？

助产士：这是监狱流传的说法之一。

奥蒂乐·道慕瓦：好。最后一个问题，因为我们必须要结束了。

一名女士：我有三个孩子。一个16岁，一个4岁，另一个7岁。我被逮捕之后，一开始跟他们撒谎，告诉他们我去国外了。后来社会医疗行动局接管了孩子。那里的教育人员告诉了他们母亲在坐牢。7 岁的那个很震惊，他不明白。

弗朗索瓦兹·多尔多：因为没人告诉他为什么。

该女士：一开始我撒了谎。

弗朗索瓦兹·多尔多：您没有写信告诉他们为什么您进了监狱？

该女士：没有。我没写信。

弗朗索瓦兹·多尔多：那就是了。7 岁的孩子就已经会寻找因果关系了。不可能平白无故坐牢，您要告诉他前因后果啊。

该女士：对。不过后来教育人员都解释给他们听了。可是这孩子反应很大，他很激动。

弗朗索瓦兹·多尔多：如果不是您亲自解释，那么孩子就没办法有好的反应。

该女士：他们没给我时间给孩子解释，告诉他真相。

弗朗索瓦兹·多尔多：写信给他。

该女士：我后来写了，但他完全……

弗朗索瓦兹·多尔多：不，会慢慢修复的。不管怎样，您都可以向社会医疗行动局申请让孩子去做心理治疗，他会好的。这孩子如果创伤一直这么重，那他就需要心理治疗。我就接待过类似情形下的孩子。是这样的，您说得对，如果没人可以倾诉的话，他们会被煎熬坏的。

该女士：但比方说，如果我请他来探视，您觉得他会来吗？

弗朗索瓦兹·多尔多：告诉他，"我原先以为你太小了，承受不了这件事"。就这样跟他说。"我欺骗了你。请你原谅我。但我当时做不到，也不知道怎么跟你说，我都不知道你能不能懂，不知道你会不会原谅做了错事的母亲。"要平等地对他说话。也许他不会一下子表现得特别明显，但他不会再做焦虑的梦，他会慢慢好起来。

该女士：所以有希望让他重新变得……

弗朗索瓦兹·多尔多：当然，绝对的。要告诉他，向他解释为什么您没有告诉他真相。幸亏教育人员说了，不然就真的完了。一个女人不顾三个孩子而去了国外，这会是什么样的母亲？这比因判刑而被迫离去的母亲糟糕多了。

该女士：所以，我可以申请让他们来探视，是吗？

弗朗索瓦兹·多尔多：当然可以。来了以后如果您觉得他不正常，您就向社会医疗行动局申请给孩子做心理治疗。

该女士：不应该看心理师吗？

弗朗索瓦兹·多尔多：心理师或医生都行。精神分析专业面向两种专业背景的人，即心理学专业和医学专业。一旦获得了精神分析师、心理治疗师的资格，就不再是制定标准的心理师，也不可能是有开药资格的精神科医生了。我们的工作以人际关系、言语为对象，以人为中心。你要这样告诉自己，"要做心理治疗，是因为我的离去让孩子受到了创伤，更何况我没有告诉他真实的原因"。真正打击孩子的，不是别的，而是您的谎言。

该女士：您真这么觉得？

弗朗索瓦兹·多尔多：当然。您要是去国外了，就是遗忘了孩子。打击他的是这一点。而之后别人又告诉他"她在牢里"。

　　该女士：因为教育人员跟他说了。他们把三个孩子都叫了去，说"你们的母亲没有去国外，她进监狱了"。

　　弗朗索瓦兹·多尔多：教育人员说得有点笨拙，因为说得太快了。但对孩子来说，是时候该告诉他了。但告诉他们真相的人本该是您。

　　该女士：本该由我来说。

　　弗朗索瓦兹·多尔多：对，第一次就该说。

　　该女士：是啊，第一次就该说。知道了，谢谢您，女士。

　　弗朗索瓦兹·多尔多：如果教育人员没说的话，您就不打算告诉他们了？

　　该女士：是。

　　弗朗索瓦兹·多尔多：那您的孩子就会原地踏步，也就是说，未来可能遭到极大的创伤，就因为没人告知他真相。宁可让他有意识地痛苦，也不要让他不受苦，不要让他把凭直觉感应到的东西抑制下去。孩子永远和父母有心灵感应。

　　一名女士：一个 10 岁的孩子，自己该怎么提出来去就医？

　　弗朗索瓦兹·多尔多：不应该由孩子提出，该由妈妈提出。

　　该女士：但如果他不同意呢？

　　弗朗索瓦兹·多尔多：当然。心理治疗师的工作就是接近孩子，告诉他，"你的母亲提出了申请，所以你来我这儿。我专门照料心里特别特别难受而且靠自己好不起来的孩子"。我们就是这样开始工作的。"如果你不想再来，那我们就只见两三次。如果你喜欢我们的工作方法，那你就继续。如果你没兴趣，那就停止。"总是这样的。不能逼迫孩子做心理治疗。他必须得知道我们在干什么。所以在这之前，你们得先见面，肯定得是大人提出了申请才能开始治疗。

　　一名女士：我不明白为什么一个 10 岁的孩子单纯因为还不明白某些事就变得异常。

　　弗朗索瓦兹·多尔多：那是因为没人让他理解母亲的担忧。母亲很担心。

　　一名女士：但孩子从来不愿被当作病人看待。

　　弗朗索瓦兹·多尔多：他不是病人，他知道自己很痛苦。

　　该女士：人们总会把这个和生病联系在一起。

　　弗朗索瓦兹·多尔多：是父母这样想。孩子可不。

　　一名女士：我也这样想。

　　弗朗索瓦兹·多尔多：是，父母认为心理治疗会制造问题，但实则相反。如果给孩子和某人在不涉及职业秘密的范围内说真话的机会，那么孩子会很感激。如果不愿意，那也很好，不做就是了。

　　一名女士：是父母需要吧。

　　弗朗索瓦兹·多尔多：有时候，孩子会对您说，"不是我需要治疗，是我的父亲（或者我的母亲）"。他说得对。而且往往是孩子把父母带来做心理治疗的。在心理治疗之初，如果孩子不需要治疗，那么这种情形往往会让父母意识到真正需要治疗的是自己，而他们一直以为是孩子有问题。"为了孩子，我甘愿为心理治疗掏钱，但如果为我自己就算了。"这样想就错了。他因自己的焦虑而让孩子受罪，孩子为父母的焦虑付出代价，孩子其实是父母焦虑的探测器。

奥蒂乐·道慕瓦：我想我们应该向多尔多女士表示衷心的感谢。

弗朗索瓦兹·多尔多：还有很多应该让大家听到但没能说尽的，我很抱歉。

26　有关适应不良的童年问题的若干思考①

　　蜕变是确实存在的。当我们看到一只幼虫时，很可能会说："它飞不起来。"但事实上，它有一天会飞起来。先蛹后蝶，这是必经之路。人也一样，会经历蜕变。当这些蜕变发生时，人会错过其他机会，这一点毫无疑问。但推动人蜕变的是欲望，这是人身上最神圣的东西。它需要得到支持。欲望看上去是有意识的。虽然它暂时只存在于意识层面，但请放心，它会变化、会发展。

　　但我们永远无法知道一个孩子说出来的话是不是扎根于无意识。胎儿之所以能够变成新生儿，就是因为对未来有无意识欲望。正是因为有这种欲望，新生儿能够长大成为三岁小孩，三岁小孩能够经得住考验而不成为属于两种性别的人，能够接

---

　　① 《词语的实践》，1974 年 3 月。

受镜像中自己的形象，并"接受事实，继续生活"。要知道，对孩子而言，接受自己不能够既成为爸爸又成为妈妈是个极为重大的挑战。之后还会有别的挑战，如爱上一个不爱自己的人。你们知道，有些失恋的人悲痛过度会走上自杀的道路，因为他们发现自己原先想象的美好景象并非对方心中所想，发现所爱的人对他们漠不关心——这比对方恨他们要糟糕得多。面对所有这些考验，如果人身上有延续生命的无意识欲望，那么他就会一一承受。

孩子对未来的向往，还得到他的想象的帮助。他在外面的世界中看到了自己成人后的样子。因此，作为精神分析师，我可以告诉大家为什么孩子爱父母。因为对他而言，在他的想象中，他在这个男人或女人身上看到的是未来的自己。他说话时，是带着自己认为自己拥有的形象在说话。也正因此，如果您因孩子没有按照您的想法行事而斥责他，那是极其危险的。

我给大家举个例子。有些事情能够帮我们理解无意识世界到底是怎么回事。我今天来的目的，就是向大家展示你们每个人都有无意识。它永远是无意识的，但精神分析师们已经开始试着对它做了些许研究。

一个小例子：看家庭生活录像的故事。这是发生在我的孩子身上的故事。老大比老二大 19 个月。那是在夏天，我们拍了一段生活录像。老大和外祖父在玩球，一位男士在花园里浇水，9 个月大的老二离我不远，抓着一把椅子站着。十月，我们一起回看这段录像（录像是两个月前拍摄的）。看着看着，老大就说:"看,我在浇花,N(弟弟的名字)和外祖父在玩球。"这就是他的幻想,他正处于被精神分析师称作尿道欲望时期的年龄。当然,举着水管浇水的男士形象真的是他的自我形象,这源自无意识欲望。我对他说:"不对。你明明知道今年夏天你弟弟还不会走路呢,他现在才刚刚会走一点儿。和外祖父一起玩球的是你。"话音刚落,老大就冲进了自己的房间,重重地摔了门,整整三小时没见人影。他就那样在自己房间里玩了三小时。后来他终于出来了,但一言不发。到了星期天,我们打算再看一段录像,他就又消失了。

直到 6 岁,他才接受和我们一起看录像。有一天,他又看到了刚刚提到的那一段,他对我说:"妈妈,你还记得吗?我小时候不相信我是我。"我说:"你记得哪些?"我想了解更多。"你记得吗?太可怕了。那天,我以为我就是那个浇花的人。可你告诉我不是!我当时就想死。"他那时 6 岁,他记得很清楚,但之前从未提过。一直等到他能够再次看这段录像的那一天,他才重提旧事。

给孩子看录像,却不告诉孩子真相,那是一件很可怕的事。告诉他真相同样很危险,但您是在帮他。从想象世界进入真实世界,这当然是一次艰难的考验。

我不是为了举例而举例,而是为了告诉大家,人受到欲望的驱动,当和一个他敬仰的成人说话的时候,他就会把自己想象成那个人。因此,一个伟大、英勇的父亲形象,就是将要长大成人的孩子的自我形象。如果真实的父亲或孩子认同的教育者在身体上、精神上受到伤害，或者受到来自社会的鄙视，孩子就会对他表现出攻击性，或者陷入抑郁。抑郁的孩子，无法再撑起自己的欲望。

所以，精神分析让我们看到，有些情形就在告诉我们，作为母亲、父亲，作为教育者，我们可能有些事情没有做好。不要说"没觉察到"这种话。如果看到孩子沮丧或出现性格障碍，即便您没明白是怎么回事，也要把孩子的变化告诉他。"你的感觉是对的。你因什么事情而怪我，你肯定是对的。"孩子对一个人表现出强烈的攻击性，他肯定有他的原因。具体是什么不知道，但他肯定是有原因的。千万不要责备他！就算不容易做到，也要承认他这样做肯定有原因。同时，请保持谦卑，因为孩子在给您上课。

我的孩子就给我上了一课。在孩子三四岁之前，不要给他们看有他们自己出现在里面的录像，因为他们不知道自己在干什么。好在我的孩子说了出来，可是有很多别的孩子不说，那么他们的自我形象就会发生异化。他们会把自己异化为屏幕中见过的那个人，他们不知道自己是自己还是别人。

如果我们总把另一个孩子当榜样展示，那么我们的孩子还有可能把自己异化为那个孩子。永远都不要把别的孩子当榜样。然而我们一辈子都是这么做的。这是个巨大的错误。我们一辈子都在说（如果我们不了解无意识的话）："还不赶快跟人家学学！"大错特错！模仿是猿猴干的事情，不符合人性。模仿也许是不可避免的，但至少我们不应让模仿成为一种教育方法。对某个人产生认同，在小孩子的生命中在所难免，因为他在"社会欣赏的人"身上，在"某件事情上获得成功的人"身上，看到了他自己想成为的那个人。但应该由您来告诉他："他是他，他有他的故事、他的年龄、他想做的事等。你，应该做你想做的事，管好你自己。"

一个孩子，您要帮他学会自私！不是让您成为自私的榜样，而是要帮他学会自私！如果他想着自己的欲望，如果他将自己的欲望说得彻底，如果他愿意冒欲望的风险，如果他得到了相信他的人的支持，如果他真的能够说得彻底，那么他就会成为最慷慨的人……有时，他会说谎。天知道孩子有多需要说谎。正因为他们聪明，所以他们才说谎；正因为他们有理想，所以他们才会说谎。直到六七岁，孩子都可能对自己做的坏事没有意识。您跟他说："是你！你在干什么你自己很清楚！"他往往会回答："不是我。"但请比平常更智慧一点。想一想，的确，干坏事的人不是他欲望中的自己。造成糟糕的结果并不是他的本意，他的本意在别处。

这并不是说之后不告诉他您很难过，他自己也很难过，但这些话说起来会容易得多。"当然不是你这个机灵鬼，不是你，保罗（皮埃尔或让娜），是你的小手没有听话，没有按照你的本意做该做的事。"孩子会说："就是啊，是我的手，它们真是太笨了！""不啊，你的手很聪明，是你忘了给它们命令。"您是在帮孩子控制自己。

在执行意愿的过程中，孩子唯有不模仿任何人，不去顾虑别人的眼光，才能有效控制肌肉和聪明才智。如果孩子对母亲说"看！"，那么您可以确定的一点就是，孩子做事情所需的精力已经缺少了一半。孩子如果在玩杂技，那么请一定不要看他！只有具备专业的走钢丝演员的天分，他才能被观众盯着而不受任何影响。然而，天分，就是不去管盯着他看的那些人。因为他满心只有自己的使命（对有的人而言，走钢丝就是一种使命），他专注于自己的欲望，不愿意别人看着他。

像法官或像观看表演的观众一样看孩子，那是在否认孩子的价值。如果孩子说"看我做的"，那么请回答他"你想做就做。我们之后再来谈"。如果孩子要表演杂技，那么你要告诉他这很危险。"我还是不看了。因为你知道，要是我，我就会很害怕。但如果你不害怕，那就去做吧。"孩子模仿别人的时候，地方上——我现在和地方上的教育者说这些说得稍微多一点了——还有多孩家庭内，若孩子集体犯错，大人总是习惯怪罪带头的那个孩子。这在教育中是个根本性的大错。带头干坏事的那个孩子只是冒了实现欲望的风险而已。但模仿他的孩子，不管模仿的是好的行为还是最终不为道德所接受的行为，这些孩子都犯了过错——模仿别人而不是实现自己的欲望。所以，我恳请大家，一定将对别人的效仿彻底抹去。支持欲望，支持孩子出于欲望所冒的风险，帮助他通过言语成为自己该成为的那个人，这很重要。

我现在要对教育者说，这很难。一个人是怎样成为教育者的？我们精神分析师知道自己为什么成了精神分析师。那是我们的生命历史中注定的，不管是否愿意，不可否认的是，我们天生就是干这个的。这个工作跟所有的职业一样，我们也并非每天都很好过。但是，如果我们真的天生就是干这个的，那就没什么可说的，就这样。而这意味着要为此付出很多。以后肯定会有越来越多的精神分析师。现在，有人说，这些人很……唉，这种逻辑还是模仿逻辑，有些人选择了这份职业，原因是这个工作挣得多。好在做精神分析的时候，这一点也是分析的内容。以此为动机的人，大部分是坚持不下去的。我说的是精神分析师。不然他们的孩子或他们自己的健康就会遭遇很大的麻烦，因为这样一种欲望深深扎根于人的本性中，扎根于他们的生命历史中，扎根于所有为了生存而必须征服的挑战中。

　　大部分教育者（我说的是大部分，而不是全部）都是因自己没有受到应有的教育而成了教育者。是的，这一点很重要。我们给予的正是我们没能拥有的东西。生殖欲望就是如此。（精神分析里，生殖欲望指的是，当卵子有可能受精，精子有能力授精时，责任就有可能实现，此时出现的欲望就是生殖欲望。责任感能够变化，体现为人的性格和社会选择。）如果出于此原因而成为教育者，也就是说，如果他是为了让他教育的孩子能够在成人时拥有更多的武器面对生活，比他拥有过的更多，那么这个教育者就是天生带有这个使命的。这一点能看得出来。在教育者的成年生活中，他以成年人的成熟去面对性生活，没有哪种狂热与激情能够抵消掉他的情感和性生活。我这里所说的性生活，不仅仅指与另一个人通过生殖器官肌肤相亲，更多指的是与同年龄段的成年人的沟通与交流。也就是说，如果他是一个 18 岁或 20 岁的教育者，他会与 18 岁、20 岁、25 岁、30 岁甚至 70 岁的人交流。他与身体成熟、年龄相当的人有性生活。面对托付给他的孩子，他不会有情感或激情的寄托。他和孩子体验的是语言，而不是通过身体而表达的激情。他不会拳脚相向，不会轻抚安慰，工作以外也不会想到孩子。他做的是献给社会的工作，为此他获得的回报是赖以生活的金钱。正因如此，他才得到了报酬。给他报酬并不是让他给孩子其父母未能给予的那些东西。他得到报酬，为的是去完成整个社会托付给他的任务，也就是说，帮孩子向自己、向他人表达自我，帮他接受原生家庭，帮他时刻想着自己的未来。教育者有一种权力，可以给孩子提供建议或领导他。孩子赋予教育者这种权力是有原因的。教育者要做的就是让孩子时刻在心中与这些原因相抗争。

如果孩子 9 岁以后还是以小孩的样子和教育者相处，并视后者为神，正如他视父母为神一样，那么要小心，这是因为教育者对待孩子和圣母玛利亚对待自己的婴儿如出一辙。这也很重要。他负责教育的孩子属于父母，属于他自己的未来。教育者只出现于孩子生命轨迹中的某一时刻。如果他只是短暂地成为孩子的榜样，那就好。但他也只能是一个榜样，他不能变成孩子爱的对象，不能成为孩子愿意为之付出一切的对象。因此，正在听我讲座的各位教育者，让我来告诉你们该怎么做。

你们和孩子的关系中一定要有一个第三方。我们都是出生在父亲、母亲、孩子的三元关系中的。孩子需要通过这种三元关系来继续发展自我。这种三元关系，等到孩子青春期的时候，就会变成一方是爱着的人，另一方则是将要出现的第三人。

孩子有可能和教育者形成二元关系：孩子无比爱他。（教育者是男是女无所谓，重要的是他来自一个教育机构。）但有那么一天，孩子会与另一个教育者聊一番天，就此抛下第一个教育者。请为此感到欣慰……因为这个孩子之前通过倒退，在您身上、在这个教育机构身上产生了依赖（对妈妈的依赖），他现在终于走出来了。相反，他和一个让您嗤之以鼻的人谈话，这对孩子有好处。既然您从事这份工作是有偿的，就应该知道，对孩子来说这是件好事，哪怕您其实感觉深受伤害。您得到报酬，为的就是让孩子成长。他正在成长，他甚至会通过编造一些关于您的故事来博取对方更多的爱。我们都知道，教育机构中这种事情不计其数，这些风波和混乱每每都是因成长发展中的孩子的欲望而引起的。如果您是一名教育者，是真正的一生担负教育使命的人（请好好思考，因为有一些教育者做这个工作超不过三五年，之后他们的使命就此终结），如果您真的天生就是一名教育者，那么在这种情况下，您一定会为孩子感到欣慰，您会与工作对手如是说："很奇怪，他当时有这么做的需要，因为他知道咱们两个不对付。"您会发现您与您并不欣赏的同事之间会出现一片空间，一片让您发展教育才能的空间。因为，孩子就是在这种人与人的张力中成长起来的。他在其中学习生活，尝试制造张力。他制造张力，然后又通过语言去缓解张力。

在教育工作中，我说过："我们给予的正是我们没能得到的东西。"这么说既对也错。如果我们以自己征服的东西为生，如果我们做教育工作是为了社会而非为了自己的需求，那么我们的确能够把我们征服的东西再次给予他人。做到了这一点，就证明每个人心中都已经对自己的社会角色十分明了了。

27　如何向残障儿童及其父母提供心理陪伴①

　　母亲要临盆了。这是多么激动人心的时刻。新生儿即将来
到人世。是个女孩！是个男孩！是"我的孩子"！是"我们的孩
子"！辛苦过后的母亲恢复平静，父亲悬着的心终于放下，幸
福满溢。父母对视，传递着希望，柔情包裹着他们为之带来生
命的小身躯。他们细心地呵护着他，问题、承诺此起彼伏。他
们问助产士和医生：一切都正常吗？可以欢呼了吗？可以鼓掌
欢迎新生命了吗？婴儿一声响亮的啼哭，向迎接他的人们发出
召唤，带来了喜悦和希望。然而有时，小身体的某一处很是奇
怪，在家人心中投下了阴影。"疑云"或确凿无疑，或需要更长
的时间才能确定——孩子先天残疾。

---

　　① 省级儿童家庭救助中心（Institut départemental de l'enfance et de la
famille，IDEF）的来信，1987 年。

诊断

无论是当场感到震惊还是稍后感到震惊，这都是无法回避的现实。有些婴儿没有表现出立即就能被发现的不正常，然而医生带来的却是噩耗，检查结果显示他确实有问题。

父母心如刀绞。孩子本人也毫无疑问会遭到打击。大人以为他不懂他爱的人心中的痛楚，然而嗅觉就能帮孩子辨识为自己焦虑难耐的家人，尤其是母亲。

该说什么？该做什么？穷尽一切办法，可能的和不可能的，推翻诊断结果……我甚至想说收回降临到新的小生命头上的神谕。

新生儿被护士抱走而不是躺在母亲的怀抱里，这种分离对母亲来说本就是一种撕裂，唯有对孩子的爱能给予母亲力量去承受。勇敢的小残疾儿将要独自为存活而搏斗。经验丰富的医护人员提供了最好的技术。脆弱的小生命周围全是关心他的人。爱他的父母心痛彻骨。

诊断之初，确认孩子不正常或残疾的那一刻，父母需要物质和技术帮助，需要宽慰，需要有人告诉他们孩子在专家那里，专家会尽力弥补缺陷和治疗孩子，还给他们一个活蹦乱跳、满载着健康承诺的生命，一个和他们想象中、期盼中一样的生命。但他们同样需要心理上的帮助。

让父母心痛的首先是刺心的负罪感。他们怪自己孕育了这个孩子，并将他带到人世。那是一种犯下过错的心情。是他们的错，或是生父的错。是过错，还是基因本就如此？是惩罚，还是无情盲目的宿命导致的后果？为什么这件事要发生在我身上或我们身上？我做了什么？我没做什么啊！为什么要让我如此不幸？眼睁睁地看着孩子受苦，那是比自己受苦更让人心碎的煎熬。

理解

父母痛彻心扉。他们无声的煎熬需要让人听见，他们需要有人陪伴，需要有人让他们诉说、哭泣，让他们把心中的不平和焦虑大声呐喊出来。万万不要让他们沉默。

父母心中五味杂陈。信心、绝望、愤怒、关爱，种种情感涌上心头，一边是死亡和残疾的画面，另一边是魔力驱赶恶魔的画面。他们越是能把这些矛盾的感受说出来，孩子就越少地承担由残缺带来的想象焦虑的负担，孩子就越能更好地生活，更好地和身体的残缺相处，甚至有可能征服它或阻拦它进一步恶化。

人为增添的心理负担是巨大的。这部分真的可以避免。心理的无意识会在父母和孩子之间流动沟通。凡是能帮助父母渡过难关的，也可以帮助孩子面对自己的难关，哪怕孩子远离他深爱的父母，父母虽痛苦但会时刻思念孩子，他们的爱也还是会包围他的。空间距离不影响情感港湾的存在。有人说这不科学。可是，细心的观察者可以做证。一边是被隔离在暖箱里的婴儿，另一边是母亲。让人神采尽失的焦虑的确会传染，激发活力的信心也一样。就看母亲这边是否有人给她贴心的心理支持，这个人是否告诉了她关于孩子的消息，他是否又把父母的关爱传递给孩子了。

接受

噩耗带来的最初的冲击过后，孩子要接受对残疾的诊断和治疗。这需要很长时间且充满艰辛。要知道，对健康的孩子来说，解决成长的过程中原本就存在的困难就已经够难了（断奶、控制括约肌、处理与他人的关系）。这期间必须要有对父母和孩子的心理陪伴，这与照料病人等支持同样重要，甚至更重要。陪伴就是让父母对每种残障特需的特殊教育工作者、特殊医护人员产生信任。

残障有很多种。可能是整体性的身心残疾，也可能是不同的感官障碍。其中，失聪和失明一般都是经过相当长的时间后才被承认的问题，它们很可能是重大疾病引起的后遗症。

不管怎样，重要的是对当事儿童和父母的心理陪伴。与此同时，当然要想尽办法从技术上让孩子其他的交流通道尽可能地发挥作用，尽可能地帮助他使用其他感官与别的孩子和大人交流。心理治疗能给孩子打气鼓劲儿，让他坚持康复练习。这种练习枯燥、漫长，孩子在其中需要付出比常人更多的努力，但康复练习也会带给他攻克每个难关的喜悦。

接受和给予的温情，每个人心中都有，不管残障严重到哪种程度。这种温情是爱的语言。如果没有这样的语言，生命就不是人类的生命。这样的语言会让痛苦在笑容的感染下有所减缓。

28　儿童期的身心问题[①]

　　以下是弗朗索瓦兹·多尔多女士接受法国驻希腊使馆文化参赞兼雅典法国文化中心主任阿芒戈先生的采访实录。

　　阿芒戈：弗朗索瓦兹·多尔多，这一整周我们将尝试与大家探讨法国社会的心态。更准确一点地说，探讨法国社会如何看待自己。我知道您就是那个给众人带来宽慰的人。您听过如此多人的心声，与他们交流过，与父母、可能还与孩子交流过。我的第一个问题是，为什么是儿童？为什么您从 8 岁起就想关注儿童的问题？

　　弗朗索瓦兹·多尔多：首先，我想向只有七八个月大的小听众问好。我很高兴地发现听众当中有一个小宝宝，这正是出于一个我们重复多少遍都不够的原因。孩子是语言的神奇回应

---

　　① 《希腊心理学家协会杂志》，1989 年 8 月。

者，从他们出生那一刻起，我们就应该和他们用完美的语言对话，尤其应该准确地说出我们的感受和想法。因为孩子直到三四个月大时，才能靠从母体带来的直觉来听辨我们说的话的真正的、无意识的意思。这不仅包括我们有意识地说的话，而且包括让我们产生与他们沟通欲望的、来自内心最深处的意愿。在孩子面前，至少在孩子三四个月之前，我们应保持最大程度的真诚、谦卑。在这之后，他需要听到父母用母语对他说话，这里的母语指的是父母之间交流时用的那种语言。他开始学习多种语言的句法。他的思考、我们的思考、人类的思考，都只能通过词语来完成。他用大人教给他的词语进行思考。所以，如果可能的话，今晚您走出会场的时候，请告诉自己，今后再也不要用婴儿式的语言对孩子说话了。比方说，孩子错用了一个词，他用"达达"来表示"马"。如果父母或其他成人学他的用法，这也"达达"，那也"达达"，那么孩子会觉得非常受辱，因为他坚信他说"达达"的时候说的就是"马"。所以，一定要对他持续地使用我们平常对平级或上一级的人说话时所用的语言。这才是公平地与孩子相处的方式。这不仅代表对他们说话的方式，更代表与他们相处的方式。所以，我要向这位听众致敬。

刚才您说，我从 8 岁起就对儿童有特别的关注，这是真事。8 岁起我就说"我长大后要做教育医生"。我家人问我那是什么行业。我告诉他们我不知道，但应该有这样的行业。

医学专业一年级在读时，我遇到了精神分析师马克·施隆伯格，他是作家兼精神分析师乔治·施隆伯格的儿子。他一开始做过石油勘探工程师，后来学了精神分析。其实，精神分析这个专业离石油研究并不遥远。因为，海底、地底或法语中的"沉默"①都可指地球的沉寂，沉寂中隐含着石油代表的力量之源。"沉默"，就是被深深掩埋的、未曾说出的词和未表达出来的感情。未表达出来的想法会通过肢体语言得到交流。它们会得到交流，然而却不能通过语言得到表达。如果是痛苦的想法，它们就会留滞，会折磨意识和身体，会化为躯体的痛；相反，想法一旦得到表达，就会随风流通，身体就会完好地发展。如果有令人悲伤、痛苦的或复杂的事情发生，尤其是当这些事情发生在一个家庭中时，那么应该告诉孩子。不要沉默不语。这样，孩子就能找到词汇、想象的方法和文化的方法去与自己的情感协商。人类要做的就是这个。这样就不会发展出神经症。石油蕴藏于地底和海底。我们与母亲之间也有很多未言明的东西、被压抑的东西，因为母亲不告诉孩子他正在经历什么，不告诉他她自己和孩子正在经历什么，因为她不能、不愿，因为她以为这些不应该说，以为这样是在保护孩子。而其实，若真的想要保护孩子，使他免遭危险、痛苦和创伤，做法应该恰恰相反，即用词语告诉他创伤是什么，而不是隐藏事实或试图隐藏真实的意义。

所以，为了能够自由地在法国执业，这位转行学习精神分析的石油勘探工程师特意读了医学专业。那是在 1930 年。他

---

① 法语中"地球"（terre）和"沉默"（taire）两个单词同音。——译者注

告诉我，"您如果想实现您的理想，就应该了解精神分析"。我说，不行，哲学，我可没有兴趣。我确实读过一点精神分析，但那是为了通过高中会考的哲学考试……当时的哲学考试中，口试有两个选考项目，选考项目不用让老师教。我选了禁欲主义和精神分析。我什么都没有多想。当时我才16岁。我选了精神分析，我理解了什么是联想。我读懂了不少东西……考官觉得好玩，就精神分析向我提了不少问题。"泛性论，您对此有何看法?"我有点尴尬。"我其实没懂，因为单凭我的经验不足以读懂弗洛伊德对它的说法。"他就笑了。"但是，我读懂的那部分对我来说的确是非常符合人性的，所以我想，他说的有关性的那部分也应该是对的吧。"他就放了我一马，没有再为难我。

阿芒戈：是不是您就一些难懂的词也是这样回答雅克·拉康的？

弗朗索瓦兹·多尔多：拉康提出了不少关于无意识有强大能量的理论。这些理论对我来说太难了。但有时候，我跟着他的思想还是能懂的。我觉得他说的东西很有道理，因为他用寥寥几个词高度总结了我接触到的大量案例，而我自己一般只能举例说明。我读书时学数学也是这样的。公式，我看不懂，但要是举例说明就好多了。然而真正的数学家完全不需要举例。需要举例才能明白的是可怜的普通人，他们是生活在具体现实里的。

但我认为不懂拉康也一样可以做精神分析师。拉康当年告诉我他很欣赏我，能被拉康欣赏是我的幸运。他把所有让他头疼的案例都往我这里转。"我求你接收他们，我求你接收！""可我这里没有空位了。""没关系。""好吧……"他说得对。因为他转到我这里的人都是早期患上儿童神经症的人，他们需要通过移情，找到女性的心理。

"你不需要懂我。你做的，就是我说的那些。我呢，我做不到我说的。我之所以那么说，是因为那些都是真的。"此外，拉康还说，"我不会说零错误有什么不好。我相信我在精神分析中是永远不会失手的"。于是，我这样回答。"也许吧。但不管怎样，我不懂你的零错误。反正，就算我们都熟知制作卡门贝尔干酪的化学配方，就算所有原料一应俱全，如果没有对的牛奶、对的地方，如果不在对的农庄，如果实验室里没有必要的空气……"他就笑了。我们俩是同一个流派的，因为他让我加入了他的队伍。对此我很高兴。因为，精神分析师的专业学习老师有很大的差异，我在他那里碰上的学员——也就是和他一起被分析、被他分析的那些人——的确有能力做儿童的精神分析师。

做儿童的分析师比做成人的分析师要难得多，如学习时间更长，自己被分析的时间更长，有时候还得就某些片段再重新做分析。孩子会在我们内心激活一些真实的东西，超越我们原以为已经了解自己的内容，他们会让我们对自己产生深深的怀疑。所有从事儿童精神分析的人，除非他们转向教育、转成某种有别于精神分析师的教育顾问，否则都体会过这一点。有些孩子绝对需要被分析。有些孩子只需要向了解精神分析的人咨询就足够了，仅这样就能帮到他们。但是，早期儿童精神病必须通过精神分析进行治疗，同时，他们还绝对需要教育者和父母；父母也应获得帮助，以使自己也变成教育者。

孩子身处生长期，如果身边缺乏对其有教育欲望的人，那么我们没有办法治疗这样的孩子。分析师完全不是教育者。分析师对主体没有丝毫的欲望——这就是精神分析的独到之处。分析师的欲望在于，帮助当事人——无论他 8 个月、10 个月还是 30 岁——通过追溯自己的故事，找回出生时的欲望，再找回出生前可能遭受到的创伤发生时的欲望，然后再往前，找回通过父母性生活化为生命进入生活的欲望。精神分析会让每个人都负起责任。正因为它唤醒每个人的责任，让每个人都确信自己可以承担欲望的责任，因此，它能够缓解负罪感带来的神经症。

因为责任感恰恰就是负罪感的反面。我给大家举个例子，因为我喜欢举例子，我想你们肯定也一样。我就是想让大家明白责任感和负罪感之间的差异。您的车在一条车道上等待着。如果后面的车追尾，那么您的车既可能会撞上前车，也会被后车撞坏。这是连环撞车事故，法国公路上时有发生。有时候会撞坏车身，有时甚至会出人命。谁有罪？没人知道。谁该负责？您为您的汽车给前车造成了损失负责，而后车的司机为他给您带来的损失负责。每个人都需要负责，而且您的保险公司也同意理赔，当然保险公司之后会去找另一个责任人。但责任人不一定是此事的罪人，您什么都没做，因为您的车是停在路面上的。当然，您会感到抱歉，因自己参与这起事故而动容。生活有时候就是这样的。

有时，孩子会遭遇不幸，会很痛苦，而父母却十分无辜。这种时候，让父母接受自己虽无辜但对孩子有责任很难。很多父母都会因自己"没有尽全力"而内疚。在座各位都一样，我虽然现在是分析师，但曾经也是如此。尽力而为，为人父母一般都是这样的，至少绝大多数父母如此。我们多多少少会影响孩子的无意识，但即便我们应对此负责，我们也不是有罪的。除非，我们恨他从我们身上获取生命，从而故意加害这个孩子。那是极为罕见的情形，只发生在精神问题极其严重、不知自己在做什么的人的身上。其实从这个角度来说，这些人也不应承担更多的责任，尽管他们是有意地加害孩子的。

全世界都有被父母伤害、遭到虐待、死于饥饿的儿童。我不知道在希腊你们有没有听说过这种事情。我希望比法国少得多。这样的事情有很多。我曾经见到过一些被称作儿童刽子手的人，就是那种每两个月就会带着被摧残得体无完肤的孩子来治疗的人，这些人会殴打孩子到骨折，或者惩罚孩子 15 天不吃饭。当时我在医院普通精神病科工作，法官要求让这些人来见我。当时我的档案上标注我是精神科医生，但对接受分析的人来说我是精神分析师。另有一些来访者，我接收他们是为了深入了解他们与他人共同生活的情况。法官的问题是，能把孩子交还给这些自称是孩子母亲的人吗？

这些母亲和父亲——孩子的刽子手——乍一看比常人更爱自己的孩子。而且很奇怪的是，孩子也用爱意满盈的双眼注视着他们，哪怕此前因遭暴力而三番五次被送往医院。这种现象让人感觉很奇怪。这些残害孩子的人，大部分时间也视孩子为快乐的源泉，并不总是虐待孩子。但孩子会去招惹他们，就因为孩子特别能戳到他们的痛处，如果可以这么说的话。孩子会不停地招惹，直到成人感到忍无可忍。"不能再这样下去了。不能再由着他让他开心了。他给了我太多不快。"然后，成人就开始拳脚相向了。

还有一些变态的情形。母亲为了留男友或伴侣在身边，任由其对孩子施暴。真的有这种事！但这种情况也是一样的。您要是有机会和这个人说话，您很有可能会发现，他其实自己就是一个没有见过父母的孩子，或者小时候曾遭受过虐待。在他眼里，成人一定要显得强大，不能在"小屁孩儿"面前示弱。他自己小时候就是这种小屁孩儿，现在被他折磨的孩子也是。

你们看到了吧，精神分析师和教育者的价值评判系统并不一致。好在有教育者教给孩子什么可以做、什么不可以。但分析师不是做这个的，他的任务是帮每个人找回健康的心理活动，并且在可能的情况下使其重获人性。动物的身体中充满本能，人的身体中充满欲望，欲望有别于需求。欲望和需求有差别，这就是精神分析的发现。也许人们早都知道这一点，但从来没人像弗洛伊德那样把它说清楚。

因为需求和欲望一样，在浮现于意识层面之前，是无意识的组成部分。但如果需求没有得到满足，就会引起异常（dévivance，这个词不是法语，很抱歉，我在法国文化中心没有使用法语），就会对身体发展力造成伤害。打个比方说，如果饮食中缺少某些元素，就会导致佝偻病或维生素 C 缺乏病。情感层面也是如此。如果某人需要的情感元素缺失，无法给人心提供养料，就会导致关系异常。他需要父母关注的目光。

有些孩子被抑郁的成人带大。成人自己都处在生存的极限状态，他们的抑郁导致他们根本没有关系欲望，于是，他们连注视孩子都做不到。然而，母亲或照看孩子的其他成人抑郁的病因并不是伤害这些孩子的原因。孩子之所以受到伤害，主要是因为，一个人的需求（和动物的需求一样）首先是成为母亲或照看他的其他成人的关注对象。

人也有欲望。满足欲望不应是直接满足提出的要求。"妈妈，给我一块糖！"孩子也许需要糖分，但他不需要糖果。这就是差别。也许他需要糖分，我们见过缺糖的儿童的样子。如果孩子讨要糖果，那就要首先研究下他是对糖分有需求，还是因为有特别味道的东西放进嘴里会带来快感，因而以此为借口提出对关系的要求。如果是肝脏吸收糖分的能力不足，那么这是医学范畴的问题。如果孩子要的是他根本毫无需求的东西，那么直接拒绝就毫无意义，或者说，只会刺激他下次再要，直到成人受不了了，只能让步从而获得清净。但这根本不是孩子要的东西。

孩子想要大人对他说，"是吗？你想要什么样的？红的吗？

那它是什么口味的？绿的吗？哦，原来是薄荷味的。是吗？不是菠菜味的？"。于是，大家就会一起开心地笑。菠菜味的糖果，从来没听说过……最后，柠檬味、橙子味，大家一起乐。可以开玩笑说，橙子是棕色的，而巧克力是橙色的。孩子乐开怀，把糖果的事情忘得一干二净。他得到了他想要的，那就是用言语表达的可以分享快乐的关系，以及相互间用词语开玩笑的默契关系。大家一起逗乐，一起发现用准确的词汇说出来的事实，一起发现对方的公平公正，因为用词语开玩笑骗对方纯粹是为了玩。对孩子来说，一个非常大的快乐源泉就是乱用词汇而不被大人说"你太笨"，就是大人和他一起瞎用词语。

同样，如果因某件事情有危险而禁止他做，孩子就有违抗的需求。其实，这不是需求，而是欲望；也没准儿是需求，因为人真的需要把所有的欲望用语言说出来。

我们会给孩子某种禁令，但禁令总是暂时性的。除了乱伦禁忌，所有的禁令都是暂时性的，因为孩子相比于成人力量还不够。成人可以做的，孩子尚不能够做。因此，出于谨慎，也因为孩子不知道自己的极限何在，父母应该守护住孩子的自由的界限。但最重要的，是处理好违抗。他知道不应该违抗（首先他要知晓这一点），但最有意思也最符合人性的游戏，就是看着成人，并作势违抗。这种时候成人绝对不要生气，而应该充分注意到，并且说，"我说过不可以的！"。看到有人注意他并告诉他，这会让孩子很高兴。"因为你是人，所以你才想要违抗禁令；而动物会被驯服，之后它就不再违抗了。"

人性，通过词语得到表达。通过词语和游戏中的默契，孩子会发现这个成人是可信的。这个成人既认可想象中违抗的快乐，又维持事实上的禁令，而维持禁令对孩子有用，因为这样会保护他，使他免于危险，对别人也一样。必须要明白，孩子的欲望需要被说出来，得到认可，并由此证明孩子的人性，但不应该真的在现实中得到满足。因为，如果这些欲望在现实中得到满足，却并没有对孩子或别人造成不良影响，这就证明其实禁令已经过时且无效，这就说明不应该下这道禁令。父母往往立下了名目繁多的禁令，但孩子肯定早就已经违抗了。我们都会碰上这种事情。

我们都经历过这种情形。一个孩子不听话，另一个孩子就会"告密""打小报告"，告诉父母"他干了这个、干了那个"。这种时候，父母就应该这样回应。"为什么你来告诉我们这些？他有危险吗？""啊？没有，没有，什么事都没有。""那他运气不错！不过，对于你来说，他做的那件事还是不可以做的。幸亏我没看见，不然，看到他干这么危险的事，我的心都会跳出来的。"

之后，不要责备违抗禁令冒险的那个孩子。因为如果责备他，你就不是非常懂人性。应该说，"你看，我原以为你根本没能力违抗禁令呢。你冒了风险，还好我没看见你。但是既然你这么干了，那就祝贺你！不过还是要小心，因为我想，你刚才应该有一阵儿不太好过"。这时候孩子就会承认您说得完全对，刚才有一阵儿挺吓人的。当孩子要违抗的时候，成人尤其需要跟他说，"听着，我知道总有一天你会去做这件事。但是你要清楚后果是什么，也要明白为什么我们禁止你现在去做"。

接下来，唯一必须坚持的就是让人成为人的禁令，即乱伦禁忌。然而很可惜，文明社会中大部分人没有将此禁令说给孩子听。我们看到有些孩子一步步滑向兄弟姐妹性游戏的深渊，因为他们不知道不可以。等他们知道了以后，成人放手就好，只需时不时重申即可。这样，这种游戏就不会进行得长久。每个孩子都知道怎样在其他孩子面前保护自己。兄弟姐妹之间的性游戏应该明令禁止，但成人不应该随时偷窥、查看他们在看什么。要重申禁令，尤其是最大的禁忌，即父母和孩子之间的乱伦，这个禁忌应该很早就告诉孩子。此外，关于孩子和其他成人之间的性游戏，哪怕这些成人是教育者，也应该清楚地告诉孩子，因为孩子不知道！

孩子很纯真，他们会刺激成人，会置成人于困境之中，因为他们不知道。孩子如果感觉到成人也会脆弱（他们看得很清楚），他们就会开始找碴儿。比如，有的孩子会找机会让大人修理自己，因为他就喜欢这样。真就有孩子喜欢这样，因为这样会很刺激。他会不停地找碴儿，直到大人忍不住揍他。这是绝对的恶性循环。还有老师和学生成天互相招惹、攻击，最后，我们称之为"升华"的东西就此告终。优秀的学业本可以帮助孩子武装自己、面对生活，然而这样的学习生活将止步于此。因为，人只要满足了自己的欲望，不管是攻击欲望、攻击者的欲望、攻击者的快乐还是被攻击者的快乐，欲望就不再能通过协商、语言沟通、技术、文化等手段得到升华。精神分析已经证明了这一点。

我们要满足孩子的需求。但面对欲望，得学会逐步实施必要的阉割，这样才能使他成人。孩子天生就应该用言语交流，但他能否用言语表达、个性能否绽放、能否与他人进行创造性的语言交流……这一切能够实现的条件是可信的人及时、逐步施以阉割。

这些阉割始于出生。出生，是在子宫里的安全存在的戛然中止。子宫带来的安全到最后也是有限的，面对窒息死亡的巨大威胁，孩子与其默契合作者——母亲一起为诞生付出了努力。母亲也需要摆脱孩子，因为她也到了分娩的时刻。但母婴分离可以被视作阉割的典范，即某种熟知的快乐忽然中止，随之而来的是死亡的风险和降临到另一个生命世界的可能。这种生活方式取代了前一种，但它让我们发现生命在上一个阶段没有的其他潜能。

是的。胎儿不知道什么是呼吸、腔室——口鼻耳，不知道什么是肺部运动，他的心脏也不一样。因为胎心的节奏是钟摆式的，而诞生后几秒钟新生儿的心率就会变得与母亲的心率相当。这很引人深思。出生前，孩子一直听得到母亲的声音，听得到相互应和的心跳声。胎儿的心跳是这样的……母亲的心跳是这样的……甚至胎儿心跳的节奏更快，尤其在分娩过程中，是这样的……①所有爵士乐和其他节奏的音乐，如打击乐，追求的都是不同节奏的互动给人带来的快感。不同的节奏相互寻找、重逢、分离、偶遇，这带来的就是快感，更不用说加上旋律后带来的感受了。

打击乐肯定与第一次阉割有关。那应该是一段相当艰难的经历。枕头上的新生儿只能听到一种心跳，即比较接近母亲心跳的心跳；而出生之前，他一直听到的是两种心跳，即他自己的和母亲的。这两种心跳相依相伴、默契配合，它们构成的节奏总能令人享受，因为这种节奏让生命继续。能够让生命继续的，是"享受生命"。之后，被剥夺了胎儿心率的新生儿再次享受生命，他听到的另一种节奏是他自己的呼吸节奏，这种新的节奏出乎他的意料，可却会陪伴他一生。这就是诞生。

出生时，新生儿听到声音是很突然的。我今天带来了一本书——《怀胎九月》。书是我女儿写的，我认为写得非常好。这本书还配有一张光盘，录的分别是胎儿在出生前、羊水破裂时和呱呱坠地时听到的声音，包括母亲与别人的交谈声和音乐声。胎儿在子宫里，透过羊水和母体腹腔能听到人说话的声音，他从 4 个月起就有了丰富多彩的社会生活。在还没有心跳时，他就已经能够听到声音了——胎儿 5 个月后才有心跳。②因此，诞生到人世的孩子本身就带着诸多通过脐带而与母亲共

---

① 弗朗索瓦·多尔多女士习惯用手指敲击桌面来模仿胎儿和母亲的心跳。

② 实际上，1 个月时，胎儿的心脏就开始跳动了，只是比较微弱，不容易被追踪到；5 个月时，母体可明显感觉到心跳。——译者注

有的欲望和满足程度不一的需求。

但既然他已诞生并且能够生存，那就证明他有足够的能量。从那一刻起，他无时无刻不在延续着与生命的契约。从那一刻起，他就有了责任，成人和他一起共同对他的生命负责。希望我们永远不会让他因让父母痛苦而内疚。因让父母痛苦而负罪，这对新生儿来说太过沉重。如果能够通过言语把孩子带来的痛苦说出来，那么就会大大地减轻痛苦。因为人有一点特别奇怪，所有能够谈论、诉说的话，都是"伤口的愈合膏"。

言语、音乐都可以用来表达自我。从有形状区分能力开始，孩子也能用形状来表达。我们看到，婴儿最先感受到的是美感。一个孩子，我们甚至都不确定他是否能看见，他却能被植物之美深深打动。这怎能不令人激动！为什么？原因不得而知，但这是不可否认的事实。

有些孩子天生有"脑动力缺陷"。这些孩子看上去既不快乐又无欲望，他们表现不出来这种东西。有些人经历过这种事情。孩子一出生就有先天缺陷，因此被诊断为"脑动力缺陷"。他可能在几个月的时候还是没有脸部表情。这时候，把光源放到他视力可及之处，如果视力没有问题，那么他能感受到明暗的差别。如果在光源和他眼睛之间放上摇曳的树叶，那么，我们能看到孩子和其他孩子一样，对美是有感觉的，如微笑、胸腔微扩，就和做深呼吸一样。于是，母亲热泪盈眶，因为她从未见过孩子的微笑，她甚至还不知道孩子能否看见、听见……

但感官系统正常的孩子有看色彩和美丽事物的需求与欲

望，这些都应该得到满足。看美丽的事物，多早都不为过。遗憾的是，因为怕被孩子打扰，所以成人不带他们去看展览；因为他们待不住，所以不带他们去博物馆。但对于能够感觉到光影明暗、有乐感的孩子来说，您完全可以带着他，让他与享受音乐会的成人一起，不要求他一动不动，告诉他，"你要是觉得无聊了，你就出去"。您先和门口看管衣物的女士说好，"小家伙要是出来了，麻烦您帮我看一下。我不希望他在里面感到无聊，到时候我会允许他出来"。当然，您请求那位女士帮着看孩子，要给人家一点小费。

同一个家庭中，有的孩子就能在音乐会现场从头听到尾，因为他真的从中获得了无限乐趣；但有的孩子会跑（我说的是两三岁的孩子）。从孩子可以自由行走而无须黏着母亲的那一刻起，培养这种能力是完全可能的。如果他需要黏着母亲，那么他可以在母亲身上睡着。让孩子听着优美的音乐在自己的膝上入睡，这倒也未尝不是一件美事。但这样就没有办法知道孩子对美的音乐、绘画作品、建筑的敏感程度。如果您注意到孩子对艺术的敏感并支持他，对他说，"你在这儿开心吗？你能说出是什么让你开心吗？"，您就会听到孩子告诉您他喜欢某个建筑的原因。我说的不是法国左翼知识分子家庭的孩子，我说的是普通家庭的孩子、救济院的孩子或白天在托儿所里因阴雨霏霏而只能待在屋里看图片的孩子。孩子完全有能力告诉您他的感受，只要您愿意倾听，只要您自己也乐于从您给孩子看的图片或给他听的音乐中寻找乐趣。您可以说，"我呢，我是挺喜欢这段音乐的。不知道你喜不喜欢"。面对有的孩子，您很快就会停下来，因为他听不了很长时间。那就停下来和他聊聊。

有的孩子不会取悦某位女士或先生，但您会在他的脸上看到，他感受到了艺术作品的作者传递的信息。让孩子接触文化，怎么都不算早！当然，不能一个劲儿地灌输，不能一年365天、一天24小时，表情严肃、枯燥地灌输。这样不行。文化、艺术、美，这些给人带来的感受都应该是快乐的。而且，事实也是如此，孩子看到他们喜欢的画作及其他物品，他们自然就会变得开心、快乐。您要是在人少的时间段带孩子去看展览，您会看到有些作品真的会让孩子享受其中，孩子会欢呼雀跃。他们开心，奔跑，回来看，又再次跑开……美的作品给他们带来了一些东西，他们接下来的几天都会就此谈论，根本无须您问起。这是什么魔力？这就是语言。

这就是借助感官媒介和孩子身上的创造力表现出来的语言。孩子其实早已投身艺术，因为他们身上有很多不能言说的东西，只能通过手工或其他艺术形式得以表达。因为手工无论对孩子还是对成人，都是双手的创作。对于有天赋的人来说，他们热爱缝纫、绣花、裁剪，热爱由此创造出的生活中或衣服上的小点缀。这就是文化语言。而这一切正是因为孩子及时受到了应有的阉割，即成人剥夺了孩子完全非必要的快乐并借此机会与他谈及此种快乐。谈论一个小女孩时，我们会这么说她，"她特别爱美。总是想要换裙子"。其实，她需要的是谈论形状以及衣服的布料、剪裁方式和样式有多美，她需要父母允许她观察雕塑、图片和不同的服装。对这个小女孩而言，真正重要的是给予她的欲望存在的理由，而不是说，"啊呀！小姑娘太臭美了！她就喜欢穿裙子、换裙子"。你们看，父母很容易把孩子身上天生的表达欲望扼杀在摇篮里，因为他们认为自己无法满足孩子庞大的欲望，索性不如惩罚之、消除之。

听到孩子说想去月亮上，父母就会说这个想法很蠢。如果孩子没有抵挡得住父母这样的打击，那世界将会变成什么样？每当孩子提出这个想法，大人总会说他们太傻。"能到月亮上去吗？""你可真傻。"好在有些孩子没听父母的话，他们比父母聪明，对自己说"总有一天我会去的"。这些孩子，由于他们受到了阉割，也就是说，他们在缺乏力量和对力量有欲望的时候，得到了父母或教育者的支持，他们通过学习科学知识发现还有别人有着和他们一样的欲望，他们牺牲自己，并在别人的支持下，跨越千辛万苦，成功地发现人类有能力超越自己最原初的无力。可是有多少孩子就因想去月亮上看看而被父母骂太傻啊！

精神分析告诉我们，人的潜在丰富性就来自无意识欲望。如果孩子受到来自可信的父母的教育，当父母禁止孩子做某些事情——能带来短暂的、忽然的、粗暴的、身体接触的快乐的事情——但并不禁止自己去做时，他们会支持孩子有做这些事情的欲望，"你有这种欲望很正常，我不允许你当下立刻去实现，但我们可以谈一谈"；那么孩子也会支持自己的欲望，并同意通过长期的努力去满足它——通过一条很长的道路、越来越长的语言的道路。当然，这里的语言不一定总是借助词语构成的。这种语言始终是与他人沟通的手段，个体通过学习与自己不同的语言，而与他人的欲望产生联结。这里的他人，可以来自同一民族，也可以是在遥远的他乡的某个人。我们中的每个人都生而带有与他人不同的潜力。真正使人成为人的教育会支持欲望、承认欲望，支持它在某一天（而非当下）得到满足。

唯有一种欲望对我们来说应是被禁止的，即乱伦。这一点要尽早告诉孩子。这种欲望不能直接满足，但是幻想支撑了整个人类文化。兄弟姐妹之间的乱伦幻想是所有纯洁友谊的本源，是让世上男男女女为之付出无数努力的欲望之源，因为他们希望通过这一欲望征服某个人，而且因为有了这一欲望，他们会对那个人感兴趣的东西产生兴趣。如果孩子没有全身心取悦教师的欲望，他们就不会对文化产生兴趣，不会有喜欢文化的动力。但最重要的是一定要告诉孩子，用身体直接去满足这一欲望非常危险，因为如此一来就会抹杀欲望的语言潜力。

这不过是精神分析的发现，但它很重要，因为它是教育、教养和社会的核心，是人的无意识动力的核心。其实之前，人们多多少少都知道这一点，不过没有发现它到底有多重要。这些基础是在生命之初的五六年打下的。之后，一切就以这一阶段定下的人格结构为基础，因为人格就是定型于 $5.5\sim6$ 岁的。之后，可以以此为条件进行微调，这是为了保持平衡。虽多多少少能改善，但无意识中的东西，如果不做精神分析，就不可能发生根本性的改变。

如果人格结构确实让一个人在关系生活中变得无力，甚至走向枯竭，那么，这个人就可以尝试精神分析疗法了。此疗法能够让人回溯历史，一直追溯到阉割失败的那些蜕变时刻。他可能也收到过禁令，但他缺乏和别人一样的经历。别人也可能和他有同样的欲望、有同样的冲动，但他们选择通过文化渠道去得到快乐，而不是追求眼下的、即时的违反禁令的方式。如此，别人就得到了很多快乐。然而他却没有这样去做。

我想到了钓鱼这个例子。为什么我会想到这个例子？我说不清，反正想到了。有人为了吃鱼，不顾法律对某些地点禁渔的规定偷偷野钓。禁渔自有其原因，这显然是为了保护某地的鱼类。如果人人都随心所欲的话，那么过不了多久，河里所有的生命就都会消失殆尽。大家都知道，没有动物生命的河就是一条枯竭的河，从生态角度来看，会给人类社会带来危害。这就是为什么对捕鱼有具体的规定。但的确，如果有可能的话，教孩子用解放双手的巧妙办法去捕鱼很诱人。如果孩子能学会，就证明孩子很聪明，要祝贺他。但还得告诉他，如果大家都这么做，河里就再也不会有鱼了，要告诉他捕鱼要避开鱼类产卵的时节，这样才能保护这些动物，否则就等于是在实施灭绝屠杀。

上面是一个例子。如果孩子的父亲是个偷猎者，并以偷猎为生，孩子就不能保护被猎杀的动物，就不能为社会、民族和他所在的村子服务。这样实在很可惜，因为大家没能告诉他他正在使河流里的生命减少，他被剥夺了保护河流带来的快乐。给守田人捣乱，在鱼类因产卵而全无自我防御能力的时候偷捞鱼，减少河里的生命，这能让人开心；但相比之下，保护河流带来的快乐显然要胜出许多。

这只是一个细节，是我在说到禁令时的一个小例子。其实，生活中还有许许多多。比如，应该禁止孩子伤害自己。父母一般很少禁止孩子这一点，因为他们认为应该由自己来控制孩子该吃什么、不该吃什么，其实他们大错特错。父母认为他们知道孩子在饮食、睡眠上有什么需求，然而我们对孩子的睡眠节奏和饮食需求一无所知。其实，我们应该尽早让孩子看到我们的饮食方式，让他按照自己的意愿进食。他一旦看到父母没有反对的意思，就会很快获取对自己来说必要的东西。这一切发生得很早。婴儿都知道这样做，更何况大一点的孩子。如果他知道挑食让母亲感到烦恼，鉴于这本身就是语言，那么他会一个劲儿地这么干，纯粹就是为了惹恼母亲。因为对孩子来说，什么都比不上控制成人更重要。反过来，如果成人去玩控制孩子的游戏，那就非常幼稚了。

孩子为控制成人而玩把戏，这是常有的事。但不要让他们得逞。这很重要，教育中做到这一点很难，因为父母常会觉得自己有责任。"天啊，他今天什么都没吃，只吃了糖果。"（那为什么把糖果放在他拿得到的地方呢？）如果孩子到了社会化的年龄（即 3.5 岁），到了想要模仿成人的时期，那么彻底给他自由，让他吃自己想吃的，按照他想要的节奏去吃，他的教育就完整了。但这种自由需要用言语解释给他听，而不是对他说这样做父母高兴、那样做父母不高兴等。要告诉孩子父母采取这样的饮食方式的原因以及让孩子吃某些东西的原因。总之，如果在孩子不吃碗里的食物时，父母从来不给他开小灶，那么最晚到 7 岁，孩子就会形成良好的饮食节奏，不挑食。

饮食恐惧症是儿童生活的组成部分，因为他们有一种想象——不知道原因何在——让他们认定有些颜色就是很不好。有可能是因为曾经孩子在吃某道菜时遇见了一个让他很讨厌的人，也有可能是因为吃这道菜时家里发生了某件事。这些东西很奇怪。如果能剖析这些恐惧症，正如精神分析所做的那样，就能找到其原因；而且一旦知晓了其最初成因，饮食恐惧症就会自动消解。可是为什么一定要克服这种恐惧呢？这根本无所谓，不过是成人为了施展淫威。

睡眠也是如此。世上找不出两个睡眠节奏一模一样的孩子。成人需要保护自己的睡眠，可以这样告诉孩子。"我需要睡觉，所以请你让我安静。只要你不吵，你干什么都可以。等你想睡了你再睡。"不困却硬睡很不好。你们知道睡眠过度和睡眠不足一样对身体有害。我们对此都深有体会。有时候，我们终于等来了休假。"啊！我太累了，我要补觉，使劲地补……"然后，我们就睡多了，就像法国的南方人说的"没精打采"一样（我倒是不知道你们这边是怎么形容的）。我们发现睡眠节奏不能自以为是地用智力、理性去控制。完全不能！孩子也是一样的！

至于生理需求，我们不可能不遵从其节奏。但人的欲望往往往会伪装成需求。我们的教育往往揠苗助长，任欲望伪装成孩子的需求，因为父母的欲望就是以种种方式满足孩子的需求。这就是精神分析教给我们的有关教育的真谛。

我记得我曾经做过一些广播节目，专门回复遇到儿童教育难题的父母。我在那些节目里研究的就是这些问题。根据他们信中写的内容，我看到的就是父母和孩子欲望的差异，而这种差异让父母陷入困境。我倾听他们，也能听到他们的声音。我收到了众多来信，但我从来不回复口头提出的问题。我告诉大家，如果谁能写上5～10页，那我就会回复他。请把孩子从小至今的故事讲给我听，包括重要的东西和家庭生活的方式。这样我才能给出回复。这些回复从来不是介绍教育的窍门，我每次都会和父母一起思考，了解父母在孩子眼中的可信度，以及父母在哪里出了问题。有时，有可能是孩子有健康的欲望，但父母却认为满足这个欲望会带来巨大的危险，于是就无比焦虑；也有可能是孩子有比较危险的欲望，但父母从未及时明令禁止，以至于到后来就出了大问题，因为孩子不断将自己置于险境。父母越是对风险感到焦虑，孩子就越是因叛逆而乐此不疲。

我说的风险不仅是外在的，也包括内心发展的风险。比如，在成人的默契配合下，因为愿意相信性就是尿尿这点事儿，所以不朝着自身的生殖性欲发展。我们看到教育过程中会出现"尿床"这种令人难以置信的情况，因为所有的哺乳动物都有大小便控制能力，只有人类才会借助语言和欲望不去控制。

孩子会不停问父母"性是怎么回事"，父母则不断地用沉默来回答，"就是尿尿那点事儿"。

神经系统发育完成之后，哺乳动物就会有完全正常的大小便控制能力。这种能力在动物身上形成很早，而在人的身上则很晚。人要等到 30 个月大时，被称作"马尾"的脊髓尾部才真正发育完整，足底和会阴的细微感觉才能被儿童大脑意识并接收到。父母呢，出于好胜、节约和懒惰的心理，希望孩子越早控制越好。为了让妈妈高兴，孩子甚至都能让自己看上去变得有残疾，所以当然也能变得有大小便控制能力。可是，从自然的角度来说，这其实并无多大意义。人早晚都会有自理能力，能够接收到足底和会阴的感觉并尝试控制，因为人的特点就是能够控制自己的生理需求。

所有的孩子都会有一天多吃东西或不吃东西的时候，为的就是控制自己所谓的胃口。不要去管他们，他们自己经历后就明白了。大小便控制也是如此。控制不好，是因为这个要求提出得过早。孩子对生殖器官尚没有过感受（这里说的不仅仅是大小便），或者没有用语言谈论过。父母从一开始就告诉他们这个"好"、那个"坏"，告诉他们这样对父母来说很麻烦、很让人头疼，但没有真正就此谈论过。

成人要告诉孩子什么是人的排便需求、排便节奏和规律，以及满足这些需求的方式，因为有很多孩子会想当然。有个孩子某一天发现修女和神父同其他人一样也需要去卫生间，他的虔诚信仰从此荡然无存。就是这样的，孩子认为这些特殊的人不会感受到身体自然运行中其实极为正常的无力感。这很奇怪，但这就是孩子！同样，他们以为成人对儿童的身体有绝对的控制权。他们认为儿童面对成人时不受法律的保护。这些都要教给他们，因为他们以为任何人都可以支配他们——教育者既可以剥夺他们的父母，也可以把他们交给警察。

今天，孩子提出关于身体和性的问题时往往是很智慧的，但依然有太多的父母会以威胁的口吻回答他们。"如果你继续提这种问题，你看我告不告诉你父亲！到时候就有你受的了！"其实父母完全可以说，"你问这些问得对"。那样父母就会发现，孩子不再大小便失控，因为失控其实是对父母的反对。这个习惯扎根扎得非常深，足以让孩子彻底忽视对身体的控制和受到的教育，而正是教育让世界各民族的人们都以文明的方式满足身体排泄的需求。如果这样回答，父母就能保护孩子未来的性发展。因为，如果父母一边好好和孩子谈，告诉孩子在行为方式上应该注意性别差异，一边又做出榜样；那么孩子就能通过观察学会一切，哪怕他暂时还非常懵懂，"长大后你就明白了"。就应该这么去做。

你们会很吃惊地发现，当我们以清晰、直率的方式对孩子说话时，孩子会继续用自己的方式去幻想。这正是因为两种生活方式并存，即孩子的诗意生活和现实生活。聪明的家长并不向孩子隐瞒后者，但也没有将之以蛮力灌输给孩子。"你要是再说这种天马行空的东西就太傻了！"这种例子比比皆是！比方说，有些孩子完全知道怀孕啊，分娩啊，这些是怎么回事，但他们还是会想象大人从很遥远的粉色或蓝色的山丘上买来小宝宝，想象有小天使会在婴儿身上放上美丽的彩带……他们很明白这些都是假的。还有圣诞老人，他们知道他不存在，但愿意留住这种诗意……这是两个世界，它们在孩子身上并存。而作为成人，我们的任务是任由孩子在幻想中驰骋，不横加干预。我们要把我们的理解告诉孩子，但不能强行灌输。

但当孩子提问时，我们必须清楚、明确地回答。我可以向你们保证，这样的教育会改变人类。因为这就是懂了什么是无意识结构的表现，它与意识结构不在一个层面上。意识结构始终在与语言较量。语言有时诗意，有时现实，有时实用。但每个人都会用自己的方法、为自己的欲望去协商，找到属于自己的解决方案，满足一部分欲望。我们不可能满足全部欲望，欲望如此巨大，它们的沟壑永远无法被填满，只能用语言、默契、友谊、人际生活和运动去满足。这一切都是满足冲动的方法，但不是直接用身体去满足个体的快乐，而是会带来几个人的快乐。这就是把欲望变成了爱。精神分析让我们懂得的就是这些。

阿芒戈：弗朗索瓦兹·多尔多，我提议您现在可以满足一下现场听众的强烈欲望，肯定有许多听众希望向您提问。

听众：我想问一个问题，是……

弗朗索瓦兹·多尔多：请让我看到您在哪儿。谁在说话？

听众：您想看到我，女士？

弗朗索瓦兹·多尔多：当然，我喜欢看到是谁在和我说话。

听众：您看到了吧。我是一个父亲，我有三个儿子。我一看到报上的消息，就赶紧预订了一个座位，好向您提问。我的二儿子，很突然地出现了一些反常行为。他易怒，总觉得别人对他不好，在学校里也是，一下子表现出了非常多的不适应。所以，我不知道您有没有……主持人让我们提和刚才您讲的内容相关的问题，但这个问题让我心急如焚，所以我想现在就提出来，我怕会后没有机会当面问您。

弗朗索瓦兹·多尔多：您儿子的状态、您儿子痛苦的原因，只有他自己才知道。

听众：问题是这很突然……

弗朗索瓦兹·多尔多：突然，肯定不会的。发生了一些事情，您不知道而已。

听众：对，可是您怎么解释……

弗朗索瓦兹·多尔多：我解释不了。不该由我来解释，应该由您去和孩子建立联系。

听众：我和他关系很好。老师问他怎么了，和父母之间发生什么事情了……

弗朗索瓦兹·多尔多：他几岁？

听众：12 岁。

弗朗索瓦兹·多尔多：12 岁，这可是人生的重大关口，非常重大的关口。就在这个年龄，他会尝到爱的滋味。他的想象世界会被他对家庭以外的一位男性或女性朋友的情感填满。孩子的 12 岁至关重要。他又说不出来，这全是无意识的。

听众：但这应该影响学习成绩吗？

弗朗索瓦兹·多尔多：是的。

听众：他是班上最优秀的学生。

弗朗索瓦兹·多尔多：那就很遗憾了。优秀生比其他孩子更有危险。很遗憾。

听众：您对我这个父亲有什么建议？

弗朗索瓦兹·多尔多：首先，告诉孩子他肯定有自己的道理，但是您不理解。

听众：我告诉他了。我也是受过教育的。

弗朗索瓦兹·多尔多：您觉得他心情不好吗？

听众：不，他倒没有心情不好，可以说完全没有。但他在学校的环境我觉得不好。我和他谈了，他也想告诉我是怎么回事。同学对他不友好，学校的同学。

弗朗索瓦兹·多尔多：肯定有他的原因。

听众：是。那我该怎么做呢？

弗朗索瓦兹·多尔多：他难过，您会因此而烦恼吗？

听众：非常烦恼。

弗朗索瓦兹·多尔多：这就不对了。您应该告诉他，"很好，你这样很对，你一定会慢慢明白和同学在一起时心情不好的原因的"。您不是说他一直是班里的第一吗……

听众：他不是第一，但总是前几名。他老师说的。

弗朗索瓦兹·多尔多：也许这孩子觉得自己应该得第一，

他觉得这样才好，可是他丢了第一名的位置……

听众：完全没有。我并没有要求他得第一。

弗朗索瓦兹·多尔多：没说您啊！为什么您总把自己放在重要的位置上呢？孩子 12 岁了，最重要的不是您。

听众：我知道，我一直给他自由。

弗朗索瓦兹·多尔多：对，可是他不给自己自由。

听众：我觉得让人吃惊的地方是这件事情毫无来由。因为他 12 岁了，上学都上了很多年了，不是吗……

弗朗索瓦兹·多尔多：唉，这就是生命。一条小虫子在很长时间内都是一条小虫子，忽然之间，它就变成了蛹。

听众：您建议我做些什么？因为我觉得肯定也有别的家长想问问题。

弗朗索瓦兹·多尔多：我建议您对孩子要有信心。您家是第一次发生这种事？老大没有给您出过这个难题？那您就庆幸运气好，老大没有给您出过"不明白孩子是怎么回事"这个难题。因为青春期、前青春期到来时，也就是在您孩子这个年龄时，孩子没有办法也不愿意让父母理解自己，而且他们做得很对！如果让父母通过言语懂得自己，其性质就变成乱伦的性质了。请相信他，告诉他"你一定行的"。就这么简单！

听众：您今天以间接的方式，通过快乐、现实和幻觉，来谈论"真相"——大写的"真相"（reel）。前不久，我记得在您新出版的一本书中，您直接地谈了这一点。在这一点上，从精神分析的角度来看，您与其他同样将自己定性为分析派的人的观点、立场不同。但每个人都有自己的无意识，也就是说，每个人都有其抵达真相的方式。在读了您的书再加上今天听了您的讲座之后，我可以这么说，您的抵达真相，就是您反复强调的，孕育期的胎儿身上汇集了三个人的欲望而不是两个人。您能不能多讲一讲"真相的愉悦"，讲一讲"永远的不可能"？

弗朗索瓦兹·多尔多：对。这种不可能，所有人（每一位在场的人）都感受到了，却都无法表达。人的形成和动物大相径庭。人有内省力，我们把自己视作有可能赋予他者生命的人。我们认为我们赋予他者生命，但实际上，我们赋予的是使其化身为生命的可能，并将这种可能赋予在一个将来会说话的哺乳动物身上。这非常神妙，因为言语如果具有创造性，就不可能存在于重复之中，两个人通过文字相遇，这就使言语本身就有一种创造效果。言语使两个生命在空间里的创造性相遇成为可能。这两个生命甚至有可能来自不同的民族，各自对身体的无意识有可能完全不是同一种画面——现在精神分析可以让我们看到这一点。我之所以这么说，是因为现在我们对儿童的思维逻辑有了 30 年前所没有的理解力，现在我们能与子宫里的胎儿或幼小的孩子沟通。

所以这一"真相"，就是降临到我们生命中的"不可预见"。我们研究所有可以重复的东西。学问，是个体知识的不断更新，它与他人的知识相呼应、相联系，这样就逐渐形成了所谓的"客观"科学。我们也有能力谈论人的科学，因为每个人情感发展的机制基本相同，或者说至少大部分人吧，如此就能够总结出相应的规律。总之，我们编纂出一部有关发展机制或遏制发展机制的"词典"。这一点我们能做到，不管是在人体医学领域还是在心理医学领域。以上说的都是关于重复性的东西。问题在于，我们总是穷于应对突发的超凡现象。而超凡现象的第一幅画面就是一个婴儿降临人世，他生而具有理解言语的能力，并且是超越许多人的、超越感官知觉的能力，虽然他为了表达自我也需要感官系统。

这就是意外。我觉得我们无法避开真相的这一面，而且这个词也的确存在。我们虽然研究人性中重复的内容，但学问可进可退、可减可增，而真相永远会让我们措手不及。有些规律，我们太过局限的思想无法企及，这正是因为真相弥散在我们身上，存在于我们的无意识里。我们根本无法研究它，因为这就等于是去研究无意识，而无意识根本就是无法研究的。它是源泉，是意义之源。真相，就是出乎人意料却又忽然之间清晰显现的意义。

这就是我所能说的。谈论真相真的很难。我们总是在谈论现实，起初是复数的现实，后来达成共识形成单数的现实。但事实上，被我们称作"现实"的东西中，总有一些"真相"显现的机会，它的突然显现会推翻人的所有预想。这就是不可预见之物，其奥秘至今依然无法知晓。也许有一天，我们会让"不可知"的范围大幅缩小，这是有可能的。但到那时候，人类也会发生很多变化，人不会再是原来的人。

听众：从拉康的观点看，精神分析终结的标准，我是说成人的精神分析……

　　弗朗索瓦兹·多尔多：很难说清拉康说的"真相"究竟是什么意思。但可以说，分析的终结、分析可以结束的标准，就是人能够活在当下，没有病态想象，没有预见性的记忆，没有对过去的重复性忧虑。始终活在当下，也就是说活在永远。但其实谁又能真正被分析完？我们的神经症都依然严重。我们也许接近分析的终点，但那只是一种无限接近的状态。不管怎样，到分析的最后，到分析结束的时候，我们就会感受到这一点。那是一种同步协调的状态，即面对身边发生的事，我们整个人仍然能够达到和谐的状态。同时，新的人生观、新的为人处世的方式也相应而生。但很快我们又会回落到人的弱点中，也许这就是我们不知其为何物，只能称之为"原罪"的东西中的真相。因为我们只知道现实是什么，不知道与人性相关的真相。也许这里的人性的真相就是人总想要掌控世界，而不愿尽力好好地利用这个世界，以求让自己、让身边的人变得幸福。但我不知道，我没有办法告诉您拉康所说的真相是什么，它是不可预见的，没有人可以预见。

　　听众：您提到 12 岁是一个很重要的过渡期。能不能给我们解释一下，您指的是什么过渡期？

　　弗朗索瓦兹·多尔多：我指的就是前青春期，先生。这个时期，每个人身上的荷尔蒙分泌会按照自己的节奏得到激发。荷尔蒙分泌开始了。我拿进入蛹内的小虫子给您做个比喻。一段时间内，我们什么也看不出来。如果非要打开蛹的话，那么我们看到的只有液体。但如果不去打扰它，那么有一天会有一只美丽的蝴蝶破蛹而出。蝴蝶的真相是什么？我们看到的只是连续的现实片段。这又让我们说到了真相。孩子到 12 岁的时候，到这个年龄前后，他进入变化准备期。我用的是"变化"这个词，但真正发生的是脱胎换骨的蜕变。

我用蜕变给您举例说明，但事实就是这样的。他会对过去感兴趣的事物感到兴味索然，就和不吃不喝的虫子一模一样，还会忽然间觉得受到了迫害。也许如果虫子能说话的话，它会说自己得了风湿病，需要躲进蛹里。很可惜，我们人类要是得了风湿病，我们进入的就不是蛹里了，而是老年期。但也有可能变老就意味着向真相蜕变，超越成人的外形。长期处于完成状态的成人也一样要蜕变。他身上的大写的主体（而不是自我）是投身为人的源头。现在要开始蜕变，他将舍弃身体——主体出于未知的原因用来表达自我的媒介。因为我们分析师也是有局限性的。这就是我们经受的阉割。我们只能研究在我们感官能及的范围内观察到的重复性现象，也就是生与死。

当然，现在我们也能研究生前的一些东西了，我们甚至能够掌握胎儿形成的中介机制。我们知道，人，如果给他生存的条件，他就会活下来，会说话，会将照顾、抚养他的人承认为父亲和母亲。但真相，即精子和卵子"为什么"能够相遇，这一点我们还是不懂，而这就是我们每个人带在身上的不可预知的真相。我们使用这种真相提供的"现实"，但我们不知道它是什么，也不知道为什么有那么多人的精子或卵子本可以相遇进而孕育生命但最终却没有。为什么？而且，所有的生物学家都对这种不可预见望而兴叹。为什么在某些情况下就能形成胚胎？为什么在其他情况下却不能？无人知晓。

也许这样的疯狂研究做多了以后，人类能够揭秘生命如何形成，但还是无法揭秘为什么人类会说话，也无法理解"言语"究竟是什么。把我们的感受转到另一个表达层面，可以用词语表达，可以通过书写或将其变成声音来表达，千万年后还可以被后人解读，那是人类最深处的谜。人与人之间跨越时空的交流，是一个巨大的谜，那就是真相所在之处。我们研究的不过是最表层的现实，但这一现实只是运行模式而非本质，亦非运行的真相，只是运行规律被发现后的运用而已。

听众：您说到孩子出生前的感知。不过，我想知道精神分析是怎么看待自愿流产的。

弗朗索瓦兹·多尔多：您觉得精神分析该怎么看？在精神分析看来，这就是个事实。

听众：是事实，没错。但孩子什么时候……您刚才说 4 个月起。

弗朗索瓦兹·多尔多：但这不该由精神分析来告诉您。精神分析什么都说不了。自愿流产的原因有可能是母亲对孩子有最伟大的爱。

听众：是的，也许。

弗朗索瓦兹·多尔多：也有可能是出于对生活的极度恐惧。我们无从知晓。但这个现象一直以来就有。整个人类在所有时期都尝试过控制生育，通过避孕、让胎儿死于腹中或杀死新生儿等方法。人世间向来都有这种事。这也是一大谜团。人类总是想控制一切，包括自己的后代。我们始终焦虑，怕如果人太多就会催生太多的残杀攻击，那样人就无法生活。但人有能力使用地球提供的资源，使自己吃饱穿暖，这是完全有可能的。可是，有人却认为如果任由人们生孩子，人类就难以为继。确实，对群居动物的研究显示，一旦发现动物的数量太多，它们就会集体自杀。也许这就是人类正在做的事情吧……

精神分析师们对这个问题没有道德立场可言。我们是通过做分析治疗的来访者来研究精神活动的。我的个人观点毫无意义。作为精神分析师，我不知道；作为人类的一员，我不能告诉我的邻居他该怎么做。所以，我没有办法回答您。

听众：您刚才提到有专家在孩子身上做过一些实验，让他们听在娘胎里听过的声音的录音……

弗朗索瓦兹·多尔多：不是的，不是的，我根本不是这个意思。我说的是，有一本书叫《怀胎九月》，里面配有一张光盘，录的是胎儿听到的声音。法国里尔市一个分析师团队授权我女儿凯瑟琳·多尔多·多利什，允许她把这张光盘放在著作里，这样就能帮助读者理解子宫里的胎儿听到的是什么，以及羊水破裂时和破裂之后他从产道完全出来后，他听到的声音与之前相比的巨大差异。不是让孩子听录音。

听众：这不是某种疗法？

弗朗索瓦兹·多尔多：不是，完全不是。

听众：我想问您一个实用的小问题。您看得见我吗？我想听取您作为儿童精神科医生的意见。我也是儿童精神科医生。我们经常碰到这样的问题。要不要给先天愚型儿，即唐氏综合征患儿使用心理疗法？当然，我指的是进行精神分析。患有脑疾的儿童呢？还有精神病和孤独症患儿呢？如果问题的确是出在情感层面，您觉得需要做精神分析吗？需要尽早开始吗？

弗朗索瓦兹·多尔多：怎么说呢，这得看人手多少。因为，不管是得了什么病的儿童，如先天愚型儿、精神病患儿、孤独症儿童、脑动力瘫痪儿童……如果孩子很焦虑，那就可以做（当然前提是有足够多的分析师且家长也同意参与），可以给他机会从精神分析的角度去倾听他。这并不保证孩子一定会对此有兴趣。如果孩子来了三四次以后不愿再来了，那么我一定不给他做分析。而且，您可能也听说过我 20 多年前设立了儿童象征性付费制度①。最早向我付费的、最年轻的来访者是个 9 个月的孩子，那孩子出现了精神病的倾向，而大家已经认定他患上了精神病！我每次都会这样跟孩子要求，让他"付费"。9 个月的孩子连走路都不会，我其实当然不会期盼他带一块小石头过来表示他愿意做分析治疗，我可不愿意让孩子留下这种记忆。我也不会期待他给我讲自己的人生故事来让我明白为什么他的成长和别人不一样。可是我会向他索要。我会向所有的

---

① 让来访的儿童带一块小石头来，并以此作为报酬。——译者注

孩子要这个。社会医疗行动局送来的孩子和其他弃儿一样，我都愿意治疗。

一想到孩子要在疗养院度过一生，大人就会无比焦虑。于是，他们就会想办法让孩子看他们所说的儿童精神病医师。他们知道，如果孩子做分析，那么分析师肯定不会是精神科医生（因为精神科医生已经看过孩子了，他们认为无计可施）。一个出现倒退的、任由自己死亡的孩子，已经对什么都无所谓了。可是，当我们直接和他谈及他的痛苦的时候（其实我们并不确定他是不是真的痛苦，我们只能假设他在倒退），他的反应是很惊人的。这个时候，你会看到他的双眼亮了起来。我们对他说，"对，你可以自由决定是否接受治疗。但我呢，我不愿意，因为你会很痛苦。这个过程会很苦"。因为儿童的精神分析治疗会令孩子非常焦虑，这一点和成人一样。它是治疗，之后的确能让人获得平静，但治疗期间在自己身上下的功夫会带来许多焦虑。大部分做分析的孩子都会迫不及待地想做下一次分析，因为他们的确有需要；但同时，他们又非常害怕踏入分析室。正是出于这个原因，如果他们没有为和分析师将要进行的分析"付费"，就不要开始分析。

一次分析结束了，他们能找到彻底的平静。这种状态一般会持续 8~10 天。然后，他们就会紧张、失眠、没有食欲、不安、焦虑，周而复始。下一次去做分析时，他们会处于无比焦虑的状态，同时，他们也能说出和分析师之间有过上一次的分析。您会慢慢地看到孩子被治愈。先天愚型儿，当然，如果他们焦虑的话，那么可以让他们做精神分析，但条件必须是他们自己感兴趣。我自己曾经治疗过非常焦虑的精神病患儿。有那么一天，他们不再有丝毫的焦虑了，很乐意在一所很人性化的精神病院里生活，这种时候就没有必要再让他们回来继续面对各种变化。他们这样很幸福，他们是那么害怕生活中他们完全不知如何面对的各种关系。他们保护不了自己。在自己的家庭中，他们就已经乱了阵脚，因为兄弟姐妹都已前行，他们偶然回到家时俨然路人。所以，如果他们不再焦虑，如果他们接受自己与他人不同，他们就能够找到足够的满足，放松、微笑、灵活、有弹性地生活下去，而不会终日惶惶然，不会被焦虑吞噬。那为什么还要执着？精神分析不是要让人变得正常，这完全不是其目的。

总之，心理疾病的预防，我说的是先天愚型儿，他们的心理疾病的预防非常神奇。如果出生时就告知他们患有唐氏综合征，告之他们父母因此而焦虑，无法像迎接完全健康的孩子那样在欢声笑语中迎接他们，孩子就会对父母特别温柔、体贴。他们会帮助父母抚养自己长大，而这对于先天愚型儿来说是卓越非凡的表现。面对某个带有先天缺陷的儿童，我们应该在他出生时把问题告诉他。这是对心理疾病的绝好预防，到今天很多人都已知道这一点。要告诉他，他会遇到很多困难，因为他和别人不同，而所有的人都希望融入社会；要告诉他，他不是导致自己的缺陷的罪魁祸首，他甚至都不应为此承担责任，是因为基因出了问题、分娩出了问题。孩子完全能够听懂这些，继续爱他的父母，就算父母无法像欢迎健康的小弟弟那样欢迎自己，他也不会因此而痛苦。

但是，如果我们人手足够多，那么肯定应该让所有在幼年感受过痛苦的孩子接受精神分析。这与教育毫无关系，这完全是另外一回事。就是这样。

听众：我想请您解释一下为什么排全班第一的孩子比别人更脆弱。

弗朗索瓦兹·多尔多：因为对排全班第一的孩子来说，第一名让他成为众人瞩目的明星，让他骄傲，保住这个位置对他而言十分必要。这种情况常常发生在家里排行老二的孩子身上。老二往往有成为第一的需求，因为他自小就觊觎第一个孩子的位置。在孩子小的时候，帮助他的办法是有的。可以用火车做例子，让他看到第二节车厢和第一节的速度其实完全一样。拼命想要坐上第一的位置其实毫无意义，第二节车厢要是一心想着变成第一节的话，就会失去自我。其实他自己的位置就很好，而且他很有可能比老大做得更好，因为他和父亲之间、和母亲之间有老大做缓冲，这是个很舒适的位置，因为这样就给了他一个要击败的目标，目标就在他前面。而对老大而言，击败父亲是不可能的，他往往会为此搞得头破血流。老二往往有超越哥哥的欲望，于是往往成为班里的第一名。

不幸的是，12岁正是无意识能量彻底重构的年龄。小学阶段的学习成果主要来自口肛冲动的升华（这是我们精神分析中的专业术语），来自吸收冲动和"做"的冲动。吸收知识，是心理学上身体吸收的隐喻。储存知识，然后通过"排泄"，让母亲因看到"消化"的结果而感到满意。这和以下这种情况是一个道理。母亲给孩子换尿裤，医生问，"怎么样？他排出的大便好不好？"，母亲回答说，"嗯，大便特别好"。这样大家都高兴！

　　小学阶段，作业做得好的孩子就能拿第一。而到了中学，拿第一的就不是这些孩子了。拿第一的也不会总是同一批孩子，有些孩子只是偶尔得第一。为什么会这样？中学阶段很少有孩子能始终保住这个位置，成为班级的"火车头"。因为中学阶段的孩子需要用批判精神去看待行动和吸收。行动要以个人动力为依据，吸收则要批判地吸收，也就是说要有取舍，而不是全部吸收！然而，小学阶段要孩子照单全收，教师让干什么就干什么。成人要求孩子说出成人知道的东西，孩子必须服从。很多小学成绩一般的孩子会说，"为什么他自己知道还要我告诉他？"，他们觉得这样做很傻！而如果教师和他们一起寻找教师自己也不知道的答案，他们就会觉得这样做很聪明。这些孩子的心态其实是符合中学阶段的心态的。到了中学，他们会是班里比较优秀的孩子，思维开阔、敏捷，想引起教师的兴趣，希望比教师更快找到答案。若教师问孩子教师知道的东西，在一般的孩子眼里，这种做法特别差劲，不过在想成为

"第一"的"老二"眼里就不会。因为他想超越第一个孩子，所以这种愚蠢的教学方法正合他的心意。

真正有意义的是一起探索。孩子有可能感觉到自己要努力保住第一，如果被别人超过，他就很难原谅自己。于是，他会为此倾其全力，而对同性或异性间的爱、对征服他人和探索他人付出的努力都失去了兴趣。而他人的存在正是为了和他自己的智力和研究模式相联结。因为在前青春期发生的一大变化就是有了生殖冲动。然而，生殖冲动不仅仅与身体的生殖器官、性腺明显发育有关，这一年龄不仅仅意味着性成熟的特征猛然增多，它还是开始喜欢批判行动目的的年龄。但如果开始批判地去思考一个练习的目的，或者开始去批判一门学科的目的，那就有可能彻底失去兴趣。其实，真正具有意义的不是练习，不是作业，而是他寻找的目标，是短时间内他关注的目标，因为他喜欢非同一般的教师，会梦见和他在一张床上的教师。为了这个，孩子会努力取悦教师。教师教数学，孩子就会成为数学尖子；教师教英语，孩子就会说一口流利的英语。但下一年——幸亏不是所有的教师都会跟班到毕业——孩子就会发现英语没意思了，因为新的英语教师一点都不好玩。这样很好。

12岁，一切都会重建。行动的目的变得完全不同。12岁时，行动源于生殖冲动的、长期的快乐，不再是因为嫉妒、要超越别人。在一件没意思的事情上超越别人，意义何在？还有，有些孩子在小学阶段很优秀，到了中学阶段兴趣发生了转移，有时候甚至转移到了与学习无关的事情上，那么他们就必须把好位置腾出来给别的同学，因为别人还在继续像小学里那样学习。的确有人在中学、小学两个阶段保持同一种学习方法，这样的孩子在未来生活中就是喜欢重复的人。社会需要这样的人维护规范框架，但他们不会是最聪明的那部分孩子。有人认为小学里成绩优秀的孩子是聪明的孩子。他们也许聪明，也许不聪明！到前青春期时，因一直想超越老大而转移注意力到学业上的孩子就会面临波谷，这会很难熬。

阿芒戈：弗朗索瓦兹·多尔多，在讲座的结尾部分，我希望您能讲一下您现在每天为其付出大量心血的"绿房子"。

弗朗索瓦兹·多尔多：好。"绿房子"，是一个专门接待孩子和父母的场所，帮助孩子为其之后去专门为他们开设的机构①做准备。要知道这些机构接收孩子是有条件的，那就是孩子能够和其安全感的来源以及其身份认同的根基相分离。因此，我们和几位精神分析师——尤其是皮埃尔·博努瓦和伯尔纳·迪斯这样的成人和儿童的精神分析师——一致认为，要趁小孩子和入托儿所之前的儿童身上还没出现会引起医生、社会、家庭注意的症状时，就为他们做好预防。因为我接待过不少被送来做精神分析的七八岁的孩子，他们都是因在学校出现了人际关系方面的困难和不适应而被送来的。当问起父母孩子的变化过程时，我们就会发现，问题都发生在断奶期、入园

---

① 如学校。——译者注

期。比如，家里出现了如孩子不断患上耳膜炎，家长疲惫不堪，最后母亲不得不辞职回家这种问题。再比如，孩子未能平稳渡过弟弟妹妹出生这一关，即家里出现了被称作"对弟弟妹妹的嫉妒"的现象。其实，家中长子忽然之间看到有个比他小的孩子来到家中，感受到其在家里引起的动静，感受到家里对小宝宝的爱，看到整个家庭围着小宝宝转的情形时，他就出现了自我认同障碍以及长子（女）价值严重漂移不定的症候群。他会认为他小时候比现在更有价值。

弟弟妹妹出生时，有多少孩子都是以这样极端痛苦的方式来面对的啊！人们把这称作"嫉妒"，一般不会太过在意。过去这种现象在多子家庭中经常出现，母亲没时间照顾所有的孩子，因为孩子很多。这种时候一般会有个"替代母亲"去照顾比较小的那个孩子，即比新生儿并没大多少的那个。母亲没办法像照顾小宝宝那样照顾他，外祖母、姨妈等人会过来照顾。这样，这个孩子就得到了帮助，熬过了这一关。但现在孩子的出生是有计划的，也就是说，他们的年龄差距不会很小，于是，弟弟妹妹的出生就会给年长的孩子带来巨大的痛苦。孩子会怀疑自己的性别认同、年龄认同的价值。如果不能成功地渡过这一关，就会出现语言障碍、运动技能障碍，甚至在已经有了大小便控制力之后重新出现括约肌控制障碍、习惯性动作、口吃、身体对称功能障碍，如斜视、单眼抑制、失聪或半失聪等。所有这些都有可能因对弟弟妹妹的嫉妒而出现。

父母不会为了这些事情来问诊，因为他们不觉得有问题，他们只是感觉孩子脾气变得暴躁，"啊，他现在真不好对付。我得小心看住小的，不然老大真会往小的的脑袋上砸什么东西"，或者对孩子说，"嫉妒可不好看""不明白你为什么制造出这么大的悲剧"。这部"悲剧"，即便孩子能走出来——就算当时得不到理解，长大以后还是能够走出来的——也会留下痕迹，就像人格结构中的裂痕、缝隙一样。一旦之后生活中再遇到难关，就会触痛这部分脆弱地带。比如，失去至亲就会重新揭开当年因弟弟妹妹出生而引起的自我认同障碍的伤疤。对于有些病情严重的精神病人（我指的是成人）来说，您只要研究他的个人故事，总会发现他在童年时期产生过兄弟姐妹间的嫉妒但未得到很好的处理，到初次恋爱时就会有强烈的嫉妒心，而嫉妒心、受迫害感都会破坏恋爱关系。这些的根源就是对弟弟妹妹的嫉妒。

于是，我就想到设立这样一个场所，婴幼儿可以和母亲一起来，我们帮他们用两个月的时间做好母子分离的准备。孩子来"绿房子"五六次之后，如果母亲开始说起必须把孩子送到托儿所但又十分不舍（因为把孩子送到托儿所当然是一件不容易的事，而对孩子来说，母亲的身体和声音始终是将他和世界联系起来的媒介，离开母亲也是艰巨的考验……），而孩子没做好准备，分离就会是强烈的冲击，敏感的孩子就会以病态的方式去回应。相反，在"绿房子"里，像我们做的那样用言语帮助孩子做过准备后，这些孩子就能懂得语言，就能忍受在托儿所的生活。而且，托儿所保育员还说，"这个孩子和别的孩子不一样，他听话。只要我告诉他'我没把你忘了，我想着你呢'，就算不给他奶瓶喝奶，他也不哭"。

我不是说别的孩子无法适应托儿所。不过，还有一种说法是，孩子可能患上"适应综合征"。他们能适应，但会创造出两种生活方式。一种是在托儿所的生活方式，另一种是在家的生活方式。孩子在托儿所中成为保育员的部分客体，保育员扮演的是父亲的角色，而家庭成员扮演的则是母亲的角色。孩子在家和母亲一起时，从来不会自己吃饭。然而在托儿所，才 14个月大，他就能够自己吃饭了。在家里，他也不会自己玩，时刻要有人照顾他。他发展出两种人格。在家时，他依赖性极强，就像比他小好多的孩子，依赖母亲或哥哥姐姐；一旦和别人在一起，他就非常独立。这一点很重要，因为这样的孩子长大后就是在一个群体中跟着领头人走的那种人，不管领头的是什么人，只要他在一个群体中，他就会这样做。这可是很危险的！这可是少年犯罪的温床。群体当中只要有一个像托儿所保育员角色的团伙领头人，他就会这样做。受保育员指挥的孩子就好像受过巴甫洛夫式训练一般盲目跟从，因为他们从小就习惯于言听计从。而真正具有独立人格的人应该是这样的。"他学别人的样，学就学吧，但这肯定不是一件好事。"每个人在一个群体中都有自己的独特性、创造性和参与性，他应该通过这一切给所有人、给自己带去快乐。然而，如果孩子没有做好参与社会生活的准备，他到了托儿所就会完全不知道自己是谁，会丢失自己的身份认同。

这些是入园前两个月做的事情。此外，有些孩子是妈妈自己带的，但有时妈妈会把他托付给托管所。你们知道有些地方，母亲要是有什么事情不能带孩子一起去，就可以把他放在托管所，放几小时。这些孩子也会有别的小问题。有些孩子在托管所的经历可谓恐怖，去过一次以后，他们就睡不着觉、恐惧社会生活，甚至患上了恐惧症。我们"绿房子"就收了好几个这样的孩子。

那么，"绿房子"这个地方到底是做什么的？父母可以带着4岁以下的孩子过来。孩子会碰到别的小伙伴，并与其一起玩耍；父母也可以在此休息或与其他父母聊天，他们愿意的话也可以和别的孩子聊天。这个地方非常独特，因为它是一个用言语交流的匿名的场所。谁也不认识谁，只知道某人是某孩子的父亲或母亲，但不知道其住址、姓氏，也不知道父母的社会经济地位。而我们的接待人员——一天有3名——都是接受过精神分析的。3个人当中，一定有一个男士、一个分析师。分析师必须有20年以上的经验，见识过家庭内的无意识，也就是知道孩子和父母、父母和全部孩子之间的无意识关系是什么样的。其他工作人员也都接受过分析，并在不同领域工作。这样，父母和孩子——有些人天天都来——会感觉是在自己家，接待人员为他们服务但不会也觉得是在自己家。

其组织方式也很有意思，我们当中谁都不是领导，这里采取的是集体领导制。每个人都对自己说的话负责，也不会把别人告诉他的秘密扩散开来。一个母亲跟某一个人说的话绝对不会被转告给其他人。当然，母亲说话时，孩子一定在场，那么母亲说的话一定也是让孩子听的。孩子一定会被引入母亲与接待人员的谈话关系中。甚至在接待处，我们也一定会问孩子本人"你叫什么名字？"。如果孩子只有 10 天大，当然就由母亲来回答，但接下去我们的应答依然朝向孩子。我们一定会将孩子介绍给别人，我们介绍场地、介绍我们自己时面向的都是孩子。

这种做法慢慢地会影响父母，他们对孩子说话的方式会发生极大的改变。同样，我们发现孩子之间的社会关系也会变得正面、积极，但它总是在一个侵犯者和一个被侵犯者的争斗较量中形成的。社会就是这样的。比方说，有两个小孩儿，一个刚开始蹒跚学步，另一个满世界乱跑、所向披靡，他们两个之间较量的焦点仅仅是身高和年龄差异，但这依然很重要。我们从不对发生的事情做好坏的评价，只是客观地描述、命名，也就是说，不管发生好事还是坏事，我们要用精准的词汇去言说。一般来说，当孩子在公园里遭到别人欺负时，争吵起来的是双方的母亲；当一个孩子争抢别人的玩具而且还把对方推倒时，欺负人的孩子的妈妈一定会被对方妈妈怪罪。

来"绿房子"玩的孩子中，有的孩子没法儿再去大型超市那样的地方，因为他到哪儿都会把货品撞翻；有的孩子去公园后不再受欢迎，因为他一出现，其他人就会带自家的孩子离开，躲开这个"危险的孩子"，可能这个孩子会咬人、拽别人的头发或推撞别人。在"绿房子"看来，这表达的是建构关系的欲望，但是由于大家见了他就躲，所以没能得到满足。这个欲望会得到言说，没有人去责备他。我们的方法见效很快，因为孩子会懂肢体表达出来的语言，而之前他只知道自己总是引起吵闹。这样，他就会慢慢知道每一种行为都是语言，会去寻找另一种行为，会关注差异，关注缺失造成的痛苦。孩子会用词语说出一切。

"绿房子"自 1979 年成立以来已经证明了自己。今年是 1986 年。7 年了，我们确证这种方法可以防止孩子过早出现关系障碍。我们不仅是对的，而且其效果远远超出我们的预期。尤其是，有些因孩子出生而导致不合甚至濒临崩溃的夫妇来了"绿房子"后，他们又重归于好了！有一个父亲就是这样告诉我们的。"您知道吗？幸亏孩子他妈找到了'绿房子'，因为我当时真跑回母亲家去住了，不愿意回我们自己的家。家里如同地狱，于是，我连吃饭都上我妈那儿去吃（如果运气好，她住得不远的话）。我妻子特别焦虑，对我百般挑剔，孩子占据了她整个世界，她根本没时间收拾家。自从她来了'绿房子'后，我感觉又找回了我妻子，孩子也能安静入睡、按时吃饭了，他再也不是原来那个哭闹喊叫，搞得他母亲筋疲力尽的孩子了。"这是真的！

这种早期社会生活对于人类而言是完全有必要的。原来我就这么想，现在我们全体更加坚定了这个信念，所以已经有其他的类似机构开设起来。一开始，这些场所就叫"幼年和父母学"，孩子管它叫"绿房子"，因为它刷的是绿色的涂料，谁知道孩子是怎么想的！反正就这样。其他城市也有类似的机构，不一定和我们的原则完全一致，但这样已经很好了。我不知道你们这里什么样，但在法国，居然有孩子哪里都去不了！人们带着狗哪儿都可以去，只要拴着狗就行。可是一个孩子，只要他稍微闹一点儿，只要他爱动，就不能带他去餐馆，不能带他去逛商店！一个社会，尚无自理能力的孩子居然找不到任何可以接受他和他父母的地方，这简直不可思议。要想让孩子获得独立能力，不正需要社会接受他，把他当作和成人一样的对话者吗？"绿房子"就是这样的一个地方。

我在多处谈到过"绿房子"，《儿童的事业》中有专门的一章，《生活的困难》中也有一章，也许我在其他机会中也谈到过。总之在这两本书里，我用了两章来详述这个问题。孩子只是这里的过客，等他们学会了怎样在社会上生活，他们就不需要这个地方了。倒是父母有时候想再回来，孩子就陪着父母回来。孩子会止步于门口。"是爸爸要回来。但我现在挺喜欢自己去托管所呢。"2.5～3 岁的孩子能这样跟您说话，多有意思啊！孩子的世界就是这样的，只有在时机成熟的时候，他们才会对自己和自己的责任有意识。他们需要一个没有价值评判的地方，一个能够用言语交流的地方。在这个地方，大家都知道一切行为都是语言。这并不是说每时每刻大家都能懂孩子，但我们要始终尝试去理解他们。

阿芒戈：谢谢弗朗索瓦兹·多尔多。

弗朗索瓦兹·多尔多：非常感谢。

阿芒戈：为什么希腊不能开设"绿房子"呢？

弗朗索瓦兹·多尔多：对啊，为什么不呢？

阿芒戈：不管怎样，读者从明天起就能在法国文化中心图书馆找到您女儿的著作了，里面配有光盘。

弗朗索瓦兹·多尔多：这本书是《怀胎九月》。另一本，对孩子也特别棒，是《你身体怎么样？》。

图书在版编目(CIP)数据

教育的道路 / (法)弗朗索瓦兹·多尔多著;胡瑜译. —北京:北京师范大学出版社,2023.4(2025.6重印)

(心理学经典译丛. 法国精神分析)

ISBN 978-7-303-27618-9

Ⅰ. ①教… Ⅱ. ①弗… ②胡… Ⅲ. ①儿童教育-文集 Ⅳ. ①G61-53

中国版本图书馆 CIP 数据核字(2021)第 277651 号

出版发行:北京师范大学出版社 https://www.bnupg.com
北京市西城区新街口外大街 12-3 号
邮政编码:100088

印　　刷:北京虎彩文化传播有限公司
经　　销:全国新华书店
开　　本:730 mm×980 mm　1/32
印　　张:12.75
字　　数:243 千字
版　　次:2023 年 4 月第 1 版
印　　次:2025 年 6 月第 2 次印刷
定　　价:87.00 元

策划编辑:周益群　　　　　责任编辑:孟　浩　赵鑫钰
美术编辑:李向昕　　　　　装帧设计:李向昕
责任校对:康　悦　　　　　责任印制:马　洁

LES CHEMINS DE L'EDUCATION by Françoise Dolto

Édition de Claude Halmos

© Éditions GALLIMARS, 1994.

Current Chinese translation rights arranged through Divas International，Paris

巴黎迪法国际版权代理

北京市版权局著作权登记号：图字 01－2016－7195